中国古代法律思想史新论

王占通 著

北京大学出版社
PEKING UNIVERSITY PRESS

图书在版编目(CIP)数据

中国古代法律思想史新论/王占通著. —北京:北京大学出版社,2018.11
ISBN 978-7-301-26466-9

Ⅰ. ①中… Ⅱ. ①王… Ⅲ. ①法律—思想史—研究—中国—古代 Ⅳ. ①D909.22

中国版本图书馆 CIP 数据核字(2018)第 010299 号

书　　名	中国古代法律思想史新论 ZHONGGUO GUDAI FALÜ SIXIANGSHI XINLUN
著作责任者	王占通　著
责 任 编 辑	孙嘉阳　郭栋磊
标 准 书 号	ISBN 978-7-301-26466-9
出 版 发 行	北京大学出版社
地　　　址	北京市海淀区成府路 205 号　100871
网　　　址	http://www.pup.cn
电 子 信 箱	law@pup.pku.edu.cn
新 浪 微 博	@北京大学出版社　@北大出版社法律图书
电　　　话	邮购部 010-62752015　发行部 010-62750672 编辑部 010-62752027
印 刷 者	河北滦县鑫华书刊印刷厂
经 销 者	新华书店
	965 毫米×1300 毫米　16 开本　21.75 印张　263 千字 2018 年 11 月第 1 版　2018 年 11 月第 1 次印刷
定　　　价	55.00 元

未经许可,不得以任何方式复制或抄袭本书之部分或全部内容。
版权所有,侵权必究
举报电话:010-62752024　电子信箱:fd@pup.pku.edu.cn
图书如有印装质量问题,请与出版部联系,电话:010-62756370

内容提要

本书突破以往中国法律思想史局限于现代法律定义的范围,从古代思想家的思想言论中抽离出部分内容做孤立分析的传统,把思想家的法律思想放在整个思想体系中分析,还原在活生生的历史过程中历史人物关于法律思想(即维护社会秩序)的整体思想主张,全面把握他们的法律思想及与之密不可分的伦理道德至上的基本立场。本书重点关注古代思想家以宗法伦理道德作为维护社会秩序的根本这一历史事实,系统论述中国古代政治法律思想的形成、发展以及在立法、司法中的实际体现。

序 一

俞荣根

当我收到占通兄发来的《中国古代法律思想史新论》(以下简称《新论》)全稿时,着实吃惊不小。记得他早在1989年就离开吉林大学法学院调往长春出版社做编辑去了,哪来那么多时间和精力钻在故纸堆里撰写这些纯学术性的论著?!在电话里,我就对他说,足见你对这个专业的挚爱和执着。

在法学学科群里,中国法律思想史是个小学科,又是个新学科,还是个冷学科。20世纪80年代初、中期,也曾火过那么几年,后来就萎缩了,再后来被逐出法学主干课程,列入任意选修课名录。这门课程内容多、课时短、学分少,加上古汉语难啃,又缺乏时兴的那种立竿见影、"经世致用"的实效性,流行现实理性的法科青年学生一般都不会选它。时下的高校法学院中,能正儿八经开出这门课的专任教师恐怕已不多了。话得说回来,若不得已而在高校中教这门课,不论你是爱好还是被爱好,总得写教案、编教材、制造论文,以应付所谓的教学和科研工作量考核。但这一切的一切,都与王占通大编审八竿子打不着。他早已脱离了这个"苦海"。但偏偏是他这么个局外人,为之夙兴夜作,乐此不疲。也许正是因为有了现实利益上的超脱,他获得了静思的自由、深耕的时空、慢火煲汤的享受,才有这样毫无功利追求的奉献,或者,换个角度说,才有这样的新著贡献给中国法律思想史领域,给这个趋于衰竭的学科注入一腔热血。

时代使然,中国政治、经济、社会的进步和发展使然,我们的法学和法制建设已趋于重大的转型之中。这一转型可分梳为两个方面：一是从革命法学/法制转型为治理法学/法制，二是从移植法学/法制转型为特色法学/法制。这两个转型相辅相成，朝着"法治中国"的目标相伴而行。转型需要坚实的基础和条件。诸如体制机制、顶层设计、先行先试、动员能力等，这些都不缺，都好办。占通兄的《新论》堪称顺应时代之需、救济当下法学转型之缺，对于重新认识中华法系，实有正本清源之功。

占通兄将自己的心血之作命名为《新论》，定做过一番责实而循名的功课，寄托着自己的愿景和担当。一个"新"字，不只是与"旧"的相异，而且蕴含创新之意。《新论》之新，实质在创新之新。

《新论》明显不同于教科书体例，不是像教科书那样既面面俱到，又对每章每节有比较严格的字数限定，而是有感而发、有得而写，篇篇都是作者的研究成果。

在中国法律思想史学界，有个老生常谈的问题，看似解决实际并没有了断。它就是研究方法和研究对象问题。作者认为，必须"突破"以往那种"只'抽离'出古代思想家关于现代法律定义范围内的'法律'言论作为研究对象的传统"（见《新论》"前言"。以下只注篇名）。记得还在吉林大学任教期间，占通兄领衔主编过一本《中国法思想史》，将那个时代通行的"中国法律思想史"名称中去掉一个"律"字，研究对象的涵盖面大为扩展。看来，突破从古籍中"抽离"若干"法律"词语的研究方法，是作者治中国法律思想史的一贯进路。

天、地、人"三才"合一，政、经、法综合考量，文、史、哲不分彼此，是中国古代思想的特色。直到晚近一百多年前，西方分科研究方法引入中土，才有部门思想史的出现。研究部门思想史，若不从古代思想的整体入手并加以把握，而仅仅抽取某些关于部门思想的只言片语，怎么能探得它的真谛？！同样，研究古代思想家的某方面思想,包括其法律思想在内,亦必须以对其整体思想的研究为前提和基础。这原本是史学界和法史学界老前辈早已告知的治史经验之谈,也是他们曾经为之恪守的优良学风,并非什么深不可测的秘籍或神器。可叹的是,我们将之遗忘,或丢弃已有一段较长的时间。远的不说,就追溯到半个世纪前的"文革"吧。"文革"中走红的"语录文化",曾如十二级台风横扫中华大地,也深度影响了学术界,生出了"语录学术"这样的怪胎。背诵摘编革命导师的语录"红宝书",可以成为"活学活用"的"标兵"和"革命事业接班人";抽取《论语》《孟子》中几段"语录"可以写出洋洋大篇批判文章,并把孔、孟定性为"奴隶主阶级复辟派"。后来,"文革"结束了,但此类"语录风"的影响还未曾扫除之时,又刮起了急功近利的浮华学风。两风交集,邪气浸淫,那种从古代思想家著作中"抽离"一些"法律"言论来撰写法律思想史教材和论文的做法竟成了常态。占通兄看得真切,他用了"传统"二字来表述这种被当作常态的研究方法。明明是学风不正,却成了"传统"。这"传统"二字,真真惊出了我们一身冷汗!这可谓是学术界"劣币"驱逐"良币"的典型案例。占通兄通过《新论》,批判"劣币",坚持"良币",对于振兴法史学界的优良传统和学风,大有助益。

研究对象得以准确定位,思维挣脱"传统"束缚,视野开阔,蹊径独辟,风光无限,新论泉涌。其诸多创新读者自可从阅览中慢慢体味,尽兴分享。这里只对其关于礼的研究多说那么几句。

研究中国古代思想,避不开礼的问题。哲学家注重揭示礼的道德本体论价值,伦理学家认为礼的内涵是宗法伦理道德……法学界各持己见,莫衷一是。据《新论》揭示,20 世纪 50 年代以前的学者多以为"三代"法律形式是"刑",而不承认礼具有法的属性;20 世纪 80 年代出版的法律史教材和专著,则大多认为礼具有法的性质,然立论难免尺短寸长。早在 1987 年,占通兄与他的业师、著名法学家、法史学家栗劲老先生携手在《中国社会科学》上发表长文《略论奴隶社会的礼与法》,对于礼为什么具有法的属性,以及怎样实现其法的属性等给出了详尽而有说服力的论析。我们这些同行于折服赞叹之余,都将此文视为范文,列入研究生教学的必读论著之列。《新论》中,占通兄在既有研究基础上,从"礼既具备道德规范的形式,又具备法律规范的形式","礼既符合道德规范的结构又符合法律规范的结构","礼具有道德与法律的双重属性"(《新论》第一章第二节:封建制社会的礼与法)等方面入手,对礼的法律属性作了更为细化的论析。

我本人特别赞成《新论》中关于夏商周三代"不存在独立于礼的法"的结论,自己曾杜撰过八个字:"礼外无法,出礼入刑。"我也格外认同占通兄关于秦汉以降的整个帝制社会"没有完成礼法的分化"的判断。《新论》是这样写的:"汉以后的统治者一方面又恢复了礼在调整民事关系、婚姻家庭关系以及国家祭祀、殡仪、王位继承制度等方面的作用,依靠国家强制和社会舆论、内心信念、传统的精神力量两种手段保证其实行。因此,这部分礼仍具有道德和法律的双重属性。""另一方面,用礼的伦理思想改造了既存的法律制度,礼入于法。"(《新论》第一章第二节:封建制社会的礼与法)"礼入于法",还有一种说法是"礼入于律",是"法律儒家化"的结果。对于这一段法律史,我也瞎编过八个字以方便记忆:"礼入于律,律外有礼。"我的这些顺口溜式的说法没有占通兄的论析所具有的法理性,幸好意思倒是差不到哪里去。我想表达的是,《新论》说出了我想说的话。

现行法律史教材在秦汉以后讲授的内容主要是"礼入于律"这一部分,即以律令为主体的历代王朝正律,成为一部律令法律史。而这些律典化的律令或律例实质上是刑事法。那么,刑事法以外的其他法律规范呢?《新论》指出,它们仍然活跃在未分化的礼之中。无怪乎唐代除了《武德律》《贞观律》《永徽律》等外,还制颁有《武德礼》《贞观礼》《显庆礼》《开元礼》,且后者的部头更宏大,更受统治者重视。《新论》明确认为:"《开元礼》在一定程度上就是当时的行政法,它规定了国家部门的运转程序、相互间的权力配合和制约。"(《新论》第五章第三节:中国古代司法实践中的法律思想)再看看明代。朱元璋在洪武三十年(1397年)颁行《大明律》,我们称赞他重视法制。其实,他早在洪武四年(1371年)就率先修成《大明集礼》颁行天下。又先后钦定《孝慈录》《洪武礼制》《礼仪定式》《皇明礼制》《大明礼制》《洪武礼法》《礼制集要》《礼制节文》《太常集礼》等。这是否可以说明他更重视礼制和礼典的制定呢?

史实告诉我们,在帝制时代,律典之外存在一个独立的礼典系统。"礼入于律"只是中华法系的一个方面,是它的律典子系统;另一个方面是未完成"礼法的分化"的礼,那是它的礼典子系统。在这两个子系统之外,还存在着产生这两个子系统并得到这两个子系统维护而不断固化韧化的第三个子系统——礼法社会的习俗、习惯法、家法族规等民间的活法。中华法系不仅仅是律令法,不仅仅有律令体制;从整体上说,它是一种礼法,是一种礼法体制。律典是礼法的载体,礼典同样是礼法的载体。在礼法体制中,礼典的地位高于律典。礼典首先要解决的是一代王朝的正统性、合法性的问题。祭祀、朝仪、朝觐等礼制无非是宣示统治合法性。《新论》说:"不仅宪法、行政法、民法、婚姻家庭法始终包含于礼之中,就是具备了律典的刑法,在司法过程中依然由法官(在县级由行政长官)根据犯罪行为对伦理道德秩序的危害程度自由批决。"(《新论》第二章第一节:奠定中国古代法律思想基调的孔子法律思想)直言之,中华法系是一个礼法法系。

我们以往的法律史教材在律令法制观的影响下,注重中华法系中的律典子系统,却未涉及庞大的礼典子系统,以及那个民间活法子系统。这样的法律史教材,其实只讲了中国古代法的一半,甚至连一半都不到。一半不能代替整体。由一半去评析整体,不能不生出"瞎子摸象"的误判。所以,这一半并没有讲对,也没法讲对。诸如"诸法合体""重刑轻民""民法不发达"等似是而非的判语,追根究源,都是在"律令体制"说的理论"天花板"下弄出来的。

在礼法体制所支撑和维护的礼法社会中,血缘家庭是最基本的社会细胞,也是最基本的经济组织,家产制是最基本的财产制度,法律意义上的权利和义务统一于家庭,家庭也就成为最主要的民事主体和行政相对人,家长(法律上称"户主")则是家产的管理人、民事主体及行政相对人的代理人,对外代表家庭行使权利、承担义务。财产、交易、借贷、典当、婚姻、继承等,悉依礼的规则行事。由此产生的民事纠纷和轻微的刑事纠纷被称作"细故",其救济机制亦遵循礼的"和为贵""无讼"原则,用时下的法律用语,称为"非诉讼纠纷解决机制"。这是一种无处不在、无时不有、无人不晓的应天道、顺人情之法,是一种植根于人心的"无法之法"。我总是在问自己,也在不断地求教于法学界同仁:中华民族的历史如此悠久,人口这样众多,古代中国的版图是何等广袤,经济又长期领先于世界各国,但它的民事关系却是难以想象地统一和固定,民事秩序相对地安详和稳定。它竟然不需要制定出成千上万条民事法则来加以维护和保障,这难道能贬之为"民法落后""民法不发达"吗?这可能是一种古代世界中最高的民法智慧!只有在古代礼法社会的礼法体制中,才有如此高超的民法技术和艺术,才有这样的民事法律文化。这种民法智慧的遗传密码,按律令体制说是破解不了的,拿西方近现代民法学理作为工具恐也难以打开它的密码箱。回归中华法系的礼法体制价值本体,破解它的遗传密码,是重新认识中华法系的必需,也是法史学贡献于当今法学和法制重大转型的应有之举。

《新论》是一个良好的开始。

《新论》主张从古代思想的整体上探索中国古代法律思想，将秦汉以后的礼纳入法史学的研究范围，这是这一学科具有战略高度的决策。《新论》的创新之本在此，创新之源亦在于此。干壮本强，方可开枝散叶。《新论》的各个章节中，新论迭见，琳琅满目。诚然，它的一些具体观点，读者尽可提出商榷意见，也不无进一步完善的空间。包括作者对于研究对象的选择，以及帝制时代"没有完成礼法的分化"的主张，也都是可以自由争鸣的题目。学术无止境。尤其是像中国法律思想史这样的小学科、冷学科，能多吸引一些人来参与讨论，绝对是大好事，一等的幸事。《新论》的问世，也许为我们提供了一个这样的平台和机会。如此，这将是《新论》在文本之外的又一贡献。

作为一名20世纪70年代末就置身于中国法律史教学与研究园地的园丁，一直期待着从刑制加礼制的整体上，从礼法体制上研究中国古代法制和法思想的著作。《新论》的出版，给予期待的满足和获得学术知音的欣慰，真是难以言表。特别是，这位知音竟是相识相知30多年又阔别学界25年的老朋友。这种学术观点上的重逢，比起"他乡遇故知"来，更加不可多得，更加弥足珍贵。感谢《新论》！感谢它的作者！

是为序。

写于海南盈滨后海双栖居

2017年8月18日

（序一作者为重庆大学原副校长、孔子思想学会原会长、著名中国法律史专家）

序 二

霍存福

　　王占通师兄发来书稿，嘱我写个序。师兄出书，是我祈愿；写序，则颇忐忑。乐于看到师兄出书，一则是不愿师兄的思考成果被长期埋没，二则也能多少弥补一下师门内原已约定好而未能完成或未臻圆满的缺憾。

　　与占通师兄本科同班，1981年年底一同考取研究生。他学思想史，我学制度史。因乔伟老师调往山东大学，学校、系里不同意我转学，遂在校内转专业、转导师。这样，与占通师兄共同师从栗劲先生，学习中国法律思想史。1985年我们留校任教时，为便于学科专业发展，师兄专事法律思想史教学与研究，我则回归法制史教学、研究。1989年，师兄调往出版社工作，法律思想史遂无人专治；加之，后来全国性的课程调整，中国法律思想史变成选修课，我及后来者们便专注于法制史，再无精力与兴趣涉足法律思想史了。尽管好多时候避不开，仍要回到这个领域的问题和材料上。

　　师兄心气颇大。在校时，就希望形成法律史研究的吉林大学学派——以栗劲先生秦律与法家思想研究、汉律与儒家思想研究以及先秦礼法研究为基点和主干，经由我们及师弟们的发挥、扩充，成为融思想、制度研究于一体的研究门派与特色群体。但这一设想没能完成，先生逝去，师兄弟们先后调离吉林大学，人少势薄，难成气候；法制史研究和教学，虽然尽可能地发扬了栗劲等先生们开启的领域及所形成的特色、学风，不过整个实现程度问题多多。比如,法制史教学更多涉猎的是四库"史部"的政书类,经部、子部、集部基本无人阅读与利用了;法律思想史人物、问题,大多不再接触、不再提起,尽管偶尔有个别异军突起之处,但不成系统,无法达成体系性的理解和解释。

如此更显出占通师兄著作的可贵。他在校时,就以勤于思考、勤于写作著称,是最早进入研究者角色的人。本书的大部分篇章,都是他读研及后来任教时的作品。他与栗劲先生读《左传》,互相切磋,让我这个不读《左传》者插不上嘴;他也是最能体会先生思想者,先生每有点拨,往往是他最先领会。像《略论奴隶社会的礼与法》等文章,就是他们共同阅读和互相切磋的结果。而由于专业及兴趣的原因,也使得占通师兄对四库中的经、子、集涉猎尤多。先秦儒家孔子、孟子、荀子,法家商鞅、韩非子,汉代陆贾、贾谊、董仲舒,唐代韩愈、柳宗元,宋代"二程"、朱熹,明代王阳明等,都在他熟读和琢磨范围内;反映在作品上,他对经学、子学的研究成果独多,与此密切相关。系统的阅读,才可能有系统的理解,也才能有系统的思想史阐释。他的思想史研究突破了就片段法律言论而观察法律思想的传统,根据思想家的思想体系整体来研究其完整的法律思想。故而,把中国古代思想家们几无例外地以之作为维护法律秩序基础的道德价值纳入法律思想史的研究范围,并主张对道德意识的重视是中国法律思想史的主线。占通师兄对道德与法律的关系,以及中国古代道德在法律的建构中所起的作用和所充当的角色,论述最详尽,发挥最充分。从先秦儒、道、法家,再到汉儒董仲舒、宋明理学,一路论证下来,希图一以贯之、自成一体。这是他研究的特色,也是本书的特点。

当然,师兄也不偏废制度史方面经典的研读。他也研究《唐律疏议》,撰写《论违礼是唐律的刑事责任依据——兼论中华法系的特点》《地主阶级国家法典的基本原则》等论文;对制度史上的经典问题如"肉刑废复"之争,他也投入了很大精力研究,撰成《"肉刑废复"之争阐发的刑罚理论》等论文。他认为,思想史不能脱离制度,否则思想就无根;制度必得有思想的依据,如此制度的实施方能自觉。思想与制度的融会贯通,是他系统化理解法律史的又一角度。

一直为占通师兄可惜。已经学有所成、训练有素,最应该做研究和教学,却从事了为他人做嫁衣裳的编辑工作。有时想象他,应该是痛苦的。所以,我在吉林大学时,也曾争取他回归学校;但出于种种原因,未能实现。再后来,便是学院姚建宗院长出面,请他出任学校兼职教授,希望由此填补法学院法律思想史的研究和教学的空档,并请他参与法律史博士学科点的建设事宜。

前几年,我也调离了吉林大学,但缺乏专治思想史的师资,则不只是吉林大学的缺憾。有时禁不住会想到:法制史所涉及的思想性问题,毕竟是肤浅的、表面的、形式的,只能回答历史上有什么、无什么的问题,却不能说明为什么、怎么样的问题。而期望通过法制史的教学、研究,来回答历史上的法律问题,不仅线索难以连结,基本问题都难以展开,更遑论制度的思想根源、历史联系了。因而,没有思想发展脉络、发展线索的法制史,或者说没有思想的法制史,究竟能给学生、给国家、给社会以多少启示?值得深思。法律史学科必须给法律思想史一席之地,必须重视"思想"的"史"的线索梳理,让学生多去想法律或制度的为什么、怎么样的问题,而不只是满足于了解历史上有什么、无什么的问题。深刻性,还得期望法律思想史为我们带来;而法律思想史也确实可以为我们带来某种深刻性。愿以此语与师兄共勉。

2017 年 9 月 20 日

草于沈阳师范大学法学院

(序二作者系中国法律史学会原执行会长、吉林大学法学院原院长)

前　言

本书取名《中国古代法律思想史新论》,是因为本书在研究对象上突破了只"抽离"出古代思想家关于现代法律定义范围内的"法律"言论作为研究对象的传统,把道德在维护社会法律秩序中的意义和提倡建立高尚道德的思想纳入了研究视野。

最初学习中国法律思想史的那些年,我看到的教科书或专著都是从历史先贤的论著中按现代法律的定义摘出一些言论或思想进行分析阐释,从而铺展中国古代法律思想史的画卷,总结中国法律思想的发展规律。此方法成为后来中国法律研究的范式,直接涉及法律内容的思想成为该专业的限定研究对象,给世人的印象是,中国历史上法律思想没有西方丰富、深刻,也看不出决定中国绵延两千多年专制社会稳固的中华法系的根本特点。我开始也有此疑惑,但又不甘,总觉得维护中国专制社会秩序的法律与西方相比必有其独特之处,是这一特点与整个中国文化一起造就了中国古代社会秩序的长期稳定。由于工作的需要,我读书种类有所扩展,古代经、史、子、集广涉,近代文、史、哲、法杂览,中国思想史上的一个早已为人们言说的现象越来越引发了我的沉思:古代思想家是"文史哲不分",他们是对当时的社会思想课题进行整体思考,提出解决方案,内容涉及文、史、哲、经、政、法各个方面,他们某段言论或某篇文章在今人看来是侧重某一学科,但思想家却是针对某一社会课题进行的观察、提出的主张,这些观察和主张没有任何现代学科的划分,而是从他们各自的立场出发的,是他们思想体系的一部分,各部分思想间有着紧密联系,有着密切的相互依存关系。对于维护社会等级秩序的问题,由于中国古代社会始终以宗法家庭为基础结构,统治者、思想家都把维护宗法伦理关系作为维护专制社会秩序的最主要的内容和最基本的方法。自孔子开始的儒家明确提出:建立牢固的宗法伦理道德观念是稳固这种社会关系最有效的方法,当然巩固社会秩序也离不开刑罚手段的强制,只不过刑罚是辅助道德的,这是先秦儒家及汉武帝以后的正统法律思想的基本立场和主旨主张。中国古代思想家阐发维护社会秩序的政治法律思想时,莫不与道德建立紧密联系。孔子谈礼制以"仁"为内心情感基础,以"德"为实现礼制制度的手段。礼制就是孔子时代的法律,"仁"是当时宗法制度的情感基础,即遵守法律的意念动力;"德"是保证法律得到遵守的手段。他甚至把德和刑作为同一性质的方法来比较二者的效果;"道之以政,齐之以刑,民免而无耻。道之以德,齐之以礼,有耻且格。"(《论语·为政》)谈刑离不开德,把刑与德同时作为维护社会秩序(即遵守法律规范)的保障。孟子讲"行仁政"也是以君主之"内圣"为前提的。

思想家以道德建立为法律规范得以遵守的基础,进而用道德秩序的建立代替法律秩序,期于"无讼"。这是历史的客观存在,研究中国法律思想史不能不关注这一内容,把思想家们关于道德规范在维护法律秩序中具有至关重要作用的思想纳入法律思想史的研究对象范畴。这样,才能全面理解中国古代法律思想家的思想全貌,甚至可以说才能认识他们法律思想的基本立场和重点所在,从而认识中国法律思想区别于西方各种法律思想的根本特点。如果离开思想家的思想体系而只摘取那些直谈"法律"的言论进行研究,那势必割裂他们的思想整体,其得到的认识可能是片面的,甚至是枝节而非根本的。用著名历史学者余英时先生的概念说这是"抽离",即把那些法律言论抽离出思想家的思想体系,把某位思想家关于法律的思想抽离出了中国的传统文化。

基于上述认识,本书大胆将古代思想家关于伦理道德对维护社会法律秩序具有重要作用及提倡建立高尚道德的思想纳入研究对象范畴,且将之作为中国法律思想的重点和区别于西方法律文化的根本特点。我自以为是"新论",虽不敢断言正确,但用我的浅识衡量之,又觉得有几分道理:

1. 宗法伦理道德是中国古代法律的基础和灵魂

从法分离于道德而产生的历史可知,法律是由氏族社会维系氏族秩序的规则、风俗、习惯发展而来。随着私有财产向少数人手里积聚,原始道德受到挑战,部落酋长或部落联盟酋长以调停人的身份通过坚持某些道德规范或修改某些道德规范来解决矛盾冲突,就产生了法。最初的法多数仍是原来的风俗习惯,而且在很长的时间里大部分法是与道德重合不分的,只有少部分规范在特定的情况下才成为法,而且也多是披着道德(在中国古代称之为"礼")的外衣。在中国整个君主专制社会,由于农业经济的需要,社会结构始终未改变以宗族组织为基础的状态。因此,以血缘亲情为基础的伦理道德就自始至终是法律的基础和灵魂,不仅婚姻家庭法、财产继承法完全是宗族伦理道德的重合体,就是刑事法也以伦理道德为判断标准和刑事责任的依据,皇室宗亲法、皇位继承法无不根据血缘亲疏,连没有血缘联系的百姓与皇帝及各级官吏的关系也以由家及国的逻辑把宗法伦理上升为法律。

法律固然是靠强制力保证实施,但它的权威的树立也需要有足够多的社会成员自愿接受,没有他们的自愿合作,法律就不能树立起它的权威。在古代中国,人们生活在伦理关系之中,伦理观念的浓厚存在自然是其自愿接受和维护伦理道德的基础。

况且，平头百姓在日常生活中更多地把重合在一起的规范视为道德，很少意识到法律的存在。

2. 伦理道德是中国古代法律得以实施的内在推动力，道德意识是最好的法律意识

道德的作用是内在的，主体通过内在的道德意识而自律，自觉践履道德原则，抵制恶念，拒绝恶行，这一切都是人自觉主动的，不需任何外力的强制。在中国古代，法律完全以伦理道德为依据，形式上其大部分又与道德规范相重合，法律所肯定、提倡的正是伦理道德所赞扬的，践履道德就是不折不扣地遵守法律，是把守法的关口前移。通过主体的自觉向善，践履道德法则而完全地实现了法律秩序。如果社会成员都能做到孔圣人所倡导的"非礼勿视，非礼勿听，非礼勿言，非礼勿动"（《论语·颜渊》），即使没有任何外在的监督和强制，盗窃、奸淫等犯罪也绝无产生之可能。道德是法律的屏障，是法律得以实施的内动力。

法律的强制力是通过人的内心压力来实现的。法律肯定或禁止的规定为社会成员所掌握，即知道何者能为，何者不能为，于是知道什么得荣什么得辱，从而调整自己的行为，现代法学称人们按法行事的思想观念为"法律意识"。在中国历史上，法律意识与道德意识是没有多大区别的。如果说知道何者能为何者不能为是法律意识，什么得荣什么得辱则属于道德意识，那么，当人们守法成为习惯而能自觉追求法律所肯定与提倡的善时，就难以分清他是具有道德意识还是具有法律意识了。

儒家思想的基本特点就是主张化成，提倡人们"尽心""养性"或"师法教化"，通过"尽心"扩充心中已有之道德或通过学习内化礼仪确立道德，从而使人"循于礼"。这既是陶冶情操、培养道德意识，又何尝不是培养"法律意识"呢？荀子礼法并重，他的礼与法在内容上是相同的，只是法有了不固定的惩罚。他说："明礼义以化之，起法正以治之，重刑罚以禁之，使天下皆出于治,合于善也。"(《荀子·性恶》)先以礼义化之,不奏效才以法刑禁治。如果一个人"化成"了,真有了善的道德意识,刑也就不用了。荀子不仅没有区分道德意识与法律意识,也没有认识到区分的必要。

3. 道德信仰是法律秩序充分实现的真正保证

法律规范只关注人的客观行为及其效果,根据客观的后果及影响来确定罪与非罪、违法与合法。只要行为合法,主观上是否善意,法律是不问及的。勘察犯罪、司法是由人进行的,由于客观或主观的局限,违法事实不能完全被发现,法律判断不能全部正确是必然而普遍的,这种必然而普遍的存在为违法犯罪者存在侥幸心理提供了条件。因而法律外在的根本特点决定了其不能完全得到遵守,违法犯罪不能彻底杜绝的必然。相对地,道德是通过道德意识、道德信念的内心约束来践履道德、养成习惯、提高品质。主体的道德原则是自我制定的或认可的,主体践履道德是自愿的,无条件的,内在的道德法则、道德信念、道德意识是其自觉践履道德的动机。主体自觉践履道德,其深度是内心无一丝不道德之念;其广度则能无一时一处、一举一动不合于道德。一个有道德的人无需外在监督,他都会自觉行善,绝不为恶。因为他有道德法则、道德信仰,内心不会隐藏偏私恶念,也绝不会虚伪做作、逃避监督而有恶行。这就是康德所谓的"道德宗教":履行一切被当做上帝命令的真正义务,而不在于单单为上帝而做的行为(如礼拜、祈祷等)。康德不是实指上帝的命令,而是主体意志自我制定的道德法则,一切道德法则都是我们需要履行的真正义务。

儒家之所以把伦理道德当做思想核心,并以建立道德自觉的"道德宗教"为理想目标,在于思想家立足于中国古代政治社会始终都有浓重的宗法色彩的实际,清楚看到道德在组织社会中的重要地位和决定性作用。他们认识到了道德决定法律,具有保证法律实施的作用,于是始终围绕建立社会成员道德自觉这一理想目标探索前行。他们的思想看似在研究伦理哲学,实质是在研究主体道德的背后作用,关注的是何以能保证社会秩序的稳定。从另一个角度说,不研究中国古代关于伦理道德的思想成果,就无从认识中国伦理法的现象和对社会的作用,因而也就不能正确理解中国古代政治法律思想的灵魂性内容"修身齐家治国平天下"的内在关系和实践意义。

总之,中国古代法律思想史不能离开思想家们关于伦理道德的思想。只有如此才能真正理解中国古代法律思想、法律制度的活力所在和中华法系的伦理法特色。

本书面世,心实惴惴,权当为同行提供一讨论之的,期获教于方家高贤。

目 录

第一章 中国古代法律思想产生的法律制度基础 001
 第一节 西周宗法制度是适用于全社会的政治法律制度 002
 第二节 封建制社会的礼与法 015

第二章 各种君主专制政治法律思想的争鸣 073
 第一节 奠定中国古代法律思想基调的孔子法律思想 073
 第二节 首倡价值内在的孟子"内圣外王"法律思想 086
 第三节 荀子对先秦儒家传统的突破 094
 第四节 韩非否定道德意义的法律思想 100
 第五节 韩非的君主专制政权运行架构的政治法律思想 109
 第六节 秦政权倒台不是法家思想的破产 121

第三章 专制君主制社会正统法律思想的确立与完善 144
 第一节 汉初思想家对秦亡原因的认识及采取策略的不同主张 145
 第二节 董仲舒"德主刑辅"法律思想的被接受 160
 第三节 "德主刑辅"思想正统地位的确立 173
 第四节 君主专制正统法律思想的不断完善 187

第四章　君主专制正统法律思想的法典化　　199
- 第一节　君主专制正统法律思想的法学基础理论　　200
- 第二节　"肉刑废复"之争阐发的刑罚理论　　212
- 第三节　君主专制正统法律思想对旧法律制度的改造　　220
- 第四节　君主制社会法典的基本原则　　229
- 第五节　君主制社会法典的刑事责任依据　　236

第五章　新儒学的法律思想及其法律实践　　257
- 第一节　宋代理学家的法律思想　　258
- 第二节　王阳明心学的法律意义　　277
- 第三节　中国古代司法实践中的法律思想　　292
- 第四节　海瑞"整饬吏风"的行政法思想　　313

后　记　　324

第一章
中国古代法律思想产生的法律制度基础

中国古代社会就历史跨度来说包括原始社会、封建制社会（实行的是分封制，应称之为"封建社会"）、君主专制社会（很多史学家称之为"帝制社会"，中国学界在马克思主义传入之初错误地认为此社会即马克思所说的"封建社会"）三个社会阶段。从文化角度说，君主专制文化最具体系、最成熟、最辉煌、最能代表中华文化，它使中国的君主专制社会延续两千年之久，在世界民族之林中是独一无二的。尤其是中国法律思想是在春秋时代我们先民们哲学觉醒之后才开始思考、探讨、建立的，中国思想文化的诸子百家是春秋战国时创立的，西周之前的思想文化成果只能视之为中国法律思想的萌芽；就社会结构来说，以血缘宗族为基础的分封制社会解体后，虽建立了君主专制的中央集权体制，但农业经济的特点决定了社会的基本结构仍是以血缘为联系纽带的家庭。家庭虽然纳入了中央集权的专制君主的管理之下，但国家又是通过父权家长制来统治每个家庭。封建制时代的"齐家治国"的统治方法到君主专制社会发展成完整的政治理论。

基于上述基本认识，在展开中国法律思想史的画卷之初，我们先探究封建制（分封制）社会的政治、法律制度，缘于它是中国法律思想产生的背景。

第一节　西周宗法制度是适用于
　　　　全社会的政治法律制度

西周宗法制度是政治、经济、法律、军事及家族制度的综合体,是全部社会制度的核心。当时的一切社会规范都源自宗法制度,决定于人们相互间的宗法关系。在西周,所有社会成员都是宗法关系网上的一个结,统治者利用这种以血缘为基础的宗法关系来进行统治,政治关系与血缘关系是统一的,体现"亲亲""尊尊"原则的礼是一切社会成员行为的规范的总和。因此,宗法制度是适用于全体社会成员的政治法律制度。但是,长期以来就存在着一种不同的观点,认为宗法制度只实行于卿大夫、士这一阶层,上不及天子、诸侯,下不及庶人,天子、诸侯只属君统,不行宗法。根据这种说法必然得出如下结论:氏族公社的残余只存在于大夫、士阶层,中国封建社会的以家族为本位的社会制度的形成仅是受大夫、士阶层的影响,反映宗法关系的周礼仅适用于大夫、士,而天子、诸侯和人数众多的庶人阶层则另有一套规范。考诸史乘,史实并非如此。

一、宗法制度是氏族制度与政治制度的重合体

一般研究宗法制度所根据的是《礼记·大传》和《礼记·丧服小记》中的有关记载。《礼记·大传》说:"别子为祖,继别为宗。继祢者为小宗。有百世不迁之宗,有五世则迁之宗。百世不迁者,别子之后也。宗其继别子之所自出者,百世不迁者也。宗其继高祖者,五世则迁者也。尊祖故敬宗,敬宗,尊祖之义也。"《丧服小记》也说:"别子为祖,继别为宗。继祢者为小宗。有五世而迁之宗,其继高祖者也。是故,祖迁于上,宗易于下,尊祖故敬宗,敬宗所以尊祖祢也。庶子不祭祖者,明其宗也。"自后

汉的经学家始,就有许多学者根据这两条断定,天子、诸侯不行宗法,只有大夫、士才行宗法,即天子、诸侯行君统,大夫、士行宗统,二者不相逾越。

参考《诗》《书》《左传》《国语》等先秦文献及金文资料可知,周代自天子至庶人都行宗法,君统与宗统完全重合。《诗·大雅·公刘》:"食之饮之,君之宗之。"毛传:"为之君,为之大宗也。"《诗·大雅·板》:"大邦维屏,大宗维翰,怀德维宁,宗子维城。"毛传:"王者,天下之大宗。"郑玄笺:"宗子,谓王之嫡子。"《诗·大雅·文王》:"文王孙子,本支百世。"朱熹《诗集传》:"本,宗子也;支,庶子也。……维文王孙子,则使之本宗百世为天子,支庶百世为诸侯。"《国语·鲁语》:"周人禘喾而郊稷,祖文王而宗武王。"这些无人怀疑的史料和后人的注释都说明,周天子不仅是政治上的共主,也是宗室的大宗子。此外,周都或周文王称为"宗周",《左传》中记载,周王称同姓诸侯为伯父、叔父,都是天子行宗法的有力证据。

晋献公欲害世子申生,大夫士蒍说:"君其修德而固宗子,何城如之?"(《左传·僖公五年》)宗子是指世子申生。士蒍以晋侯为大宗,以世子为宗子。《左传·哀公八年》载:鲁公山不狃谓叔孙辄曰:"今子以小恶而欲覆宗国,不亦难乎?"杜注:"辄,鲁公族,故谓宗国。"叔孙辄是公族,故以鲁侯为大宗,称宗国。《国语·晋语》记骊姬赂梁王、东关王,使之说晋献公曰:"夫曲沃,君之宗也。"韦注:"宗,本宗也。曲沃,桓叔之封,先君宗庙在焉,犹西周谓之宗周也。"《晋邦奠》铭记晋侯嫁女于楚:"唯今小子,整辥尔家,宗妇楚邦。"宗妇当为宗子之妻。可证诸侯也行宗法无疑。

卿大夫阶层不仅有宗统,也有君统,其宗族组织也是和政治关系结合在一起的。在宗族的封邑内,有着同天子、诸侯的政府组织一样的政府机构,卿大夫就是君,小宗、族人、家臣都称臣。

《国语·晋语》:"今范、中行氏之臣不能匡相其君,使至于难。""智襄子戏韩康子而侮段规,智伯国闻之,谏曰:……今主一宴而耻人之君相。"辛俞说:"臣闻之曰:'三世事家,君之;再世以下,主之。'事君以死,事主以勤,君之明令也。"(《国语·晋语》)卿大夫也设立朝廷,讨论政事。《国语·鲁语》:"公父文伯之母如季氏,康子在其朝,与之言,弗应;从之及寝门,弗应而入。康子辞于朝而入见。……(公父文伯之母)曰:'子弗闻乎,天子及诸侯,合民事于外朝,合神事于内朝;自卿以下合官职于外朝,合家事于内朝;寝门之内,妇人治其业焉。上下同之。夫外朝,子将业君之官职也;内朝,子将庇季氏之政焉。皆非吾所敢言也。'"卿大夫的封邑俨然是"国中之国"。

上述材料无可辩驳地证明,周代政治制度与宗法制度是完全重合的,从天子到庶人均被包罗在宗法统治网内。《礼记》中的有关论述,我们认为,基本反映了周代制度的面貌。那么,为什么历来有的学者能根据《礼记》的材料而得出宗统与君统分立的结论呢?这是误解原文所致。

首先,误解了"别子"的概念。郑玄于《丧服小记》注云:"别子,诸侯之庶子,别为后世为始祖也,谓之别者,公子不得称先君。"又于《礼记·大传》注曰:"公子不得宗君。"从而把别子的范围仅限于诸侯之子——公子,后儒多坚信不疑。今必须搞清"别子"的概念。金景芳教授指出:"别子的别字原取区别、分别的意思,表明要跟旧有的系统区别开来,另建一个新的系统。为什么要区别开来呢?由于尊卑不同。"[1]这段论述是非常正确的。周代行嫡长子继承制,天子、诸侯、卿大夫、士的嫡长子都是法定的继承人。只要嫡长子存在,其他嫡子和庶子都被排除于继承人的行列。对于嗣君他们是臣下,政治地位大不相同,"自卑别

---

[1] 金景芳:《论宗法制度》,载《东北人民大学人文科学学报》1956年第2期,第203页。

于尊者",是为"别子"。可知,别子包括天子、诸侯、卿大夫、士等所有阶层的嫡长子以外的儿子,而绝不是仅仅指"公之子"。金景芳教授说:"《礼记·郊特牲》说:诸侯不敢祖天子,大夫不敢祖诸侯。我们知道大夫不敢祖诸侯是由于尊卑不同,则诸侯不敢祖天子也是由于尊卑不同。大夫不敢祖诸侯,则大夫之所祖者一定是自卑别于尊的别子即公子;诸侯不敢祖天子,则诸侯之所祖者也一定是自卑别于尊的别子即王子。公子自别于诸侯,为祖,传子孙,继世有大宗、宗子之称;王子自别于天子,为祖、传子孙,继世当然也可以称为大宗、宗子了。"[1]这一推论也是相当正确,相当精辟的,是对"王子也为别子"这一论断的绝好论证。郑玄之注,显系不明了周代宗法制和分封制产生的宝塔式等级制度的全面情况,孤立地以诸侯封国为依据而对"别子"进行的注释。

其次,把"祢先君""祖诸侯""祖天子"与"宗君"混为一谈。《仪礼·丧服》曰:"公子不得祢先君""公孙不得祖诸侯"。《礼记·郊特牲》:"诸侯不敢祖天子,大夫不敢祖诸侯。"郑玄根据这些材料认为:"公子不得宗君。"孔颖达疏曰:"君有绝宗之道也。"其实,"祢""祖"都不具有"宗"的意义,"祢"做名词意为先父,"祖"做名词意为先祖。《礼记·丧服小记》:"庶子不为长子斩,不继祖与祢故也。"做动词,"祢"意为以之为父,"祖"意为以之为本氏系之祖。庶子不继"祖""祢",分封出来另立宗系,所以他不能以先君为祢,以天子、诸侯为祖,即"不敢祖天子""不敢祖诸侯"。只有嫡长子才能嗣君,才有权以先君为祢,以天子诸侯为祖。分封出来的庶子才是所建宗系的始祖,其嫡长子以之为祢,嫡长孙以之为祖,而不能以天子、诸侯为祖。之所以如此,就是为了突出嗣君——宗子的尊贵地位,以之为"宗"。"庶子不祭祢

---

[1] 金景芳:《论宗法制度》,载《东北人民大学人文科学学报》1956 年第 2 期,第 203 页。

者,明其宗也"(《仪礼·丧服》),而绝不是"公子不得宗先君",因而也不是天子、诸侯"绝宗",不行宗法。

最后,《礼记·大传》中的"君有合族之道,族人不得以其戚戚君位也"是前人"天子、诸侯绝宗"结论的一个支柱。他们把"君"仅仅理解为天子、诸侯,没有了解到先秦的任何一级人身隶属关系都称为"君臣"的事实。"君臣"的称谓源自主人与奴隶的关系,在先秦的史料中,"臣"是奴隶的名称,基于奴隶的隶属地位,遂把任何身份的人身隶属关系也称为君臣。在宗法制度中,大宗统治小宗,小宗完全臣服大宗;小宗称大宗为君,大宗称小宗是臣。宗子相对族人为君,族人相对宗子为臣。《仪礼·丧服》:"始封之君,不臣诸父昆弟。封君之子,不臣诸父而臣昆弟。封君之孙,尽臣诸父昆弟。"这里的"臣"与"不臣"显系指宗子与族人的关系,意思是说,始封君为新宗统之"祖",已与原有宗族脱离关系,与原宗族中的叔父、伯父以及除嗣君外的兄弟没有大小宗关系,因而也就没有君臣关系。封君之子,对与自己父亲同样分出来的叔父、伯父——别子也就没有宗属关系,而仅与自己的兄弟有宗属关系,换句话说,只以这些兄弟为臣。封君之孙是大宗,无论是诸父还是兄弟,都必须以之为君。可见,不仅是国君称"君",凡大宗的宗子都称"君"。族人虽年长,辈高,也必须尊大宗,以大宗宗子为君,不可与之论长辈、兄弟,这正是宗法制度所要求的。"尊祖故敬宗,敬宗,尊祖之义也。"(《礼记·大传》)对大宗子的尊敬,也是尊祖。族人对宗子不尊敬,就是对自己的祖先不尊敬,而不能单看作是对一个晚辈、兄弟的不尊敬。同时,族人若不敬宗,宗子也就不能合族,不利于宗族团结,因而也不利于宗族的统治,故为宗法制度所不允许。因此,"君有合族之道,族人不得以戚戚君位也"只能解释为:君应对自己宗族的人予以保护、施恩,使全族团结;而族人不管是长辈、同辈,都不得以辈分、年龄尊于君,即应以事宗子之礼事宗子。可知,这句话并不是说:"族人不能与君行宗法",而恰是族人与君行宗法的要求,是宗法制度最基本的内容。

那种"天子诸侯绝宗"的观点与历史事实相悖谬,王国维已经觉察到。他说:"天子诸侯之子,身为别子而其后世为大宗者,无不奉天子诸侯以为最大之大宗,特以尊卑既殊,不敢加以宗名,而其实则仍在也。……故天子诸侯虽无大宗之名而有大宗之实。"(《观堂集林·殷周制度论》)但他仍没敢冲出传统的藩篱,而仅是以名实之说来弥补经学家的缺陷。今天,广大学者解放思想,深入研究,越来越多的人能够正视周代普遍实行宗法制度的事实,开始重新理解和认识《礼记》的论述及经学家的注释。

二、大宗、小宗及其相互关系

《礼记·大传》:"别子为祖,继别为宗。继祢者为小宗。"别子从原宗族中分出来,另建立一个宗族系统,在这个新的宗系中,别子为始祖,是最尊贵者,号为"祖"。除嫡长子外,其他嫡子及庶子(别子)被分封出去,天子的别子被分封为诸侯,诸侯的别子被分封采邑,是为立祖。别子的嫡长子继承别子之后,才能建立这一宗系,才称宗。宗又分为大宗小宗。谁为大宗? 谁为小宗?"继祢者为小宗"。祢就是先父。继祢的宗子所建立的新的宗系是小宗。如鲁之三桓,就是鲁桓公的三个别子分封出去建立三个小宗,他们是大夫所立之宗。宗是相对的,有小必有大,那么谁是大宗呢? 很显然,它的大宗应是别子所自出之宗。每一个宗相对于出己者为小宗,相对于已出者又为大宗。只有继祢者尚未分出新宗,没有宗系来宗自己,是绝对的小宗,故《礼记》把它单写了出来。为什么这样说? 我们认为,"别子为祖,继别为宗。继祢者为小宗"这段文字是两句话,说了两层意思。前句话是说,凡继别者均另立宗,后句话是说,继先父者为小宗。两句话不是相对为文,即不是说后者是小宗,前者就是大宗。把继别者定为绝对的大宗,是不合情理,也不合历史事实的。

《左传·桓公二年》:"天子建国,诸侯立家,卿置侧室,大夫有贰宗。"建国、立家、置侧室、贰宗都是分封别子,国即诸侯、家即卿大夫、侧室贰宗即大夫或士。天子相对国、诸侯相对家、卿大夫相对侧室贰宗都是大宗,所建的国、家、侧室贰宗相对其所自出者又为小宗。春秋时期,周室衰微;春秋中后期,公室无权。但《左传》中仍称"宗周",有天子诸侯为大宗之观念存在。在贵族中,卿大夫为大宗者极为普遍。鲁之三桓、郑之七穆、晋之韩、赵、魏、中行都是大宗。子服氏是孟孙的小宗,公父氏是季孙的小宗,叔仲氏是叔孙的小宗。韩无忌对韩起、赵穿对赵盾、游楚对子大叔、荀首对荀林父、乐大心对司城氏都是小宗。凡继始封之别子的宗相对自己所分出的宗为大宗,相对所自出为小宗,这是历史事实。

大宗是君,小宗是臣。小宗必须完全尊重大宗,服从大宗的权力。《仪礼·丧服》曰:"大宗者,尊之统也;大宗者,收族也。"所谓尊之统,就是说大宗是尊贵的宗统,要统领小宗;小宗要尊大宗,以大宗为宗。所谓收族就是"别亲疏、序昭穆",即组织、团结和保护族人。因为,宗子一方面是继承了别子的财产、权力,另一方面在理论上则是别子的继续,如同祭祀时的"尸""象"神那样,是"像"其祖在位的,是代表别子等列祖列宗来统领全族的。因此,小宗子和族人要像对待祖宗那样对待大宗子。由于尊祖,人们才敬祖,敬宗就是尊祖。"尊祖故敬宗,敬宗,尊祖之义也。"(《礼记·大传》)

大宗与小宗的君臣关系具体表现为:

第一,大宗有祭祀权,小宗无权祭祖。《礼记·曲礼》:"支子不祭,祭必告于宗子。"《礼记·丧服小记》:"庶子不祭祖者,明其宗也。"只有大宗的宗子有祭祖的权力,小宗仅能在大宗宗子主持下祭祀祖先。在周代,祭祀是最大的政治,在祭祀中的地位标志着政治地位,因而小宗是绝对服从大宗的。

第二,大宗者掌握全族的土地所有权,庶子要从大宗领得土地,因而小宗有义务向大宗缴纳贡赋,在人身方面也要受大宗的支配。《左传·襄公二十九年》:"公冶致其邑于季氏,而终不入焉。"《国语·鲁语》韦昭注:"季冶,鲁大夫季氏之族子冶也。""族子"即小宗子。季冶是季武子的小宗子,因为季武子利用他骗了鲁襄公,所以他把邑交还了季武子。这个邑显然是他事先从季武子那里领得的。由于季武子封给了季冶土地,所以,"季武子取卞,使季冶逆"(《国语·鲁语》)。

第三,大宗有军权,大宗有权调集小宗的部队。天子可以调动诸侯的军队,诸侯可以征调大夫的私徒,大夫则集中士参加战斗。《左传·襄公二十五年》:"舒鸠人卒叛,楚令尹子木伐之,及离城,吴人救之。子木遂以左师先,子强、息桓、子捷、子骈、子孟帅左师以退,吴人居其间七日。子强曰:'久将垫隘,隘乃禽也,不如速战,请以其私卒诱之……'从之,五人以其私卒先,击吴师,吴师奔。"可见,子强等大夫有私卒。楚在对吴战争时,则把这些私卒都征调来参战。

第四,大宗有刑罚权,无论族人还是小宗子违了礼,大宗子都有予以制裁的权力。《左传·成公三年》记载,晋大夫知莹被俘虏后,楚王想放他回国,问他用什么来报答,知莹说:"以君之灵,累臣得归骨于晋,寡君之以为戮,死且不朽。若从君之惠而免之,以赐君之外臣首,首其请于寡君,而以戮于宗,亦死且不朽。"知莹被俘,违了军礼,国君要惩罚,宗子也可请于国君在宗内予以刑罚。《左传·成公四年》载:赵婴和庄姬(婴侄赵朔之妻)通奸,宗子赵同、赵括驱逐他出国。《左传·昭二十八年》:"晋祁胜与邬臧通室。祁盈将执之,……盈曰:'祁氏私有讨,国何有焉?'遂执之。"可见,无论是诸侯国的国君,还是采邑的大夫,都有对族人的刑罚权。如果国家要处罚大夫宗族中的人,在

形式上还须征求宗主的意见。郑国将放逐游楚,"子产咨于大叔,大叔曰:'吉不能亢身,焉能亢宗?'"(《左传·昭公元年》)

《礼记·大传》:"有百世不迁之宗,有五世则迁之宗。百世不迁者,别子之后也。宗其继别子者,百世不迁者也;宗其继高祖者,五世则迁者也。"事实上究竟有没有"百世不迁"和"五世而迁"?周奴隶主通过分封建立了以血缘关系为纽带的统治网,这种统治的实质内容是经济剥削。分封的国、家、贰宗都占有一定数量的土地、奴隶及其他财产,保证这些财产不分散、政权不旁落,就能起到周政权的屏藩作用,而保持宗族一系相传,永不迁散就是最好的办法。因此,"大宗百世不迁"是奴隶主阶级统治的需要。至于小宗"五世则迁",由于宗族的不断繁衍,大宗不再能直接统治庞大起来的宗族,小宗过若干代就要脱离原来大宗的宗系,具有相对独立性。按《礼记》的理论,"五世则迁"是基于感情的亲疏,血缘关系的远近,与感情的亲疏有关系。与己身血缘越近者,感情越深,越远者越淡薄。亲近程度,上数的顺序是父、祖、曾祖、高祖、远祖;下数是子、孙、曾孙、玄孙、来孙;横数是兄弟、从父兄弟、从祖兄弟、从曾祖兄弟、从高祖兄弟。《礼记·丧服小记》说:"亲亲以三为五,以五为九,上杀、下杀、旁杀,而亲毕矣。"郑注:"己上亲父,下亲子,三也。以父亲祖,以子亲孙,五也。以祖亲高祖,以孙亲玄孙,九也。杀,谓亲益疏者,服之则轻。"血缘离己身远一层,感情就疏一层。最亲为父子,其次为祖孙、曾祖曾孙、高祖玄孙。由亲父而亲祖父,由亲祖父而亲高祖父,到远祖感情淡薄。由亲父而亲兄弟,由亲祖父而亲从父兄弟,由亲曾祖而亲从祖父兄弟,由亲高祖而亲从曾祖兄弟。感情递减,超出上述范围,感情就与通常人没有多少差别了。感情不同,就需要在礼文上有所表示,因此丧服的服制也就有差别了。父子为斩衰,兄弟为期,从兄弟为大功,从祖兄弟为小功,从曾祖兄弟为缌麻。由于对远祖已无感情,所以对远祖之宗的宗子也就没有感情了,因而也就无丧服了。《礼记·大传》:"四世而缌,服之穷也;五世祖免,杀同姓也。六世亲属竭矣。"由己身至高祖、至玄孙、至族兄弟都恰好是五世,由于亲毕,故而无服,无服则谓迁。因此,宗法制度的"迁"在形式上表现为脱离丧服关系。

既如前述,大宗和小宗的关系是相对的,那么,哪些宗是"百世不迁",哪些宗是"五世则迁"呢?《礼记·大传》中说得明白,别子之后则百世不迁。为清楚起见,作图如下:

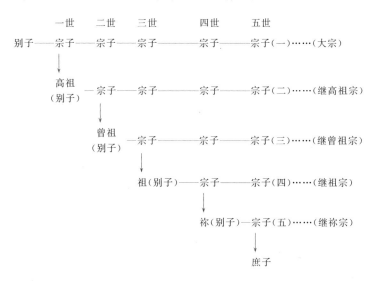

按图所示,大宗、继高祖宗、继曾祖宗、继祖宗、继祢宗,都是别子之后,由嫡长子继别建立的宗,故他们在各自的宗系内,以自己的始祖为祖,对他们各代的宗主之丧都服丧服,永世不迁。"宗其继高祖者,五世则迁者也。"(《礼记·大传》)就是说,以继高祖宗一宗为宗的宗族,到己身(即图中庶子这一辈)已被分出来五世了,与这一辈的宗子(一)不再有丧服关系了,大宗宗子(一)死后,不再服丧服了(这里仅限于五世孙,以上的族人仍不脱离丧服关系)。这就是"五世则迁",也就是后世说的"出五服"。庶子再有子,其子则又与图中与继高祖宗宗子(二)脱离丧服关系。《礼记·大传》中所以指出"继高祖者",只是为了说明己身到高祖已经够了五代,并不与他本身的"别子"称呼相矛盾,因而也不影响他的宗系百世不迁。

总之,大宗小宗关系是相对的,"迁"与"不迁"也有着相对的意义。世代繁衍,一支一支不断从自己的宗统中连锁式地分化出去,恰似一个三角形,这也就是中华民族姓氏由少到多的发展过程。

"别子之后百世不迁"于史有证。周天子、各诸侯国都延续了几百年,直到春秋战国奴隶制崩溃,宗法制破坏。相对于诸侯为小宗在自己采邑内为大宗的卿大夫,除得罪或在政治角逐中失利外,也都延续不迁,"守土保氏"。甚至贰宗、侧室,由于他们是别子之后,因而宗系也是"百世不迁"。晋大夫赵穿的耿氏、荀首的智氏就是例证。《左传·文公十二年》:"赵有侧室曰穿。"《左传·定公十三年》孔疏引《世族谱》云:"赵衰,赵夙之弟也。衰生盾,盾生朔,朔生武,武生成,成生鞅,其家为赵氏。夙孙穿,穿生㧑,㧑生午,其家为耿氏。"孔疏又曰:"计衰至鞅,夙至午,皆六代,今俗所谓五从兄弟,是同族也。别封邯郸,世不绝祀。"赵夙与赵衰的关系,《晋语》谓为兄弟,《史记》谓为祖孙,《世本》云:似定为父子为宜,则赵盾为赵夙孙。赵穿,据郑注,为"赵夙庶孙"。赵氏为嫡,耿氏为庶。赵氏为大宗,耿氏为贰宗。不仅赵氏不迁,耿氏的宗系也一直延续,不变姓氏。中行氏分出智氏,智氏到战国才灭亡,早已过五世。

三、宗法制与分封制

在西周,宗法制不仅与嫡长子继承制有关,而且与分封制有着密不可分的联系,嫡长子继承制是宗法制的基础,分封制是宗法制的前提条件。"别子为祖",是把"别子"从原宗系中分出去。这个分出去并不是将他空手撵出去,而要分给他一定的财产、土地,此即分封。只有分封别子封国、采邑、份地,他才有政治上的权力,他才有东西让自己的宗子来继承,才能立宗。《仪礼·丧服》说,宗子"正体于上,又乃将所传重也"。所谓传重,形式上是传庙主,实际内容则是传封国、采邑、份地。《荀子·礼论》:"有五乘之地者事三世,有三乘之地者事二世,持手而食者不得立宗庙。"《礼记·曲礼》:"无田禄者,不设祭器。"足见,祭宗庙都是与采邑、份地相联系的。宗子传重,才重可传。正因为别子有了财产,为了防止财产被他人侵略,才需要有一套严密的宗法制度来保证嫡长子继承。否则,这种制度就是无用的形式,换句话说,无分封制就无宗法制度。

周族灭商后,为了以人数很少的周族统治人数众多的殷人,镇压东方各族的反抗,有必要大封同姓、异姓诸族。"昔周公吊二叔之不咸,故封建亲戚以藩屏周:管、蔡、郕、霍、鲁、卫、毛、聃、郜、雍、曹、滕、毕、原、酆、郇,文之昭也;邘、晋、应、韩,武之穆也;凡、蒋、邢、茅、胙、祭,周公之胤也。"(《左传·僖公二十四年》)"立七十一国,其中姬姓独居五十三人焉;周之子孙,苟不狂惑者,莫不为天下显诸侯。"(《荀子·儒效》)根据血缘关系分封诸侯,文之昭就是武王的兄弟,武之穆就是成王的兄弟,他们都是作为别子而分封以国。可知周天子的子孙由于血缘关系,"莫不为显诸侯"。当然,封国有大有小。周初的直接材料已见不到,现存的典籍,由于是后世人追记的,所以所记载的爵等、封地之等不尽一致。《周礼》记封爵三等(《典命·掌客》)、封地五等(《大司徒·职方》),《孟子·万章》和《礼记·王制》又记封爵五等、封地四等。尽管说法不一,周初曾进行过大封建,并据血缘远近,封国有大小是无疑的。诸侯占有封国的土地,向人民征税赋。对自己所自出的天子,则有贡赋的义务。其军队服从天子的总调遣,而且诸侯要定期朝聘天子,这就是诸侯尊大宗的实际内容。

诸侯也在自己的封国内进一步分封自己的别子,以使之另立宗系。分封给别子(卿大夫)的叫采邑。《礼记·礼运》:"天子有田以处其子孙,诸侯有国以处其子孙,大夫有采邑以处其子孙,是谓制度。"采邑的性质与封国相同,只不过是向诸侯纳贡赋,服从国君的管辖,此亦尊大宗之义也。

异姓诸侯和异姓大夫也是由于从天子诸侯分得了土地,被封予爵秩,因而与天子诸侯就有了隶属关系。天子、诸侯是他们经济上的主人、政治上的靠山。他们在经济上有向天子诸侯纳贡赋的义务,政治上从属于天子诸侯,同时他们通过联姻与天子诸侯建立了亲属关系。如此,他们所统属的氏族也系于周宗法网上了,成了天子、诸侯的小宗。

在周代,天子、诸侯、大夫对自己的嫡长子之外的诸子,在原则上要分封的。但分封是有条件的,一是政治上要有力量,二是经济上要有土地可封。因此,在实践中,往往由于政治力量的对比和土地的稀少,而不具备分封的条件,因而并不是所有的王子、公子及大夫之子都得到了分封,建立了自己的宗系。例如,周天子在周公、成王时进行了一次大的分封,以后只在沿河、渭、汉流域等地区分封了若干狭小的诸侯和内诸侯,很少见有分封大诸侯的事实。春秋中后期,很多公子、公孙及大夫子弟无封地,而成为大夫的家臣,甚至由于政治斗争的失利,很多公子公孙被杀、被逐。分封制是宗法制的经济基础和政治保证。但这绝不意味着离开了政治的分封,就会使宗法制立即废除,因为宗法制是以血缘关系为基础的,是靠血缘情感来维系的。春秋初期,周天子虽然已经不能实行分封诸侯了,但强大的诸侯和显赫的卿大夫仍继续将自己掠夺来的土地分封给别子,在小范围内实行分封制,使宗法制继续存在下去。

当然,分封制是宗法制存在的前提条件,没有分封,就不存在宗法,至少不能称为本来意义上的宗法制度。到春秋中后期,分封制度已经开始破坏,不仅天子不再按血缘关系分封,诸侯、大夫也很少分封，更多是实行禄田。《国语·晋语》："秦后子来仕，其车千乘。楚公子干来仕，其车五乘。叔向为太傅，实赋禄，韩宣子问二公子之禄焉，对曰'大国之卿，一旅之田；上大夫，一卒之田。夫二公子者，上大夫也，皆一卒可也。'"军功思想也已有萌芽。《左传·哀公二年》："克敌者，上大夫受县，下大夫受郡，士田十万，庶人工商遂，人臣隶圉免。"因此，有很多士、庶人被封为大夫。孔老夫子就是由士升为大夫，并为鲁之司寇。但这些大夫不再以封土为采邑，而只是食禄田。这时，虽然在某些宗族内，保留了大宗小宗的名称，但这种大宗小宗只具有血缘上的内容，而失去了政治、经济的内容，已不是原来意义上的宗法关系了。《礼记·曾子问》："宗子为士，庶人为大夫，其祭也如之何？"宗子为士，显然没有力量分封，因而也不能建立小宗。庶人为大夫也不是由分封得来，而是通过个人能力或功绩得来。这种现象是春秋以后的情形。

第二节　封建制社会的礼与法[1]

对于封建制社会法的表现形式，新中国成立以前的学者多以为是"刑"，而不承认礼具有法的属性，因而在他们研究法律史的论著中只有"刑"，从不涉及礼。梁启超的《先秦政治思想史》如此，杨鸿烈的《法律发达史》和徐朝阳的《中国刑法溯源》也莫不如此，其理论依据之一就是《礼记·曲礼》中的"礼不下庶人，刑不上大夫"。他们认为，礼适用于贵族内部，违礼仅受"君子"的讥评、社会的责骂；刑只适用于庶人以下。新中国成立后，人们刚刚学习马克思主义的阶级斗争学说，容易犯简单化的毛病，很自然会接受这种说法，并把它看成是阶级对立和阶级压迫的证据。粉碎"四人帮"以后，广大学者解放思想，逐渐认识到封建

---

[1]　本文曾以栗劲、王占通署名刊载于《中国社会科学》1985年第5期。

制社会的礼不仅担负着道德规范的使命,也担负着法律规范的使命。但总的倾向还没有摆脱"礼不下庶人,刑不上大夫"的羁绊,仍然认为"刑"才是一种法律规范,礼和刑适用于不同阶级。在具体论述上,相互间又有分歧。

有些学者认为一部分礼是法。统编教材《中国法律思想史》说:"周礼中有许多规定是靠国家强制力来保证执行的,具有法律效力,其中有些重要原则实际上起着指导立法的作用。"[1]肖永清先生等编写的《中国法制史简编》认为,周礼已不但是重要的法的渊源,而且其中很多具有法的性质了,使礼法典化了。其实,承认礼是法的渊源之一,言外之意,就不仅是说礼之外还有一个法律规范体系,而且承认礼是法的一部分。

另有些学者则认为礼的全部规范都是法,但不是法的全部,礼之外还有"刑"这个法律规范。张晋藩教授的《中国法制史》说:"礼和法的形式虽然不同,但实质上都是压迫人民的工具。……违礼也就是违法,礼也是由国家强制力保证执行的。"[2]"凡是礼所不容的,就是刑所禁止的;凡是合于礼的,也必然是刑所不禁的。"[3]

上述两种看法都承认礼具有法律性质,较以前的研究无疑是前进了一大步。但他们仍没冲破"礼不下庶人,刑不上大夫"这一传统观念,这就必然使他们的理论陷入自相矛盾之中。如果认为刑只是适用于士庶人以下,那么适用于大夫以上的礼就不具有国家强制力这个后盾,就只能是道德规范。尽管他们反复强调这一原则不是绝对的,有例外,但只要承认其作为阶级原则而存在,就在总的方向上排除了礼的法律属性。

总之,迄今的研究,对封建制社会法的存在形式的认识还是

---

[1] 张国华等:《中国法律思想史》,法律出版社1982年版,第26页。
[2] 张晋藩:《中国法制史》,中国人民大学出版社1981年版,第53页。
[3] 同上注。

混沌的,即对礼在何种情况下是法律规范、礼与刑的关系怎样、礼之外究竟还有没有法律规范存在等问题还没有一个清楚的认识。自 1982 年以来,我们致力于这一问题的探索,形成了一点不成熟的看法。

一、礼是普遍适用的行为规范

在封建制社会,礼的内容囊括社会的一切方面,国家的政治与外交、战争与媾和、贡赋与兵役、宗教与祭祀、生产活动与经济关系、社会交往与人情往来、家庭生活与婚丧嫁娶,都有具体的礼的规范做约束。社会的政治生活、经济生活和精神生活都离不开礼,礼是社会一切应为行为的规则,是普遍适用的行为规范。正如《礼记·曲礼》所说:"道德仁义,非礼不成;教训正俗,非礼不备;分争辩讼,非礼不决;君臣上下,父子兄弟,非礼不定;宦学事师,非礼不亲;班朝治军,莅官行法,非礼威严不行;祷祠祭祀,供给鬼神,非礼不诚不庄。"但是,以前的学者根据《礼记·曲礼》中的"礼不下庶人,刑不上大夫"的字样,多认为"礼"和"刑"是两种不同性质的行为规范,适用于不同的范围,礼仅适用于士以上的贵族,刑则仅适用于庶人。这种看法始自汉代。《白虎通》最先将这两句话连注为:"礼为有知制,刑为无知设。"近人梁启超首次把这两句话说成古代社会的阶级原则,以后的学者多坚信这种说法。其实,在封建制社会,各个等级有各个等级的礼,庶人也毫不例外,根本不存在"礼不下庶人"的阶级原则。

"乐合同,礼别异。"(《荀子·乐论》)礼的基本特征是"异",即等级性,是我国封建制社会等级结构在上层建筑的反映。礼的核心是宗法制度。而宗法制度是根据血缘关系的亲疏进行多层次的分封,形成了多等级。自宗法言,有大宗小宗之别;从政治言,有天子、诸侯、卿大夫、士等四级爵秩,而诸侯之中又有公、侯、伯、子、男五等，大夫、士又各分上、中、下三级。血缘上的亲疏与政治上的尊卑相重合，政权、族权、神权合为一体。周政权是一个以周天子为顶端的金字塔式的等级组织。每个等级的成员有自己的特定权利、义务，经济上有特定的物质利益。"礼者，贵贱有等，长幼有差，贫富轻重皆有称者也。"（《荀子·富国》）一切物质享受，都与各自的身份、社会地位的等级相适应。"贵为天子，富有天下，是人情之所同欲也，然则从人之欲，则势不能容，物不能赡也。故先王案为之制礼义以分之，使有贵贱之等，长幼之差，知愚、能不能之分，皆使人载其事而各得其宜，然后使悫禄多少厚薄之称，是夫群居和一之道也。……故或禄天下而不自以为多，或监门御旅、抱关击柝，而不自以为寡。"（《荀子·荣辱》）政治内容方面，孔子答齐景公问政时说："君君、臣臣、父父、子子。"（《论语·颜渊》）在器物仪注上，更是等级鲜明。"名位不同，礼亦异数。"（《左传·庄公十八年》）"衣服有制，宫室有度，人徒有数，丧祭械用，皆有等宜。"（《荀子·王霸》）各个等级都有自己等级的礼，贵有贵者之礼，贱有贱者之礼，尊有尊者之礼，卑有卑者之礼。庶人从得不到封地的庶子发展而来，是低于士的一个没有爵秩的自由人等级。与天子、诸侯、大夫这些贵等级相比，他是贱等级。根据礼的"贵贱有等"的基本要求，天子有天子之礼，诸侯有诸侯之礼，大夫有大夫之礼，士有士之礼，庶人当然也应有庶人之礼。

在先秦史籍中，处处可以看到庶人与士、大夫、诸侯一样，有礼的规定。《国语·楚语》记云："其祭典有之曰：国君有牛享，大夫有羊馈，士有豚犬之奠，庶人有鱼炙之荐。""天子举以大牢，祀以会；诸侯举以特牛，祀以大牢；卿举以少牢，祀以特牛；大夫举以特牲，祀以少牢；士食鱼炙，祀以特牲；庶人食菜，祀以鱼。""天子遍祀群神品物，诸侯祀天地三辰及其土之山川，卿大夫祀其祀，士庶人不过其祖。"此类例子不胜枚举，都说明庶人有庶人之礼。何况那些要求忠孝仁义、不得侵犯他人财产、不得危害宗法政权的礼,主要是要求庶人遵守的。"夫礼,天之经也,地之义也,民之行也。"(《左传·昭公二十五年》)"夫礼,所以正民也。"(《国语·鲁语上》)"夫礼,所以整民也。"(《左传·庄公二十三年》)民,主要是指庶人,这些人是否安于统治,关系到宗法秩序的稳定,因而统治者用礼来约束民。

事实上,庶人也有成人、婚、丧、祭等活动,有冠礼、婚礼、丧礼、祭礼,要举行一定的仪式,只不过因地位低下,礼节没有贵族那么隆重而已。乡饮酒礼本身就是为士庶人规定的。至于朝聘礼、会盟礼、籍礼、享礼等,是贵族行的礼,庶人没有资格参加,但是"庶人不得参加"就是庶人在这些活动上需遵循的礼。《荀子·正论》篇记天子乘车外出时,"三公奉轭持纳,诸侯持轮挟舆先马,大侯编后,大夫次之,小侯元士次之,庶士介而夹道,庶人隐窜莫敢视望"。"奉轭持纳""持轮挟舆先马""随行""夹道"之礼不下庶人,而"隐窜莫敢视望"也是礼,此礼确为庶人设,违背了也属于"非礼也"。

那么,以前的研究者为什么能得出"礼不下庶人"的结论呢?这是误解原文所致。《礼记·曲礼》的原文是:"国君抚式,大夫下之;大夫抚式,士下之;礼不下庶人。刑不上大夫,刑人不在君侧。"这段文字是两句话,虽然连写在一起,但意思毫不相干,应在"礼不下庶人"之后读句号。后人误将前句话的后半句与后句话的前半句连读在一起,这样虽然能自成一句话,但原来的两句话就不完整了。对于前一句,孔颖达疏:"国君抚式大夫下之者,抚,谓手据之。谓君臣俱行,君式宗庙,则臣宜下车。此独云大夫,则士可知也。大夫抚式士下之者,士为大夫之臣,亦如大夫于君也。……礼不下庶人者,谓庶人贫无物为礼,又分地是物,不服燕饮,故此礼不下与庶人行也。"分短句解释,大体不误,但未相衔接。抚轼是起立抚轼,在车上行礼表示敬意。《礼记·曲礼》的这句话是说,国君与大夫乘车路过宗庙,国君在车上抚轼低头表示对祖先的敬意,大夫既不能同样"抚轼",更不能端坐,理应下车。大夫与士同车,大夫"抚轼",士也只能下车行礼。庶人无车可乘,既谈不上在车上抚轼行礼,也谈不上下车行礼,所以此礼不及庶人。这里的"礼"在逻辑上是不周延的,"礼不下庶人"仅仅是过宗庙下车之礼不下庶人,并不是说一切礼都不下庶人,而且,"礼不下庶人"者,庶人之礼也。

二、礼既具备道德规范的形式,又具备法律规范的形式

礼的规范表现为习俗。《说文》云"礼,履也"。礼如同人行走留下的足迹一样,是人们行动留下的习惯,这种习惯为后人所"履"。用阶级的观点看,礼是由原始社会的习俗发展来的。封建统治阶级通过国家认可了一些符合本阶级利益的原始社会遗留下来的习惯,形成了封建制的"礼",因此,礼在很大程度上仍保留了它固有的习俗性。冠、婚、丧、祭、射、乡饮酒礼,尽管圣人加以论述,各级官吏利用职权加以提倡推行,但在实际上,是以民间风俗习惯的形式而存在并流行的。虽然在我们所看到的《仪礼》等典籍中礼以成文的规范形式存在,但这是孔子及后世文人根据西周时期人们的实践活动归纳总结、提炼加工而成的。例如,祭礼,《荀子·礼论》:"祭者,志意思慕之情也,忠信爱敬之至矣,礼节文貌之盛矣,苟非圣人,莫之能知也。圣人明知之,士君子安行之,官人以为守,百姓以成俗。其在君子以为人道也;其在百姓,以为鬼事。"荀子是比较了解西周的情状的,且又非常重视"礼",但他没有把礼说成是易于掌握的条文,而是说礼是"百姓以成俗","以为鬼事",只有圣人才能加以系统地论述,才知道礼的妙用在于"以为人道"。可知,祭礼在当时以习惯的形式存在,是当时流行的风俗。

朝聘礼、会盟礼、贡赋礼、军礼这些有关国家制度方面的礼,

似乎是有成文的礼的规范,其实也是习惯而不成文,至少不是规范化的条文,它们是先王先公所行的惯例。昭公四年申之盟时椒举说:"夏启有钧台之享,商汤有景亳之命,周武有孟津之誓,成有歧阳之蒐,康有邦宫之朝,穆有涂山之会,齐桓有召陵之师,晋文有践土之盟。""夫六王、二公之事,皆所以示诸侯礼也,诸侯所由命也。"(《左传·昭公四年》)春秋时的椒举认为,六王二公所行之事为后世提供了范例,是"示礼",后世的享、誓、蒐、朝、会、军、盟之礼就是起于这些先例。《左传》中很多处虽然将礼冠以"先王之制""古之制",如继承礼(《左传·襄公三十一年》)、朝聘礼(《左传·文公十五年》)、丧礼(《左传·昭公三十年》)等,但还是先王的范例,或举先例以明示礼的规范,如会盟执牛耳(《左传·哀公十七年》)、朝聘燕享牢数(《左传·昭公二十一年》)、田猎招虞人以冠(《左传·昭公二十一年》)、献俘礼(《左传·僖公二十八年》)、婚礼(《左传·哀公二十四年》)等,更说明礼不是成文的规范。

作为礼的习惯不是一成不变的,而是随着时代有所变化。人们所仿效的先例,也不是最古的一个固定的典范,而是距离时间较近的熟知的故例。关于朝聘时间的礼,《左传·文公十五年》载:"诸侯五年再相朝,以修王命,古之制也。"《左传·昭公三年》载,子大叔曰:"昔文襄之霸也,其务不烦诸侯,令诸侯三岁而聘,五岁而朝,有事而会,不协而盟。"《左传·昭公十三年》载,晋大夫叔向说:"明王之制,使诸侯岁聘以志业,间朝以讲礼,再朝而会以示威,再会而盟以显昭明。"春秋初年的文襄时期,可能还基本奉行周制,只是小有改进,两朝之间增加了一次聘。至昭公时,霸主征敛无度,要求小国朝聘次数大大增加,但时人不以为违礼,而称为"明王之制",作为礼来遵守。丧礼,"先王之制,诸侯之丧,士吊,大夫送葬"(《左传·昭公三十年》)。文襄之时,则"君薨,大夫吊,卿共葬事"(《左传·昭公三年》)。到晋悼公死,郑派子西奔丧,子蟜送葬,二人皆卿。一旦改变旧制,新例就成为以后的"礼"。晋顷公卒,郑游吉(卿)吊且送葬,"魏献子使士景伯诘之曰:'悼公之丧,子西吊,子蟜送葬。今吾子无贰,何故?'"(《左传·昭公三十年》)要求郑执行襄公十五年的"礼"。投降的仪式更能说明这个问题。《史记·宋微子世家》载:"周武王伐纣克殷。微子乃持其祭器,造于军门,肉袒面缚,左牵羊,右把矛,膝行而前,以告,于是武王乃释微子,复其位如故。"僖公六年楚围许,许僖公"面缚衔璧",表示投降。楚成王问大夫逢伯如何办,逢伯告以周武王接受微子投降的成例,楚成王按例实行。后来,楚灭赖,"赖子面缚衔璧,士袒,舆榇从之,造于中军,王问诸椒举。对曰:'成王克许,许公如是,王亲释其缚,受其璧,焚其榇。'王从之"。(《左传·昭公四年》)投降的礼节虽没大变化,但后世并不都以周武王为典范,而是以时间距离较近,能熟悉的范例为礼。所以椒举不举周武王之例,而是举出较近的楚成王之事。

  道德规范与法律规范表现形式上的区别在于:道德规范表现为"社会意志",是风俗习惯;法律规范表现为"国家意志",一般以法律、法令为表现形式,但习惯经过国家认可也就表现为"国家意志"了。礼是习惯,是当时通行的伦理观念。行为的正当与不正当、高尚与卑鄙、善与恶、美与丑都以礼为衡量标准。在人们的意识中,君令臣共,父慈子孝,兄爱弟敬,夫和妻柔,姑慈妇听是天经地义,天子赋天下,诸侯赋一国,大夫赋采邑,庶人食于力是理所当然,不同地位的人有不同服饰,在各种活动中有不同的行为规范。按照这种伦理观念行动,奉行流行的习惯,就是正当的、美的,否则,即为众人所不齿。礼表现为"社会意志",因而它具有道德规范的表现形式。但是,作为礼的表现形式的习惯,在很多情况下是由国家强制力保证实行的,这种保证就表明国家的认可,因而,礼在很多情况下也表现为"国家意志"。这说明,礼不仅具有道德规范的表现形式,而且具有法律规范的表现形式,是习惯法。

三、礼既符合道德规范的结构又符合法律规范的结构

法理学的常识告诉我们,一切法律规范都由三个要素构成,这就是假定、指示和制裁,即每一条法律规范在逻辑上都包括假定、指示、制裁三个组成部分。假定,指明该规范的适用范围和条件;指示,指明行为的界限和模式,即应该做什么,不应该做什么,允许做什么,不允许做什么;制裁,指明违反该规范的后果。三个部分都必须具备,否则就不成其为法律规范了。但是一个法律规范与一个法律条文是有区别的。在一个法律条文中不一定同时具备三个部分,而要几个条文才构成一个规范。在一般情况下,每一个条文中都具有假定和指示两部分,而制裁部分在某些法律条文则往往不出现,或规定在其他法律文件中(如婚姻法),或可以从条文中推论出来(如宪法、诉讼法)。礼虽然是习惯,是以具体的"故事"来表现的,但它明确为人们提供了行为的规范。由于人们从幼年起就受传统习惯的教育,在实践中反复受到训练,因而在任何场合、任何活动中都能清楚地知道,依据自己的身份、地位、年龄、性别应该怎样行为,不得怎样行为。即使有时不了解某种活动中自己的行为规范,只要别人讲出"先王""先公"的"故事"或某种习惯,就能立刻知道自己应与哪个等级的人相比附,从而采取什么样的具体行为。孟武伯随鲁哀公会盟,不知该由谁"执牛耳",季羔讲了两个先例,孟武伯当即说"然则麸也"。(《左传·哀公十七年》)可见,任何一条礼,都清楚地指明了在某种场合的行为界限和模式,具有假定、指示两个要素,这是道德规范和法律规范所共有的。在逻辑结构上,道德规范和法律规范的区别在于,是否具有制裁这个部分。礼虽然是为人们提供行为模式的正面规范,但在传统礼治中,违礼是要予

以制裁的,这种制裁不仅有舆论谴责,而且有国家强制的制裁。在《左传》中有大量实例为证。

1. 弑君

弑君是最大的违礼,在绝大多数情况下是要予以国家强制制裁的。春秋时期,王室衰微,无力惩罚,只好由霸主代行制裁,甚至由各诸侯国的国人、执政者制裁。对弑君者即使在当时无条件惩罚,在人们的观念中也是"常刑不赦",甚至过若干年以后还要惩罚。《左传·文公十七年》载:"晋荀林父、卫孔达、陈公孙宁、郑石楚伐宋,讨曰:'何故弑君'。"陈夏征舒弑陈灵公,楚伐陈"杀夏征舒,轘诸栗门,因县陈"(《左传·宣公十一年》)。

2. 杀嫡立庶

嫡长子继承制是宗法制的根本内容,礼以宗法制为核心,就必然把嫡长子继承制作为最主要的保护对象。破坏嫡长子继承制,是严重的违礼,因而封建制国家一定要用暴力进行镇压。曹公子负刍杀太子而自立,诸侯会合而讨,"执而归诸京师"(《左传·成公十五年》)。

3. 不臣王室

周天子分封诸侯,诸侯有义务向王室缴纳贡赋。诸侯不朝、不共、违王命都是违礼。即使春秋时期周室衰微,较强大的诸侯在讨伐别国时,仍往往以"讨不臣王室"等为旗号。《左传·隐公九年》载:"宋公不王。郑伯为王左卿士,以王命讨之,伐宋。"齐桓公称霸伐楚,管仲对楚宣称:"尔贡包茅不入,王祭不共,无以缩酒,寡人是征。"(《左传·僖公四年》)

4. 不祀和祭祀不敬

礼是由祭祀发展来的,祭祀是礼的主要内容。"夔子不祀祝融与鬻熊,……楚成得臣、斗宜申帅师灭夔,以夔子归。"(《左传·僖公二十六年》)郑大旱,使屠击等祭山,而他们砍了山上的树,子产说:"有事于山,蓺山林也;而斩其木,其罪大矣。"于是夺了他们的封邑(《左传·昭公十六年》)。

5. 富而越制

每个人的财产数量必须与自己的地位和身份相称,否则即是违礼。"楚观起有宠于令尹子南,未益禄而有马数十乘。楚人患之,……王遂杀子南于朝,轘观起于四竟。"(《左传·襄公二十二年》)郑驷秦豪富奢侈,身为下大夫而"常陈卿之车服于庭",郑人杀之(《左传·哀公五年》)。

6. 婚礼不如仪

按礼,"凡公女嫁于敌国,姊妹则上卿送之,以礼于先君;公子,则下卿送之。于大国,虽公子,亦上卿送之"(《左传·桓公三年》)。齐陈无宇送女于晋,晋侯宠爱这个齐女,虽不是嫡夫人而要齐以嫡夫人之礼送之,因陈无宇是上大夫,故"执诸中都"(《左传·昭公二年》)。

7. 违犯军礼

晋侯之弟杨干扰乱军行,中军司马魏绛戮其仆,晋侯说:"吾子之讨,军礼也。"(《左传·襄公三年》)晋侯说得明白,乱军行列是违犯军礼,应该惩罚。

从上看出,对违礼者往往要给予国家强制的制裁,这是不可否认的事实,但为什么先秦典籍中没有一处明确指出违何礼给予何种刑罚呢?应当承认,在礼的本身是没有具体的规定,但礼治的传统要求执政人根据自己对违礼行为的性质及其危害的认识,临时作出决定。这样,执法人总是要对具体的违礼行为加以概括,列出罪状,然后说明给予何种刑罚。《左传》中共有五处明确开列罪状:

> 狄有五罪,俊才虽多,何补焉? 不祀,一也。嗜酒,二也。弃仲章而夺黎氏地,三也。虐我伯姬,四也。伤其君目,五也。(《左传·宣公十五年》)

> 专伐伯有,而罪一也。昆弟争室,而罪二也。熏隧之

盟,女矫君位,而罪三也。有死罪三,何以堪之?不速死,大刑将至。(《左传·昭公二年》)

舍大臣而与小臣谋,一罪也。先君有冢卿以为师保,而蔑之,二罪也。余以巾栉事先君,而暴妾使余,三罪也。(《左传·襄公十四年》)

国之大节有五,女皆奸之。畏君之威,听其政,尊其贵,事其长,养其亲,五者所以为国也。今君在国,女用兵焉,不畏威也。奸国之纪,不听政也。子晳上大夫,女嬖大夫而弗下之,不尊贵也。幼而不忌,不事长也。兵其从兄,不养亲也。君曰:"余不女忍杀,宥女以远"。勉速行乎,无重而罪。(《左传·昭公元年》)

卫侯为虎幄于籍圃,成,求令名者,而与之始食焉。大子请使良夫。良夫乘衷甸两牡,紫衣狐裘,至,袒裘,不释剑而食。大子使牵以退,数之三罪而杀之。(《左传·哀公十七年》)

上录五人共十九条罪状。其中"伤君之目""矫君位""蔑先君冢卿""君在国用兵""专伐""袒裘""不释剑"是不敬君主,违犯事君之礼;"不祀"违犯祭礼;"紫衣"是僭越;"昆弟争室"是乱伦;"舍大臣而与小臣谋""不下上大夫"是不尊贵;"幼而不忌""兵其从兄"是不亲长上;"虐我伯姬"是不事大国;"暴妾使余(待嫡母若婢妾)"是不敬嫡母。上列都是执法者根据违礼的事实概括出来的罪名,所给予的制裁都是国家强制。可见,礼既符合道德规范的结构形式,又符合法律规范的结构形式。

四、礼具有道德与法律的双重属性

根据马克思主义的法学理论,我们知道,法的最根本特征是:由国家强制力保证实行。这一点使法律规范同其他社会规范,首先同道德规范有所区别。使用国家强制的制裁,无论是行政制裁、民事制裁还是刑罚制裁,该规范就是法律规范。相反,使用舆论制裁,不管这种制裁来自什么方面(国家、团体或个人、圣人或平民、尊长或卑幼),也不管这种制裁给行为人带来多少严重的后果,这种规范都属于道德规范。根据《左传》的记载,对违礼者使用的制裁方法,归纳起来,大约有十一种:讥讽、责让、诘难、卑贬(包括拒朝、降礼秩、贬爵级、留止、执)、夺邑、鞭抶、放逐、輓刖、杀戮、征伐、取灭。将这些制裁方法分类,讥讽、责让、诘难属于舆论制裁,后八者属于国家强力制裁,其中卑贬属于行政处分,鞭抶属治安处分,夺邑、放逐、輓刖、杀戮、征伐、取灭属于刑罚方法(夺邑、取灭有没收财产和剥夺政治权利的性质)。舆论制裁,旨在促使被讥讽、指责、诘难一方内心觉醒,提高道德水准,自觉地把自己的言行纳入礼的规范。用这种制裁保证实行的礼的规范就是道德规范。国家强力制裁的诸种方法,虽然属于不同的法律部门,它们之间轻重悬殊,但都具有国家强制性,超出了舆论的范畴,因而用这种制裁保证实行的礼的规范属于法律规范。

但是,封建制国家用以调整所有社会行为的规范在逻辑上分为两个组成部分,一部分是规定人们行为规则的浩繁的礼,另一部分是制裁违礼行为的种种方法。原则上,违礼即给予制裁;具体上,每一种礼的规范并未同某种制裁方法固定地联系在一起。对一种违礼行为给予何种制裁,并无事先规定,而是由执政者根据自己对该行为的社会危害性的认识,在诸种制裁方法中任意选择一种。晋大夫叔向说得准确:"昔先王议事以制,不为刑辟。"(《左传·昭公六年》)不事先规定出惩罚方法,而是根据具体事实来定。要制裁是公开的,给予何种制裁则是秘密的,藏于执政者心中,高下由心。杜预注叔向语云:"临事制刑,不豫设法。"(《左传·昭公六年》)这是颇为精当的。前述十一种制裁方法,轻重悬殊,但由于执政者对具体的违礼行为的危害性理解不同,所以在不同时期、不同场合,往往相同的行为给予极不相同的制裁,或者极不相同的行为给予同一种制裁。

郑厉公被国人逐出国,后复国。以"不为被逐的君主通风报信"的罪名杀死大夫傅瑕(《左传·庄公十四年》)。卫献公被逐后复辟,以同样罪名责让其叔父文子,文子申辩后欲出奔,但卫献公挽留了他(《左传·襄公二十六年》)。二者行为相同,但前者处死,后者责让了事,同事不同罚。

《左传》中共三次使用轘刑。桓公十七、十八年载,郑大夫高渠弥杀郑昭公立公子亹。第二年首止会盟,齐轘高渠弥。宣公十、十一年载,夏征舒弑陈灵公而自立。第二年楚庄王入陈,杀夏征舒,轘诸栗门。襄公二十二年,"楚观起有宠于令尹子南,未益禄,而有马数十乘。……王遂杀子南于朝,轘观起于四竟"。前两例是弑君,后一例是富而越制。两种行为性质不同,都施轘刑。不同事而同罚。

春秋时,"不死伍乘,军之大刑也"(《左传·昭公二十一年》),很多人打了败仗被处死了。《韩非子·五蠹》:"鲁人从君战,三战三北,仲尼问其故,对曰:'吾有老父,身死莫之养也。'仲尼以为孝,举而上之。"孔子认为鲁人临阵逃跑是出自"孝"的动机,不仅不是犯罪,而且是道德高尚,遂"举而上之",重罪不罚。

楚平王使城父司马奋扬去杀太子建,奋扬事先通消息,使太子逃出国,平王责问奋扬,对曰:"君王命臣曰:'事建如事余。'臣不佞,不能苟贰。奉初以还,不忍后命,故遣之,既而悔之,亦无及已。"王使奋扬"从政如他日"(《左传·昭公二十年》)。违背王命,放跑了最大的政治犯。在当时是严重的犯罪,但奋扬表示改悔,楚平王仅责让了事,令其官复原职,重罪轻罚。

卫侯请浑良夫食:"良夫乘衷甸两牡,紫衣狐裘,至,袒裘。不释剑而食。太子使牵以退,数之以三罪而杀之"(《左传·哀公十七年》)。侍君衣饰不整,处以死刑。轻罪重罚。

不仅不同的人对同种违礼行为有不同的理解，从而给予不同的制裁，而且同一个人对同种行为也有不同的理解而给予不同的制裁。郑之公孙楚与公孙黑争娶徐吾犯之妹，这个女子跟了公孙楚。"子晳（公孙黑）怒，既而衷甲以见子南（公孙楚），欲杀之而娶其妻。子南知之，执戈逐，及冲，击之以戈。"子产评之曰："直钩，幼贱有罪，罪在楚也。"于是执子南而数其五罪，放逐于吴（《左传·昭公元年》）。第二年，公孙黑欲作乱，因伤疾发作而没有成功。子产数其三条死罪，其中就有"昆弟争室"一条。同一件事，在前一年持包庇态度，连谴责都没有；第二年则成为死罪。可知，在不同条件下，由于统治阶级的需要不同，执政者对违礼行为的危害性认识不同，制裁也就不同，重者可能是杀戮灭族，轻者可能责让了事。

有人认为，像"弑君"一类的危害政权的违礼行为，从来是给予刑罚惩罚，而不会只予以舆论谴责。这是不了解周代以前统治者的法律思想，而以秦汉以后的"绝对君权"观念来认识古代社会。封建统治阶级建立自己的统治后，继承和沿用了一些符合自己意志的氏族社会末期的习惯，而很少进行正式的立法活动，只是在他们认为某些违反这些习惯的行为侵犯了自己的利益时，才通过国家强制力惩罚违反者，保证这些习惯的实行。这种制裁活动就是对习惯的认可，从而把这些习惯上升为国家意志。"弑君"在一般情况下，是对政权的威胁，对统治阶级根本利益的侵害，因而统治者对弑君者较多地使用国家强制惩罚，即在大多数情况下是把这种违礼行为作为法律上的犯罪来处理的。但是，封建制统治者如周公等认为，自己的统治是由天"授命"的，如果失"德"，不能"敬天保民"，天就"不辅"，就要"坠厥命"。这时的君主已不能代表统治阶级的利益，因而弑这种君，不仅不是侵犯统治阶级的根本利益，而且被视为维护统治阶级的根本利益，甚至是行"天罚"。在实践中，这些弑君者也不被惩罚。晋厉公听信大夫胥童的逸言，一朝杀三大夫，并执卿栾书、中行偃。"栾书、中行偃使程滑弑厉公"（《左传·成公十七年》），其他卿大夫既不制止，亦不讨贼，甚至连谴责都没有，足见当时的其他掌权者对这种行为是同意的，至少是不反对的。郑僖公不礼遇大夫，子驷弑之。执政不仅不谴责弑君者，还同意"以疟疾赴于诸侯"（《左传·襄公七年》）。

  违礼制裁的这种不确定性决定了不能笼统地说礼是道德规范还是法律规范。只有在具体事件中才能确定该条礼是何种属性，如果用舆论制裁方法来保证实行则为道德规范，如果用国家强制的制裁方法保证实行则为法律规范。由于违反同一种礼在不同的场合，不同的时间往往给予性质截然不同的制裁，因而同一条礼的规范在此种情况下是道德规范，在彼种情况下可能就是法律规范；此人执行是道德规范，他人执行则可能是法律规范。道德规范与法律规范浑然一体，谁也不能笼统地从礼的本身分出哪条礼是道德规范。因此，我们只能说，礼既具有道德规范的属性，又具有法律规范的属性，礼一身二任，担负着道德规范与法律规范的双重任务。

五、封建制社会不存在独立于礼的法

  在封建制社会，文化低下，人们的认识水平有限，他们既不可能认识到社会规范中有道德规范与法律规范之别，也没有体会到区分二者的必要。统治者和被统治者都把当时的习惯作为唯一的行为规范，认为奉行这些习惯是天经地义。庞德说过："社会控制的主要手段是道德、宗教和法律。在开始有法律时，这些东西是没有什么区别的，甚至在像希腊那样的文明里，人们也通常使用一个词来表达宗教、礼仪、伦理习惯。调整各种关系的传统方式、城市的立法和所有这一切都被看作一个整体，我们应该说，现在我们称为法律的这一名称，包括了社会控制的所有这些手段。"[1]这是基本符合阶级社会初期的情形的。在中国，礼起着这种控制作用，在礼之外，再没有什么法律规范。

（一）"刑"仅仅是刑罚而没有法律的内容

研究封建制社会法律史的学者，多把"刑"与"法"作为一个概念，认为先秦史籍中的"刑"就是法律规范，从而根据《尚书·吕刑》中的"刑三千条"、《左传》中的"禹刑""汤刑""九刑"，断定在铸"刑书""刑鼎"之前就有成文法存在了。

其实"刑"仅仅指刑罚方法，其本身没有包含任何规范性的规定。《说文》："刑，剄也。"段玉裁注曰："刑者，五刑也。凡刑罚、典刑、仪刑皆用之。刑者，剄颈也，横绝之也。"刑起于兵，在封建制社会兵刑不分，刑不仅包括帝制社会的五刑，还包括兵。但刑只是制裁方法，并没指明对何人因何事用刑，它必须同礼的规范相结合，即用它来制裁违礼者，才能构成法律规范，它自身绝不是什么规范。《左传·昭公六年》："夏有乱政，而作禹刑；商有乱政，而作汤刑；周有乱政，而作九刑。三辟之兴，皆叔世也。"叔世乃衰乱之世，即人们不守礼、社会秩序紊乱之时，也即"乱政"。由于人们违礼，所以才用刑。有人把"禹刑""汤刑""九刑"理解为三种刑律，说："刑律古已有之，但由统治者掌握，高下由心。"（《左传·昭公六年》，杨伯峻注）这里未免存在一个难于解释的矛盾。刑律，应当是行为规范与刑罚固定地联系在一起的。既然刑律古已有之，则制裁方法就是法定的，而绝不能是由统治者"高下由心"；反之，如果承认那时惩罚"高下由心"，则行为规范应当没有与刑罚固定结合，因而不能称之为刑律，而只能一边是作为行为规范的礼，一边仅仅是作为制裁手段的刑。

（二）春秋以前的"法"字无法律的含义

"法"字在先秦典籍中并不鲜见，不少学者认为这个"法"字

---

[1] 〔美〕罗思科·庞德著，徐显明、沈宗灵译：《通过法律的社会控制》，商务印书馆1984版，第9—10页。

就是法律。我们细读经典体会到,这个"法"字无法律的含义,而是指常循之法式,也即习惯,从而也可以说是礼。《尔雅·释诂上》:"法,常也。"疏曰:"皆谓常,礼法也。"《左传》中的"被庐之法""夷蒐之法"的"法"字即此意,而不是法律。"蒐以示礼",通过行大蒐礼,调整军制,排列班爵,演示礼仪,训练阵法,起到别上下、顺少长、明贵贱的作用。蒐礼上所建立的体制、班爵为后常行,所演习的礼仪为后常法,更主要的是,在蒐礼上执政者要发布政令,作为礼法,这些通谓之"法"。

《周礼》一书虽然晚出,但其中许多"法"字仍在很大程度上保留了"常"的意义。《周礼·大宰》:"掌建邦之六典,以佐王治邦国。"郑玄注曰:"典,常也,经也,法也。王谓之礼经,常所秉以治天下也,邦国官府谓之礼法,常所守以为法式也。""法"是指常守的法式、典范,礼法并提,说明二者意义相近。《宰夫》:"掌治朝之法,以正王及三公六卿大夫群吏之位,掌其禁令。"治朝之法即朝仪,朝仪乃常行的习惯,这显然属于礼的范畴。《射人》:"以射法治射仪。"疏:"射法者,是射人所掌王射之礼。"直谓射法就是射仪,射人根据以前的射仪的范例治今之射仪,使合法式。《大司乐》:"掌成均之法。"郑玄引董仲舒云:"成钧,五帝之学;成均之法者,其巡礼可法者。"董仲舒直截了当地说,法就是为后人所效法的礼。

此外,具有划时代意义的"刑书""刑鼎"的名称本身也是此前的"法"字不具有法律之义的铁证。假如此前早已有了独立于礼的法,而且以"法"作为其名称,那么,具有实际法律意义的刑书、刑鼎为什么不以与其实际相符的名称——"法"为名,而偏偏名之曰"刑书""刑鼎"? 正是由于没有独立于礼的法,没有现代意义上的法的概念存在,人们只是看到礼与刑的分离。因此,在具有法律意义的刑书、刑鼎产生时,他们仍注意于作为制裁的刑的一方面,称之为"刑书""刑鼎",而没有把"法"作为反映这一客观事物实质的概念。

（三）"彝"并非成文法

《尚书·周书》中"彝"字凡二十见，有些学者认为这就是成文法。我们认为，这种说法也欠妥当。说"彝"具有法的性质是可以的，但不能说它是成文法，因为它本身是礼。

尊、彝、鼎、爵等器物是殷人创造的，到周代常用于祭祀，遂逐渐成为神圣的礼器。分封时，常与土地一起赐予受封者，以作为享有这块土地占有权的象征，于是这些礼器具有了权利义务的意义。清阮元说："钟鼎彝器，三代之所宝贵，故分封赠器，皆以是为先，直与土地并重。"（《研经室三集卷三·积古斋钟鼎彝器欵识序》）不同等级、不同场合使用不同的礼器，因此，尊彝之器包藏了周代的等级制度，也就是表现了礼。阮元说："器者，所以藏礼。……然则器者，先王所以驯天下尊王敬祖之心，教天下习礼博文之学。"（《研经室三集卷三·积古斋钟鼎彝器欵识序》）礼所以别贵贱，尊彝所以别尊卑。礼器保藏了礼所规定的制度。由于礼器是权力的象征，所以常常在上面铭刻先王、先公的事例，以表明其尊贵，作为后世的行为典范，甚至铭刻些民事诉讼和违礼处罚的案例，以明示人们应如何守礼。这些铭文已具有了礼的性质，但由于铭刻于器物上，所以当时人们都以器物名之。"尊彝皆礼器之总名也。……尊有大共名之尊，有小共名之尊，彝则为共名而非专名。"（王国维《观堂集林·说彝》）"彝"为共名而非专名，所以人们就以"彝"作为礼器铭文中的礼的名称。铭文中的礼为时人及后人常行，故《尔雅·释诂》又训"彝"为"常"，由此可推知，"彝"即礼。近人王国维论述得精当："周之制度典礼……此之谓民彝。其有不由此者，谓之非彝。《康诰》曰：'勿用非谋非彝'，《召诰》曰：'其惟王勿以小民淫用非彝'。非彝者，礼之所去，刑之所加也……故曰'惟吊兹不于我政人得罪'，又曰'乃其速由文王作罚'，其重民彝也如此。"（《观堂集林·殷

周制度论》）

此外，《周书》本身也有大量材料证明"彝"是礼而非成文法。《康诰》："元恶大憝，矧惟不孝不友。子弗祗服厥父事，大伤厥考心；于父不能字厥子，乃疾厥子。于弟弗念天显，乃弗克恭厥兄；兄亦不念鞠子哀，大不友于弟。惟吊兹，不于我政人得罪，天惟与我民彝大泯乱。曰：乃其速由文王作罚，刑兹无赦。"不孝、不恭、不慈、不友、就是泯乱"民彝"，是元恶大憝，因而周公才让康王封予以惩罚，可知"民彝"的内容就是孝敬慈友，这与礼是完全一致的。而且，周公一方面说"民彝泯乱"，一方面告诉康王按照文王作罚的样子去制裁，这正是从侧面反映出"民彝"中违礼的行为并没同特定的刑罚方法固定地结合在一起，这恰恰与礼的罪刑擅断的特点相吻合。

六、法的独立

春秋时期，铁制农具和牛耕的普遍推行，要求用一种新的生产关系代替原有的封建制的生产关系。封建制逐渐解体，地主经济制度开始萌芽，且日益发展。这种经济基础的变革，反映到上层建筑上就是封建制的礼制日趋崩溃，地主阶级国家的法不断孕育、成长，最终从礼的体系中分离出来，建立了独立的法律规范体系。当然，法的分立是以统治者司法经验的积累为条件的。在长期的礼治实践中，统治阶级的司法经验不断丰富，他们渐渐懂得了哪些行为对统治阶级的根本利益危害比较大，哪些行为在通常情况下危害比较小，在他们的头脑中逐渐形成了一些违何礼给予何种制裁的模式。据《尚书·吕刑》记载，到西周中期，统治者就能够根据社会危害性的大小，把各种违礼行为大致区分为"正于五刑""正于五罚""正于五过"，把应刑和应罚区别开来，这就把礼的规范与刑罚方法相对固定地结合在一起了，限制了执法官吏的擅断权力，在礼的分化道路上迈出了第一步。

封建主阶级的统治者最先体会到封建主权力的重要，认识到对封建主的违礼是对自己阶级利益最大的侵害，因此，他们总是用最重的制裁方法——死刑来惩罚行为者，这就在通常情况下把一种具体的违礼行为与某种特定的刑罚固定地结合在一起，只要出现这类违礼行为，无论是何人执法，都要确定无疑地给予这种刑罚，这就是所谓"常刑"。《左传》中曾五处出现"常刑"的字样。庄公十四年"傅瑕贰，周有常刑"。昭公二十五年"臣之失职，常刑不赦"。昭公三十一年"有君不事，周有常刑"。哀公三年"命不共，有常刑""有不用命，则有常刑，无赦"。对君主违礼与死刑固定地结合起来，成为法的规范，在礼中产生了法的萌芽。这种萌芽是不断成长、壮大的。后来，"常刑"已发展为对较严重的违礼行为都处死，冲破了仅是对侵犯君主权力的违礼行为处以死刑的框架。而且，"常刑"也逐渐扩展到其他的刑罚，泛指某种行为与特定的刑罚相联系的习惯。但是，这种相对固定的习惯仍不排除罪刑擅断，即使在有成例的情况下，统治者仍可根据自己对某种行为的危害性的理解给予不同的制裁。"有君不事，周有常刑"（《左传·昭公三十一年》），但是逼走鲁昭公的季孙却说："若弗杀而亡，君之惠也。"（《左传·昭公三十一年》）可见，君若施恩惠，可以打破常规，"弗杀而亡"，甚至可以不制裁。同时，这些"常刑"仅仅是个别的法律规范，还没有发展成为独立的规范体系。因此，我们只能说，这些"常刑"是法的萌芽，固定地惩罚习惯从无到有、由少到多的事实，反映了成文法因素在礼的母体中的孕育过程，量变过程，但直到郑铸刑书，法的萌芽始终未冲破礼的外壳，发展为独立于礼的法律制度体系。

春秋末期，法的萌芽完成了量变过程，终于冲出了礼的母体，郑铸刑书、晋铸刑鼎标志着法的独立，这是具有划时代意义的重大历史事件。是罪刑法定还是罪刑擅断，这是法与礼的分水岭。刑书、刑鼎就是把罪与刑固定地连在一起，罪刑法定，宣告法从此脱离了礼，具有了自己独立的形式，形成了独立的规范体系。

法律与道德、宗教由混合到分化，是法律进化的普遍规律。印度的《摩奴法典》就是从礼典中分出来的。婆罗门教徒的礼典不只一种，其名称或冠以编纂者的名字，或用该礼典所属之家的姓。《摩奴法典》就是出自"摩奴"家的礼典，其格言体经典有《祭牺经》《清净经》《律法经》三部分，后来其第三部分《律法经》成为诗体法典——《摩奴法典》。据日本著名法学家穗积陈重考证，希腊、罗马的法也是从礼中分化出来的，其古代法也包含于礼典之中。王即位以即位礼，婚姻以婚姻礼，养子以收养礼，相续以丧祭礼等，一切制度都是关于祭祀天地、山川、祖宗、族神的宗教礼典的一部分。《梭伦法典》中，祭祀礼占其最重要的部分。罗马最古老的法令——王法（Leges Regiae）中遗存的都是宗教典礼。

但是，这种分化根据各自国情的不同而呈现不同的状态。在印度，礼法分化仅有其端倪，没有彻底分化。所谓的"圣律"，仍是宗教法典，兼有礼典和法典的性质，至今尚保存其古老状态。在中国首先分化出来的是刑法。郑铸刑书、晋铸刑鼎、魏的《法经》、商鞅变法后的《秦律》都是首先将那些危害统治阶级根本利益的违礼行为与特定的刑罚手段联系起来。商鞅治秦变法，摈弃礼治，实行法治，甚至以刑罚方法保证民事、婚姻家庭方面的规范实行，企图将道德与法律绝对分离开来。秦失败的经验使其后的统治者认识到：中国是以家族为本位的，治国必须齐家，伦理观念在统治中起着极大的作用，这是法所不能替代的。但历史已经前进，不允许恢复封建制社会的礼治，必须寻找一条途径充分发挥礼、法的长处。于是汉以后的统治者一方面又恢复了礼在调整民事关系、婚姻家庭关系以及国家祭祀、殡仪、王位继承等方面的作用，依靠国家强制和社会舆论、内心信念、传统的精神力量两种手段保证其实行。因此,这部分礼仍具有道德和法律的双重属性,而且在整个地帝制社会,也没有完成礼法的分化。另一方面,用礼的伦理思想改造了既存的法律制度,礼入于法,加强了法律的道德基础,从而完善帝制社会法律。

在思想上,自秦焚书以后,历代文人学者对刑名法术的厌恶观念一直在隐隐地起着支配作用。他们不想承认礼法分化的事实,仍以"刑"称法,把法仅看作制裁的手段,是"刑"的别名,认为礼为本,法为末,礼法是本末表里关系,法是为礼而存在的。汉和帝时廷尉陈宠上表云:"礼之所去,刑之所取也。大辟二百,耐罪赎罪二千八百,并为三千,其余悉删除,使与礼相应。"(《后汉书·陈宠列传》)以封建制社会的思想况汉之情形,并企图删律条,使合威仪三千之数,可见守礼思想的顽固程度。《唐律疏议序》亦云:"夫礼,民之防也,刑,礼之表也。二者相须犹口舌然。礼乐禁于未荫之前,刑制于已然之后。"甚至"德主刑辅"的提法也是显示了不承认法已独立的情绪。这种现象存在于君主专制社会始终。但由于法的独立已成为不容否认的事实,那些学者也不得不用"礼入法"去影响和改造汉承秦而来的法律制度。

附:

再论封建制社会的礼与法[1]

——兼答李衡眉、范忠信

1985年我们在《中国社会科学》上发表了一篇题为《略论奴隶社会的礼与法》[2]的论文,引起我国法律史学界的重视。在

---

[1] 本文系与导师栗劲先生合写。
[2] 栗劲、王占通:《略论奴隶社会的礼与法》,载《中国社会科学》1985年第5期,第195—210页。

1989年出版的《中国法律制度史通览》一书中,编著者曾宪义教授、郑定先生以大篇幅的引文系统地介绍了该文的基本论点和论据,并评论说:"在对中国奴隶社会时期礼与刑问题的研究中,《略论奴隶社会的礼与法》一文是一篇比较全面、比较系统的研究成果。其中关于'礼'具备道德规范和法律规范双重属性,'礼'符合法律规范的结构的论述颇为精辟,由此而得出的中国奴隶社会不存在独立的法,'刑'仅仅是刑罚而没有法律内容的结论既新颖且有说服力。在近年来的法制史研究中,西周时期的'礼'具有法律规范的属性的观点已为大多数人所承认,但关于当时的'刑'是否如文章作者所说仅仅是刑罚而没有法律的内容,甚至连刑法适用的具体内容都不包括,则尚待进一步研究和探讨。"[1]仁者见仁,智者见智。就在我国奴隶社会的"刑"是否具有法律内容、是否仅仅是刑罚手段问题上,先有范忠信等学者在其《情理法与中国人》[2]一书中提出了不同的见解,后有李衡眉先生在《河南大学学报》1993年第1期对"奴隶社会不存在独立于礼的法"说,提出了系统的质疑。基于不见知而责己的传统,进一步阐述我们的观点,并同范忠信先生和李衡眉先生共同讨论,希望对我国封建制时期的"礼"与"法"的学术争论有所推进。

一、"礼"与"法"的区别

我国封建制社会礼治时期的"礼"与春秋战国时期的"法",同样是约束人们行为的规范,要求人们按"礼"或按"法"的规定实施自己的行为,否则就要被认定为"非礼"或"违法"行为,要受到相应的制裁。法家学派把"法"视为普遍适用的行为规范,并

---

〔1〕 曾宪义、郑定:《中国法律制度史通览》,天津教育出版社1989年版,第121页。

〔2〕 范忠信等:《情理法与中国人》,中国人民大学出版社1992年版,第65页。

把它比喻为"权衡""规矩""尺寸""绳墨"。《商君书·修权》篇说:"先王县(悬)权衡,立尺寸,而至今法之,其分明也。夫释权衡而断轻重,废尺寸而意长短,虽察,商贾不用,为其不必也。故法者,国之权衡也。夫倍(背)法度而任私议,皆不知类者也。不以法论知、能、贤、不肖者,惟尧,而世不尽为尧。是故先王知自议誉私之不可任也,故立法明分,中程者赏之,毁公者诛之,赏诛之法,不失其仪,故民不争。"《韩非子·有度》篇说:"巧匠目意中绳,然必以规矩为度,上智捷举中事,必以先王之法为比。故绳直而枉木斫,准夷而高科削,权衡县而重益轻,斗石设而多益少。故以法治国,举措而已矣。"同样,儒家也把"礼"视为行为规范,并有同样的比喻。孔子说他自己"七十而从心所欲不逾矩"(《论语·为政》),就是达到了修养的最高境界,随意的思想行为也都能与礼的规范相一致,实际是把礼比喻为规矩。孟轲说:"离娄之明,公输子之巧,不以规矩,不能成方圆;师旷之聪,不以六律,不能正五音;尧舜之道,不以仁政,不能平治天下。"(《孟子·离娄上》)他所谓的"仁政"就是礼治。实际上孟轲也是把"礼"比喻为规矩。对这点,荀况说得最明确。他说:"故绳墨诚陈矣,则不可欺以曲直;衡诚悬矣,则不可欺以轻重;规矩诚设矣,则不可欺以方圆;君子审于礼,则不可欺以诈伪。故绳者,直之至;衡者,平之至;规矩者,方圆之至;礼者,人道之极也。"(《荀子·礼论》)

但是,"礼"与"法"在性质、形式和运用上,仍然有原则性的区别。

1."礼"是诸种不同性质规范的复合体,"法"则是单一性质的行为规范,"礼"是由法律、道德、宗教信条、伦理习俗综合而成的行为规范体系。在拙作《略论奴隶社会的礼与法》一文中,从法律史学的角度,突出地强调了礼是法和道德的统一体。其实,任何民族最初出现法律时,也都是注重不同性质的行为规范的统一体,无论是中还是西,概莫能外,美国法学家罗思科·庞德说:"社会控制的主要手段是道德、宗教和法律。在开始有法律时,这些东西是没有什么区别的。甚至在像希腊城邦那样先进的文明中,人们通常使用同一个词来表达宗教礼仪、伦理习惯、调整关系的传统方式、城邦立法,把所有这一切看作一个整体;我们应该说,现在我们称为法律的这一名称,包括了社会控制的所有这些手段。"[1]对于此种综合多种性质复合体的行为规范,在西方古代称之为法律,而中国古代则称之为"礼"。后来的法或法律,是仅仅靠国家强制力作为实施保证的单一性质的行为规范体系。在拙作《略论奴隶社会的礼与法》一文中,在规范的根本属性上,我们始终把握住礼是法和道德的复合体,而法是单一性质的法律规范这一根本区别。

2. "礼"是不成文的习俗,而"法"是成文的规范。礼是由原始社会出现私有财产、父家长家庭和部落联盟以后的习俗转化而来的,并在整个封建制社会时期都作为习俗而存在。即使到了礼治鼎盛的西周,对天子、诸侯、卿大夫、士的等级权力,也未曾留下当时成文的规定,而仅仅是由牢固的信条形成的习惯。至于行之于众庶百姓中的多种形式的礼,更是作为习俗而存在的。荀况说:"祭者,志意思慕之情也,忠信爱敬之至矣,礼节文貌之盛也,苟非圣人莫之能知也。圣人明知之,士君子安行之,官人以为守,百姓以成俗。其在君子,以为人道也;其在百姓,以为鬼事也。"(《荀子·礼论》)至于朝聘礼、会盟礼、军礼也都是先王的"故事"和范例。据《左传·昭公四年》记载,楚灵王会诸侯于申,并问礼于令尹椒举,椒举回答说:"夏启有钧台之享,商汤有景亳之命,周武王有孟津之誓,成有歧阳之蒐,康有邦宫之朝,穆有塗山之会,桓有召陵之师,晋文有践土之盟。"又说:"夫六王、二公之事,皆所以示诸侯礼也。"可见,六王和二公所创制的

---

[1] [美]罗思科·庞德著,徐显明、沈宗灵译:《通过法律的社会控制》商务印书馆1984年版,第9—10页。

不是享礼、命礼、誓礼、蒐礼、朝礼、军礼、盟礼的成文规范,而是以所谓"故事"的形式为后世提供礼的范例或惯例。战争中的投降与受降礼,也不例外。《左传·僖公四年》记云:楚成王攻许,"许男面缚,衔璧,大夫衰绖,士舆榇,楚子问逢伯。对曰:'昔武王克殷,微子启如是。武王亲释其缚,受其璧而祓之,焚其榇,礼而命之,使复其所。'楚子从之。"公元前656年,许僖公与楚成王依据微子启与周武王的"故事",实行了投降与受降礼,解决了他们之间的战争问题。过了118年,楚灵王灭赖,据《左传·昭公四年》的记载,赖国的国君依据许僖公的"故事"行了投降礼,"王问诸椒举,对曰:'成王克许,许僖公如是,王亲释其缚,受其璧,焚其榇。'王从之,迁赖于鄢。"楚灵王依据楚成王的"故事"行了受降礼,解决了他们之间的战争问题。这种依次就近遵循前人的"故事"实行投降与受降礼的历史记载,有力地证明了礼的习俗性。《左传·文公十八年》记鲁大夫季文子的话说:"先君周公制《周礼》。"《左传·哀公七年》记鲁大夫子服景伯的话说:"周之王也,制礼。"还有《左传·哀公十一年》记孔子的话说:"且子季孙若欲行而法,则周公之典在。"后世学者据此认定周公制定过成文礼,并认定通行的《周礼》《仪礼》为西周时期的成文礼制。所有这些,都被近现代考据学家彻底否定了,不再有人相信了。梁启超也曾说过:"无文字的信条谓之习惯,习惯之合理者,儒家命之曰'礼'。"[1]在拙作《略论奴隶社会的礼与法》一文中,我们写道:"礼表现为'社会意志',因而它具有道德规范的表现形式。但是,作为礼的表现形式的习惯,在很多情况下是由国家强制力保证实行的,这种保证就表明国家的认可,因而,礼在很多情况下也表现为'国家意志'。这说明,礼不仅具有道德规范的表现形式,而且具有法律表现形式,是习惯法。"最初出现的法是习惯

---

[1] 梁启超:《先秦政治思想史》,载《中华文史精刊》,中华书局1986年版,第81页。

法,这本来是法律史学界公认的历史事实。1983年张耕同志在《试论中国法的起源及其特点》一文中说:"到了夏代,由于阶级斗争更加激烈,阶级矛盾不可调和,氏族组织和氏族习惯发生了质的飞跃,转化为夏朝的奴隶制国家和奴隶制习惯法。"[1]我们则认为这种习惯法,在我国古代称之为"礼"。我们的这种看法与台湾法史学家王伯琦不谋而合——此之所谓习惯法,统名之曰礼。在法的发展规律上看,习惯法总是要发展成为成文法。在我国封建制社会附和于礼的规范体系中的法律属性的成分,到了春秋晚期具有法律属性的礼才脱离礼的母体而独立成为成文法。拙作《略论奴隶社会的礼与法》一文反复强调的"奴隶社会不存在独立于礼的法",指的就是这种公开颁行的成文法,也就是梁启超说的"狭义的法"。他说:"此种狭义的法,须用成文的公布出来,而以国家制裁力盾乎其后。法家所谓法之概念盖如此。"[2]在拙作《略论奴隶社会的礼与法》一文中,在规范形式上,我们始终把握住礼是不成文的习俗,而法是成文法典这一根本区别。当时我们写道:"《尚书·周书》中的'彝'字凡二十见,有些学者认为这就是成文法。我们认为,这种说法也欠妥当。说'彝'具有法的性质是可以的,但不能说它是成文法,因为它本身是礼。"

3. 封建制社会对违礼行为的制裁不作预先规定,由统治者临时擅自裁断;而地主阶级社会对违法行为的制裁,必须依据预先作出的明文规定,由执法人依法论处。如前所述,礼的规范本身同法一样,都是"肯定的、明确的、普遍的规范"。尽管这些规范是极为具体甚至是繁琐的,但是,这些规定同当时人们的信念和古老的传统是一致的,而且从幼年开始就在实际生活中反复施以训练。因此,每一个人在实际生活和社会交往中,都能清楚

---

[1] 张耕:《试论中国法的起源及其特点》,载《中国政法大学学报》1983年第4期,第73页。

[2] 梁启超:《先秦政治思想史》,载《中华文史精刊》,中华书局1986年版,第134页。

地知道在什么条件下,依据自己的身份地位、年龄、性别,应该怎样和不得怎样行为。同时,每一个人也都清楚地知道,如果自己有了违礼行为,其后果肯定是要受到制裁的,而且也大体上知道经常适用的各种不同形式、不同性质和不同数量的制裁。但是,他们却无法预先知道某一种具体的违礼行为,究竟会受到哪种形式、哪种性质和多少数量的制裁。这是因为礼的规范本身预先没有明确规定,完全由执行人依据他个人对这一具体违礼行为性质的认识和可能产生后果的判断,在不同形式、不同性质的制裁方法中临时选择被认为合适的那种,给予相当数量的制裁。这就是晋大夫叔向说的"先王议事以制,不为刑辟"的罪刑擅断传统。杜预注云:"临时制刑,不豫设法。"(《左传·昭公六年》)这种解释,也颇为精当。帝制社会的法,不仅是"肯定的、明确的、普遍的规范"而且对每一个违法行为给予何种形式、何种性质和多少数量的制裁,都是预先在法律规范中作出明文规定的。对违法行为,执法人只能依据法律预先的规定给予制裁,而不能任意擅断。即商鞅所说的不得"倍(背)法度而私议"(《商君书·修权》),也就是韩非所说的"不急法之外,不缓法之内""使人无离法之罪。"(《韩非子·大体》)如果说我国封建制社会对违礼行为的制裁完全是罪刑擅断的话,那么,我国帝制社会对违法行为的制裁,就在一定意义上和一定程度上实行了罪刑法定。在拙作《略论奴隶社会的礼与法》一文中,在制裁方法上,我们始终把握住对违礼行为的制裁是罪刑擅断的,而对违法行为的制裁则是罪刑法定的这一根本区别。当时我们就写道:"是罪刑法定还是罪刑擅断,这是法与礼的分水岭。"

综上所述,在礼与法的概念上,上述三种区别早已是我国法律史学界的共识。如果李衡眉先生也同我国法律史学界一样使用这些概念的话,就能极大地减少我们之间不应发生的意见分歧。

二、郑"铸刑书"和晋"铸刑鼎"是从礼到法转变的标志

在西亚两河流域和古希腊、罗马,早在封建制初期或中期就出现了成文法典,而中国在整个封建制时期未曾出现过成文法典,直至封建制崩溃和君主专制制度开始确立的春秋晚期,才出现了公开颁行的成文法典。可以说,中国由不成文的多种规范复合体的礼到成文的单一规范体系的法的转变,是与我国由封建制到君主专制制度的转变同步进行的。

我国实现由礼到法这一历史转变的标志,就是公元前536年郑"铸刑书"和公元前513年晋"铸刑鼎"。这一事件在华夏各地引起了极大的震动和反响,流传了许多耸人听闻的政治谣言,反映了保守势力的惶恐心态。晋大夫叔向对郑"铸刑书"和鲁大夫孔子对晋"铸刑鼎",几乎是以同样强烈的激愤情绪和最尖刻的言辞,进行了痛心疾首的指责、批判、抗议,甚至是诅咒。叔向说:"弃礼而征于书,锥刀之末,将尽争之。乱狱滋丰,贿赂并行。终子之世,郑其败乎。肸闻之,'国将亡,必多制',其此之谓乎。"(《左传·昭公六年》)孔子说:"今弃是度(指礼)也,而为刑鼎,民在鼎矣,何以尊贵?贵何业之守?贵贱无序,何以为国?"结论是:"晋其亡乎?失其度矣。"(《左传·昭公二十九年》)叔向以政治家锐敏的判断,孔子以思想家深邃的思考,清楚地认识到公开颁行成文法是对维护封建制的礼给以摧毁性的破坏,其必然的结果将导致整个封建制社会的覆亡。难怪蔡史墨以法官的口吻宣判说:"擅作刑器,以为国法,是法奸也。"(《左传·昭公二十九年》)如果说以前就曾有过公开颁行的成文法典,如果说叔向所说的《禹刑》《汤刑》和周的《九刑》都是公开颁行的成文法典,如果说孔子所说的《被庐之法》也都是公开颁行的成文法典,那么就不会在华夏各地引起如此般的震动,叔向、孔子、蔡史墨就不会如此般痛心疾首,如此般惶恐不安,如此般疾恶如仇、不共戴

天。可以肯定地说,叔向和孔子在事件发生的当时,就从本质上清楚地认识到公开颁行成文法典是从礼到法转变的标志,是具有划时代意义的。只不过他们是站在这一转变的敌对立场上,不欢迎甚至是诅咒这一转变罢了。

晋代杜预和唐代孔颖达在解释叔向和孔子对郑"铸刑书"与晋"铸刑鼎"的评论时,突出地强调从礼到法的转变,实际上就是从罪刑擅断到罪刑法定的转变。杜预说:"临时制刑,不预设法也;法预设,则民知争端。"又说:"权移于下,民不畏上。"(《春秋左传集解》)孔颖达说:"不预设定法告示下民,令不测其浅深,常畏威而惧罪也。……今郑铸之于鼎,以章示下民,亦既(即)示民即为定法,民有所犯,依法而断。设令情有可恕,不敢曲法以矜之;罪实难原,不得违制以入之。"又说:"刑不可知,威不可测,则民畏上也。今制法以定之,勒鼎以示之,民知在上不敢越法以罪己,又不能曲法以施恩,是权柄迁于法,故民皆不畏上。"(《十三经注疏》)尽管他们强调从礼到法的转变(实际上也就是从罪刑擅断到罪刑法定的转变),但是,他们却强调罪刑擅断对加强君主权威的作用,而不欢迎甚至是反对这一转变。

晚近以来,法律史学家大都从法律形式上的转变来评价郑"铸刑书"和晋"铸刑鼎"的历史意义。在他们看来,礼就是不成文的习惯法。实际上他们把从礼到法的转变,视为我国从习惯法到成文法的转变。梁启超说:"至春秋末叶,始渐有成文法公布之举,而疑议亦蜂起。郑子产铸刑书,叔向规之;晋赵鞅赋民一鼓铁以铸刑鼎,孔子叹焉。"[1]陈顾远说:"其最初公布成文法典者,为郑子产铸刑书,时在西元(前)535年;次即晋赵鞅铸刑鼎,著赵盾所为《刑书》,是在西元(前)513年。铸刑书于鼎,颇似罗马法之《十二铜表法》。观于叔向之规谏子产、孔子之叹惜

---

[1] 梁启超:《先秦政治思想史》,载《中华文史精刊》,中华书局1986年版,第50页。

赵盾,则知前此之无公布故事。"[1]

在拙作《略论奴隶社会的礼与法》一文中,笔者才从多种规范复合体的礼转变为单一性质并具有独立规范体系的法这个重要侧面来评价郑"铸刑书"与晋"铸刑鼎"的历史意义。在我国整个封建制时期,礼是普遍适用的行为规范,而刑仅仅是由国家对违礼实施的强制手段。虽然刑不是唯一的手段,但是它是保证礼顺利实施的重要手段,只有对违礼行为予以国家制裁的情况下,这一项被违犯的礼才具有法的属性。因此,在整个封建制时期,法只是处于从属于礼的地位,而不具有独立的规范体系,即我们所说的我国"奴隶社会不存在独立于礼的法"。到了春秋时期,某些被视为最重要的礼的规范,固定地以最重的刑罚作为实施的保证,在《左传》中被称为"常刑"。当时,我们写道:"这些'常刑'仅仅是个别的法律规范,还没有发展为独立的规范体系。因此,我们只能说,这些'常刑'是法的萌芽,固定地惩罚习惯由无到有、由少到多的事实反映了成文法因素在礼的母体中的孕育过程,量变过程,但直到郑'铸刑书',法的萌芽始终未冲破礼的外壳,发展为独立于礼的法律制度体系。春秋末期,法的萌芽完成了量变过程,终于冲出了礼的母体,郑'铸刑书'、晋'铸刑鼎'标志着法的独立,这是具有划时代意义的重大历史事件,是罪刑法定还是罪刑擅断,这是法与礼的分水岭。刑书、刑鼎把罪与刑固定地连在一起,罪刑法定,宣告法从此脱离了礼,具有了自己独立的形式,形成了独立的规范体系。"[2]

三、由礼到法转变的社会条件与内在原因

对公开颁行成文法和由礼到法转变的原因,我国学术界和

---

[1] 陈顾远:《中国法制史》,商务印书馆1935年版,第99页。
[2] 栗劲、王占通:《略论奴隶社会的礼与法》,载《中国社会科学》1985年第5期,第196页。

通行的法制史教科书,大都归结为新兴地主阶级意志的体现,适应巩固新的君主专制制度的需要,反映了维护帝制秩序的要求。但是,我国从春秋到战国以至秦的统一,前后大约五个半世纪均属于由封建制到君主专制社会的改革时期。公元前 6 世纪中叶管仲在齐进行的社会改革和公元前 5 世纪初子产在郑进行的社会改革,仅仅是这个持续五个半世纪漫长的社会改革的最初的两个战役,具有很大的原始性和过渡性,而有声有色的社会改革,特别是真正全面创立和完善我国地主经济制度、政治制度、法制制度最成功的商鞅变法,是这以后的政治事件。因此,在郑"铸刑书"和晋"铸刑鼎"时,新兴地主阶级是否已经形成,能够在多大程度上影响当时的政权及其立法活动还是大有疑问的,并不能直接说君主专制制度已经确立和地主阶级统治秩序已经形成。从法律形式的演进上看,尽管郑"铸刑书"和晋"铸刑鼎"在法律史上具有划时代的意义,但是,其内容有些什么规定,由于没有留下只言片语,所以很难准确认定其所代表的阶级利益及其所体现的阶级意志。因此,对上述的确切的阶级认定,总给人以不确实的感觉。

由于郑"铸刑书"和晋"铸刑鼎"是我国由封建制到君主专制制度改革的最初几个战役中的一部分,我们还是应该从这个伟大的社会改革中去寻求它产生的社会原因。用历史唯物主义的观点来看,推动这一社会改革进程,主要依赖的是社会生产力的提高。早在商代,我国就有铁的出现,铁在西周时代已成为常见之物。到了春秋时期,"美金以铸剑戟,试诸狗马;恶金铸鉏夷斤斸,试诸壤土"(《国语·齐语》),这说明这时期我国已经广泛使用铁制农具用以耕种。恩格斯曾指出过:"铁使更大面积的农田耕作,开垦广阔的森林地区成为可能。"[1]李亚农说:"对于使用铁器的农民来说,黄土层固然易耕易种,而冲积土也不见得难耕

---

[1]《马克思恩格斯选集》第 4 卷,人民出版社 2012 年版,第 159 页。

难种。铁器推广的结果,连齐国的,甚至胶东莱夷的硗确之地也变成了可耕可种的土壤。"[1]与此同时,又有牛耕的推广和某些大型水利灌溉设施的出现,使农业生产力水平有了极明显的提高,并带动了整个社会生产力的发展。在这种社会生产力面前,封建制度下的"千耦共耘"和井田制的旧生产关系,丧失了存在的理由,也动摇了整个社会的上层建筑,出现了"礼崩乐溃"的局面。在持续不断的兼并战争中,不断地出现国人暴动、"民亡""民溃",以至奴隶起义,既说明被统治者无法依旧生存下去,也说明统治者无法照旧统治下去。于是,为寻求与新的社会生产力相适应的新的生产关系及与之相适应的新的上层建筑,在政治经济文化发达的华夏地区开始了社会改革运动。这个改革运动从齐管仲执政时期(公元前 683—公元前 645 年)开始,发展到郑子产执政时期(公元前 543—公元前 522 年),有了新的突破。这个运动,最初侧重于经济基础方面的社会改革,诸如齐的"相地衰征"和"井田畴均"(《国语·齐语》),晋的"制爰田"(《左传·僖公十五年》),鲁的"初税亩"(《左传·僖公十五年》),郑的"为田洫"(《左传·襄公十年》),都是涉及土地制度方面的社会改革。郑国虽小,却处于晋楚之间,为了生存和有力量周旋于两霸之间,郑国有更迫切的改革要求,多次进行了颇有声势的社会改革,产生了许多杰出的社会改革家。据《左传·襄公十年》记载:"初,子驷为田洫,司氏、堵氏、侯氏、子师氏皆丧田焉。故五族聚群不逞之人,因公子之徒以作乱。"由在改革中丧失土地的五家贵族发动的暴乱,推翻了主持改革的郑国政权,使这次改革流产,子产的父亲因为参加这次改革而遭到杀害。过了 20 年,子产在郑国当政,立即重新进行"为田洫"的社会改革。"使都鄙有章,上下有服,田有封洫,庐井有伍。"(《左传·襄公三十年》)这一改革使"大人"中的"忠俭者"获得好处,使其中的"泰侈者"

---

[1] 李亚农:《李亚农史话集》,上海人民出版社 1962 年版,第 929—930 页。

蒙受损失,是一次成功的改革。五年后,子产又将这一改革引向深入,即所谓"作丘赋"。(《左传·昭公四年》)其动机可能是为了扩大兵赋,但古代兵农合一,"当时变更兵制,必然也变更田制。"[1]马克思曾指出:"随着经济基础的变更,全部庞大的上层建筑也或慢或快地发生变革。"[2]公元前536年,郑子产终于把社会改革引向上层建筑,在法律制度上实行"弃礼而征于书"的改革,用成文法代替不成文的礼,借以巩固和保护经济基础方面的改革成果。以后的社会改革,不断推动新的立法活动,最终形成《秦律》那样较为成熟的成文法典。

我国由封建制到地主阶级君主制的社会改革是由礼到法转变的社会条件,对法律制度的变迁来说,这是其发展的外部条件,属于事物变化的外因。毛泽东曾说:"事物发展的根本原因,不是在事物的外部而是在事物的内部,在于事物内部的矛盾性。"[3]由礼到法的转变,也是礼的内部矛盾运动的必然结果,构成这一转变的内因。在作为上层建筑的礼的规范体系中确实存在着"肯定的、明确的、普遍的规范"同保证其实施的各种制裁手段的不确定性的基本矛盾。正因为对违礼行为在制裁上这种不确定性的特点,决定了对执法者在个人的品德修养和能力上提出极高的要求。对本阶级来说,每个执法者必须具有大公无私的高尚品质,必须有极锐敏的认识能力,正确判断每一个违礼行为的性质,准确地判断出其危害和可能产生的后果,为了维护本阶级的根本利益和社会安定,能够及时且果断地做出判决。一句话,必须是圣贤才能执法,最好是尧舜来执法。否则,对违礼行为就无法进行正确的制裁,就难于维护统治阶级需要的社会秩序。如果出现了桀纣那样的执法者,就会滥用刑罚,暴虐于

---

[1] 金景芳:《论井田制度》,齐鲁书社1982年版,第67页。
[2] 《马克思恩格斯选集》第2卷,人民出版社2012年版,第63页。
[3] 《毛泽东选集》第1卷,人民出版社2008年版,第301页。

百姓,导致整个统治的崩溃和国家的灭亡。当然,尧舜和桀纣这两种人都是少数,而且"千世不一出",大多数执法人是"上不及尧舜,而下亦不为桀纣"的"中人"。(《韩非子·难势》)而这些"中人"就不能保证准确地掌握对违礼行为的制裁,经常发生"淫刑"或"滥刑"的严重问题。而实际社会生活中执法者又都是这些"中人"。那么,出路何在?出路就在于给执法者提供一个客观标准。把每一个"肯定的、明确的、普遍的规范"同某一种特定的国家强制手段固定地结合在一起,这就产生了法律规范。这样,"中人"就可以依据这个客观标准很好地去处罚违礼行为了。经过经验的积累,法律规范就从统一的礼的规范体系中分离出去,成为单一性质的法律规范体系。可见法的分立,是由礼的内在矛盾而产生的必然结果。

在长期的礼治实践中,一方面形成了囊括社会生活各个方面的礼的规范;另一方面又形成了保证礼的实施的一系列制裁手段,特别是被称为"五刑"的刑罚手段,都是形成法律规范必不可少的要素。就是在礼治条件下,维护统治阶级根本利益的那些礼的规范,也要用刑罚手段作为实施的保证。因此,最初总是将这部分被视为最重要的礼的规范同特定的刑罚手段固定地结合起来。这样,从礼的体系中分化出来的刑法,当时称之为法。但是,礼仍然保留了靠其国家强制力保证实施的规范,诸如国家的根本政治制度、财产制度、祭祀制度、殡仪丧葬制度以及其他国家有组织的活动,仍然体现在礼的规范体系中。陈顾远说:"盖往昔除刑律外,法多归之以礼,尤以民事准绳,非礼莫求。例如因冠礼而知成年之制,因婚礼而知婚姻之事,因丧礼而知亲系与亲等,因祭礼而知宗仰与伦常。且除嘉礼、凶礼、吉礼之外,在昔并以宾礼亲邦国,以军礼同邦国,是又涉及外交军事方面之法度。"[1]另一部分礼的规范与舆论和发自内心的信念之类的社

---

[1] 陈顾远:《中国法制史》,商务印书馆1935年版,第92—93页。

会制裁手段固定地结合在一起,从而形成道德规范。

四、礼的多重属性决定于对违礼行为制裁的不确定性

在1992年出版的《情理法与中国人》一书中,作者范忠信等不同意"'礼'之中,有的是道德规范,有的是法律规范,有的是宗教规范,有的是风俗习惯"[1]的说法,并且说:"可以说'礼'是一个混沌的整体,它一身四任:道德、宗教、法律、习俗。其中并没有一条条纯粹的法律规范或道德规范,它无法分拣。这种所有不同性质的社会规范浑然一体的情形,是各民族早期历史上的通例。"[2]很显然,这同我们在1985年发表的《略论奴隶社会的礼与法》一文中的提法是完全一致的。当时,我们还引用了美国法学家庞德的一段话[3]来证实我们的观点。我国封建社会的礼是道德、宗教、法律、习俗等多种性质规范的复合体,特别是法和道德的统一体。但是,这绝不意味着礼的规范中可以区分出某些是法律规范,某些是道德规范。恰恰相反,所有的礼的规范,既是道德规范,同时也是法律规范;也可以说,同一条礼的规范,有时是法律规范,有时就不是法律规范,而是道德规范;此人执行是道德规范,他人执行则是法律规范。道德和法律浑然一体,谁也不能笼统地从礼的规范中准确地区分出哪一条礼是法律规范,哪一条礼是道德规范,这就是礼的特殊本质。

重要的问题不在于认清礼的这种特殊本质,而在于弄清礼具有这种特殊本质的原因。我们历来主张,决定礼的特殊本质的根据,就在于对违礼行为制裁的不确定性,恰恰是在这个根本问题上,范忠信等学者同我们发生意见分歧,并向我们提出了一系列的质疑。对违礼行为制裁的不确定性,就是对每一个违礼

---

[1] 范忠信等:《情理法与中国人》,中国人民大学出版社1992年版,第58页。
[2] 同上注,第59页。
[3] [美]罗思科·庞德著:《通过法律的社会控制》徐显明、沈宗灵译,商务印书馆1984年版,第9—10页。

行为既可以给予社会强制性的制裁,同时也可以给予国家强制性的制裁;既可以给予行政制裁,也可以给予民事制裁,还可以给予刑罚制裁。制裁的多种不同性质,决定礼同时具有多种不同的规范属性,特别是礼具有法和道德双重属性。同时,制裁的不确定性,决定礼是道德、宗教、法律、习俗的复合体,特别是法和道德的统一体;决定在礼的规范中"没有一条纯粹的法律规范或道德规范";决定礼是"无法分拣"的。一句话,对违礼行为制裁的不确定性,决定了不能笼统地说礼是道德规范还是法律规范,决定了"礼是一个混沌的整体"。假如对违礼行为的制裁不是不确定的,而是确定的,那么礼的性质就不再是混沌的整体,而是再清晰不过的混合体了。如果对所有的违礼行为固定地都予以社会强制性的制裁的话,那么,礼从整体上具有道德规范的属性,礼就是道德规范;如果对所有的违礼行为固定地都给予国家强制性的制裁的话,那么,礼从整体上具有法律规范属性,礼就是法律规范;如果对一部分违礼行为固定地给予社会强制性的制裁,而对另一部分违礼行为固定给予国家强制性的制裁的话,那么,在礼的规范中就可以清楚地区分出一部分是纯粹的道德规范,而另一部分则是纯粹的法律规范。礼就可以一条条、一堆堆、一块块地分拣。"此理甚明"。除了对违礼行为制裁的不确定性之外,试问还有什么原因能够决定礼同时具有多重属性,特别是具有法和道德双重属性的特殊本质?

据庞德说,在古希腊是用同一个词表达"宗教礼仪、伦理习惯、调整关系的传统方法、城邦立法",而且把这一切视为"一个整体",当然也是不可"分拣"的。同样,在中国封建制时期,用同一个"礼"字表达道德、宗教、法律、习俗,而且也把它视为"一个整体",对人们的行为,在《左传》《公羊传》《谷梁传》中,仅评为"礼也"或"非礼也",而不评为"合法"或"非法",也不评为"道德"或"缺德",这说明在古人的心目中礼既不纯是法律,也不纯是道德,"礼"就是礼。在古人的心目中,"礼"同样是不能分拣的。在封建制社会时期,不论是法学家、执法官吏,还是一般社会成员,都不可能从礼的规范中区分出什么是道德、宗教、法律与习俗。但是,后世的研究者虽然对礼不能成条、成堆、成块地分拣,却可以对礼的构成成分做定性分析。例如,在自然科学尚不发达的时期,人们把水看成是一个整体,称之为"水素"。但是,随着科学的进步,人们可以用科学方法认定统一成一体的"水素"是由氢和氧两种元素构成的,使人们对水的本质的认识提高了一步。同样,我们后世的研究者也可以用科学的方法对前人视为"一个整体"的"混沌"状态的礼的构成成分进行定性分析,在什么条件下礼具有法的属性,在什么条件下礼具有道德属性,这种工作也可以提高对礼的特殊本质的认识。对礼的构成成分进行定性分析,离不开对违礼行为制裁的社会实践。根据《左传》的记载,对违礼行为既可以给予讥讽、诘难、质问这类性质的制裁,同时也可以给予卑贬、夺爵、降礼秩一类性质的制裁,也可以给予物归原主、赔偿损失一类性质的制裁,还可以给予鞭扑、劓刖、放逐、杀戮、族灭一类性质的制裁。如果对某一违礼行为给予了讥讽、诘难、质问这一类社会强制性的制裁的话,那么在这种条件下,该项被违犯的礼就被视为道德规范;对同一条违礼行为如果给予了卑贬、夺爵、降礼秩这一类行政制裁的话,那么在这种条件下,该条被违犯的礼就可以被视为行政法律规范;对同一条违礼行为如果给予了物归原主、赔偿损失这一类民事强制的话,那么在这种条件下,该条被违犯的礼就可以被视为民事法律规范;同样,对同一条违礼行为如果给予了鞭扑、劓刖、放逐、杀戮、族灭这一类刑事强制的话,那么在这种条件下,该条被违犯的礼就可以被视为刑事法律规范。因此,对礼的构成成分、对礼的特殊本质的具体分析和具体认识,是离不开对违礼行为制裁的社会实践的。

在决定礼的特殊本质的根据是对违礼行为制裁的不确定的问题上,我们同《情理法与中国人》的作者们存在着意见分歧,他们向我们提出质疑说:"有些学者常常以违犯某些'礼'并不受刑事制裁(即'出礼'并未'入刑')为理由说某些'礼'只能算是'道德规范',我们认为这是值得怀疑的。其实,他们正犯了古人以刑为法或刑法不分的错误,他们像古人一样,也把法仅仅局限为刑事法规。对此,我们可以提出三点理由来加以反驳。第一,在古时种种性质的社会规范浑然一体情况下,也有其他法律制裁手段(刑事手段以外的)存在,如行政法律制裁、民事法律制裁,具体有革职、降爵、夺爵、罚款、赔偿、返还原物等等。只要是依当时国家的统一规定强制地实施这些惩罚措施,怎能不叫'法律制裁'呢?"[1]对于违礼行为,在我们1985年发表的《略论奴隶社会的礼与法》中写道:"使用国家强制的制裁,无论是行政强制、民事强制、还是刑罚制裁,该规范就是法律规范。相反,使用舆论制裁,不管制裁来自什么方面(国家、团体或个人、圣人或平民、尊长或卑幼),也不管这种制裁给行为人带来多少严重的后果,这种规范都属于道德规范。"择录出这段文字的目的有二:一可以证明我们没有犯过作者们所说的"以刑为法或刑法不分"的错误;二可以向作者们提个醒,不要忘记对违礼行为的制裁,除了法律之外,还有讥讽、诘难、质问一类社会舆论制裁。既然对违礼行为处以法律制裁,在这种条件下,该条被违犯的礼就被视为法律规范,那么,对违礼行为给了舆论制裁,在这种条件下,该条被违犯的礼理所当然被视为道德规范,这是不容置疑的。当然,这不是绝对的。由于对违礼行为的制裁是不确定的,对同一违礼行为可以给予社会舆论和国家强制两种不同制裁,这样,法和道德才浑然一体。

---

[1] 范忠信等:《情理法与中国人》,中国人民大学出版社1992年版,第64—65页。

《情理法与中国人》的作者反驳我们的第二条理由是:"在古人心目中,一切规范都有法的意义(这也是各民族早期法观念的共同特点之一)。他们并没有把任何一条规范仅仅视为只有社会舆论作后盾而没有国家强制力作后盾(这一点他们简直不敢想象)。这就是所谓'情理难容者,国法难容'。他们的认识水平还没有高到可以区分法律和道德的程度。"[1]既然礼是道德、宗教、法律、习俗多种规范的复合体,既然"他们的认识水平还没有高到可以区分法律和道德的程度",就很难说在古人心目中一切规范都只有法的意义。确切地说,在古人心目中礼不仅具有法的意义,同时也具有道德的意义、宗教的意义和习俗的意义,绝不能以偏概全。这是对古人心目中诸种不同性质规范分量的估计问题,绝不能简单从事。就不同性质规范的发生次序上说来,早在氏族社会时期,礼就伴随着宗教意识的产生而产生。《说文》:"礼,履也,所以事神致福也。"最初礼表现为宗教礼仪、宗教禁忌和宗教纪律。中国古代虽然没有形成系统的宗教,但随着生产的发展、私有财产的出现和父家长制家族的形成,在古人心目中不仅普遍地信仰天或上帝,而且也强烈地崇敬各自的祖先。因此,在古人心目中占支配地位的应该是宗教意识。在最初的宗教意识中,既有对神灵的依庇,也有惧怕神灵惩罚的内容。在反复的宗教礼仪的实践中,在古人的心目中必然产生与宗教信仰、宗教禁忌和宗教纪律相符合与否的善、恶观念,这就是道德意识。在最初的道德意识中,既有道德追求,也有担心舆论制裁和良心谴责的内容。只有在道德意识的支配下,才能逐渐形成牢固的传统和习俗。因此,在宗教意识之后,才形成道德意识和传统或习俗意识。在最初的传统或习俗意识中,既有自发随俗的适应,也有惧怕习惯势力压抑的内容。在没有国家政权的氏族社会里,道德意识和传统或习俗是具有决定意义的。恩格斯

---

[1] 范忠信等:《情理法与中国人》,中国人民大学出版社1992年版,第65页。

指出:"历来的习俗就把一切调整好了。"[1]进入阶级社会之后,经过国家的改造和认可,作为习俗的礼才具有法的属性,如果有了违礼行为,就有可能受到国家强制力的制裁。只有到了这个时期,在古人的心目中,礼的规范才具有法的意义,才产生法律意识。在最初的法律意识中,对大多数人来说也只有恐惧国家制裁的内容。有了违礼行为尽管有可能受到国家制裁,又不一定都受到这种制裁,说明国家依靠法律调整的范围还是很有限的。因此,在我国整个封建制社会时期,礼虽然被赋予了法的属性,却没有丢掉礼固有的宗教、道德、习俗的属性,而成为宗教、道德、法律、习俗的复合体。夏、商、西周的"王权神授""代天行罚"思想和经常性的祭天祀祖、祭社活动,不仅昏、冠、丧、祭礼,就是朝聘、会盟礼均有宗教礼仪的形式和祭天敬祖的内容,《礼记·表记》有"率民以事神"的说法,都说明支配礼的宗教意识丝毫没有减退。周公旦的"以德配天""明德慎罚"思想和"皇自敬德""德浴乃身"的训诫,以及统治阶级以礼成俗的要求,都说明支配礼的还有道德意识和习俗意识。而礼的实施,既靠社会强制作后盾,又靠国家强制作后盾。但是,依靠法律调整的范围毕竟是有限的,每一个违礼行为尽管有可能受到法律强制,又不一定受到这种强制,可是所有的违礼行为不管受到国家强制与否,又都首先受到社会舆论和发自内心信念的强制。因此,在古人的心目中,法律意识未必领先于宗教意识、道德意识和习俗意识。在这种条件下,人们选择自己的行为时,首先担心的是失去了天和祖先的保护和惧怕神灵的惩罚,其次是担心丧失道德的追求和惧怕舆论的制裁以及良心的谴责,再次是担心行为离俗和惧怕习惯势力的压抑,最后才是恐惧国家的惩罚。《情理法与中国人》的作者们向我们强调"一切规范都有法的意义",实际上是忽视了礼的一切规范同时又有宗教意义、道德意义和习俗意

---

[1]《马克思恩格斯选集》第4卷,人民出版社2012年版,第57页。

义,把礼与法等同起来,借以证明违礼就应该受到法律制裁,把礼的复杂属性简单化了。反驳我们的第三条理由是:"违犯了一条规范,该不该惩罚是一回事,是不是真给予惩罚则又是一回事。如有人违犯了一条法律,但未受惩罚,我们当然不能倒因为果地说他所违犯的那一条本来就不是法,对'礼'也应该如是观。如有时一条'礼'被违犯,而犯者又正是'问周鼎'的诸侯或'执国命'的大夫、陪臣,司法部门拿他没有办法;或者有时虽违反了某条'礼',但情节较轻,国家为示宽宏,未予制裁,有如今日之免于刑事处分,也不给行政、民事制裁一样;或者国家认可或鼓励由家长族长代行处罚。在这些情形下,我们都不能反过来说被违犯的规则不是法,此理甚明。更何况,据《左传》等史籍记载,常常可见违犯同一条'礼'有时罚有时不罚,有人罚有人不罚,此地罚易地则不罚,我们总不能说此条'礼'有时是法有时不是法吧?今日有些学者根据是否给予了刑罚来认定被违犯的'礼'是不是法,这实在是值得推敲的。"[1]在实际的社会生活中,古代社会的违礼和中世纪以后的违法不受法律制裁的事例均有,但却不能等同视之。法是单一性质又仅仅依靠国家强制力作为实施保证的规范,有了违法行为应该给予何种和多少制裁,法律规范本身就有明文规定,如果情节较轻可以免于刑事处罚,也是由于预先在法律有明确规定的相应惩罚。因此,对于违法行为没有进行处罚,当然不能倒因为果地说他所违犯的那条本来就不是法。礼是多种不同性质规范并以多种不同性质的强制手段作为实施保证的复合体,如果有了违礼行为,给予何种和多少制裁,礼本身没有规定,完全依据执法者的认识和判断临时决定给予某种制裁。既可能给予法律制裁,也可能仅仅进行舆论制裁。这就决定被违犯的同一条礼,有时是法;有时不是法,而是道德。正

---

[1] 范忠信等:《情理法与中国人》,中国人民大学出版社1992年版,第65—66页。

如作者们从《左传》等史籍中所看到的那样:"违犯同一条'礼'有时罚有时不罚,有人罚有人不罚,此地罚易地则不罚"。这种对违礼行为制裁的捉摸不定的状况,决定了礼是法和道德、宗教、习俗的复合体,决定了礼的特殊本质。制裁的不确定性,对法来说是不正常的,但对礼来说是正常的。同样,制裁的确定性,对法来说是正常的,对礼来说是不正常的。作者虽然也承认"礼,在内容及其运用上都具有极大的随意性、灵活性、模糊性,这或许正是古时法律不完善、法律与道德不分的表现"[1],但是,他们却没有揭示产生这种状况的根据就是对违礼行为制裁的不确定性。《情理法与中国人》的作者们举出一条被违犯了的"礼",在他们看来,违犯者无论是"问周鼎"的诸侯或"执国命"的大夫、陪臣,或什么别的人,都应该给予处罚。即使由于司法部门出于某种主观或客观原因,使他没有受到处罚,这也是不正常的,他是应该受到处罚的。因此,作者们认为不能因为违犯者没有受到处罚而反过来说被违犯的规则不是法。照此说法,被违犯的这条"礼"注定就是法,而且是一条"纯粹的法律规范"。但是,作者们不是说过在礼的规范中"没有一条纯粹的法律规范或道德规范"吗?而且它又是"无法分拣"的。那么,作者们是从哪里"分拣"出这条"纯粹的法律规范"呢?这在逻辑上能够说得过去吗?

几年前我们写《略论奴隶社会的礼与法》,主要是反对把礼简单归结为道德的传统观念;今天我们写《再论奴隶社会的礼与法》,也反对把礼与法等同起来。我们坚定地主张,礼是法,同时也是道德,是法和道德的统一体。

五、对违礼行为的刑事强制形式的变迁

对违礼行为的制裁,既有社会制裁,又有国家强制。在国家

---

[1] 范忠信等:《情理法与中国人》,中国人民大学出版社1992年版,第66页。

强制中,既有行政强制、民事强制,又有刑事强制。在我国封建制时期,居首位的是刑事强制。在我国夏、商、西周三个封建制王朝中,神权政治和神权法思想一直占支配地位,不但至高无上的王权基于天或上帝的命令,即所谓"王权神授",而且也把经国家政权改造和认可的礼,说成是天或上帝意志的体现,即所谓"礼自天出"。因此,违礼行为理所当然地被视为违背天或上帝的意志,必然受到天或上帝的制裁,即所谓"天罚"。直到春秋以后,天和上帝的观念发生了动摇,才有新的刑罚形式出现,但距"礼崩乐溃"的时间已很接近了。

(一)"代天行罚"

违礼行为是要受到天或上帝处罚的,但是天或上帝在现实的政治生活中并不能直接实施刑罚,而是由其在人间的代理人即帝王代行天罚。在讨伐有扈氏时,夏启声称:"天用剿绝其命,令予惟恭行天之罚。"(《尚书·甘誓》)在讨伐夏桀时,成汤声称:"夏氏有罪,予畏上帝,不敢不正。……尔尚辅予一人,致天之罚。"(《尚书·汤誓》)在讨伐殷纣时,周武王姬发历数其罪恶之后,说:"今予发,惟恭行天之罚。"(《尚书·牧誓》)由于众庶百姓的违礼行为同样是违背了天或上帝的意志,理所当然地也要受到"天罚",而且也要由帝王及其官吏代行。周公旦告诫其弟康叔封时,既说要"敬明乃罚",也说"非汝封刑人杀人"(《尚书·康诰》)。言外之意,是"代天行罚"。他们严厉地惩罚了殷民,又说"天非虐,惟民自速辜"(《尚书·酒诰》)。至于天对何种违礼行为施罚、施以何种和多少刑罚,"天何言哉"!全由帝王及官吏自己去理解。

李衡眉先生所举的《说文》《论衡·是应》《墨子·明鬼下》三神判法例,确与"天罚"性质相近。但是,这种神判均属氏族社会的习俗,只有经过国家政权的改造和认可,才具有礼的属性,用国家强制力作为实施保证,才具有习惯法的属性。《墨子·明鬼下》所举例,因齐庄君作为国家政权的代表对运用这种形式解决疑案予以认可,具有神判的性质。如果未经国家政权的改造和认可,即使在某些落后地区和未开化人群中流传,也当被视为迷信活动而加以破除。王充在《论衡》一书所持的态度恰好如此。李衡眉先生在自己的文章中引用了《论衡》中的一段话:"獬豸者,一角之羊,性识有罪,皋陶治狱,有罪者令羊触之。"然后评论说:"王充《论衡》的记载是有根据的。"这完全曲解了《论衡》对这个问题所持的怀疑和批判的态度。原文前有"儒者说云"四个字,并批驳说:"羊本二角,獬豸一角,体损于群,不及众类,何以为奇?"又说:"或时獬豸之性,徒能触人,未必能知罪人。"还说:"夫物性各自有所知,如以獬豸能触人之为神,则狌狌之徒皆为神也。"(《论衡·是应》)可见王充根本否认"獬豸"是能识罪人的神兽,并视之为巫者之类的迷信行为。退一步说,即使证明了当时确有这些神判的存在,那就更无法证明在礼之外存在着独立的法。

(二)凭誓判罚

在原始氏族社会遇有个人与个人、氏族与氏族、部落与部落之间发生纠纷和争执时,往往基于宗教意识乞求神灵来定是非曲直,对天或上帝发誓就是一种重要形式。这种原始社会的习俗为国家政权所改造和认可,就成为我国封建制时期礼的重要组成部分。据《说文》:"誓,约束也。"以其不履行对天或上帝发的誓言而给予的惩罚,当然属于天罚神判的一种。就发誓的主体看来,有个人与集体两种。在《尚书》中留下的《甘誓》《汤誓》《牧誓》《费誓》都是集体对天或上帝发的誓言的记录。《左传·闵公二年》有"誓军旅"的说法。上述几份誓词虽是由军事首领宣布的,但对全体战争参加者均有约束力。由于誓言是对天或上帝发的,如果违反了,理所当然地受到天或上帝的惩罚,该军事首领就可"代行天罚"了。于是,"用命,赏于祖;弗用命,戮于社。"(《尚书·甘誓》)受赏受罚,均在神灵面前,最有力地证明誓罚属于天罚。春秋以降,诸侯之间战争频繁,而每次战争必有"誓"。李衡眉先生所举据以杀庆郑的《韩誓》也是军事首领对天发的誓词,仅仅在一次战争期间具有法律效力,很难说是经常发挥作用的《军事法典》。后金天命三年(公元1618年)努尔哈赤征明时,临行前以"七恨告天",并拜天焚书,也属于"誓军旅"。在宗教意识浓厚的情况下,对一时弄不清是非曲直的个人之间的纠纷和争执,由执法人指令双方对天或上帝发誓,然后依据对誓言的检验,判定是非曲直,决定给予一方以惩罚,也属于天罚神判。在统一女真诸部和对明的战争中,努尔哈赤也利用誓罚机制组建他的八旗队伍。他要求上自固山额真(旗主)下至村拨什库(村长)大小官员都必须立誓,并将所立誓言"书于档子"。

李衡眉先生以《师旅鼎》与《朕匜》两份铭文,证明"西周存在着成文的法律和系统的刑罚",证明"西周已经有一套较为成熟的关于诉讼法律程序",这恐怕是难以成立的。很显然,前者的判决和改判均是根据那次军事行动前该军事统帅宣布的类似《甘誓》之类的誓言,并非根据西周的成文法,属于集体形式的誓罚。后者属于个人形式的誓罚。据《朕匜》铭文,执法官伯阳父的判决是依据当事人牧牛的"先誓",而改判则是依据退还了"五夫"之后的"誓"言,连成文法的影子都没有。而伯阳父既可把原告变成被告,又可先判"鞭一千",又判"鞭五百,罚三百寽",完全是罪刑擅断,哪里有罪刑"法"定的影子。至于这两篇判词所体现出的"诉讼法律程序",哪一位法学家都不曾证明它是成文的法律程序,只能是不成文的习惯程序,当然具有礼的属性。

(三) 据理判决

到了春秋时期,随着"礼崩乐溃",天或上帝在人们心目中的支配地位也崩溃了,礼不再被看成是神的意志,而还原为人的意志。郑子产说:"夫礼,天之经也,地之义也,民之行也。天地之经,而民实则之。"(《左传·昭公二十一年》)虽然礼还是离不开天,但是它已不再是天或上帝的意志体现,而是人类自身效法自然法则而形成的,即后世所说的依据"天理"形成的,或者说是"天理"的体现。《礼记·仲尼燕居》:"礼者,理也。"这是人们理性认识能力提高的表现。在这种条件下,对违礼行为的制裁,才依据执法人对该行为性质的认识和对可能产生的社会危害后果的理性判断,临时决定给予何种和多少惩罚。郑子产在"铸刑书"之前的审判实践,是这种据理判决的最好说明。据《左传·昭公二年》的记载:子产对上大夫公孙黑的死刑判决说:"伯有之乱,以大国之事,而未尔讨也。尔有乱心无厌,国不女堪。专伐伯有,而罪一也;昆弟争室,而罪二也;薰隧之盟,女矫君位,而罪三也。有死罪三,何以堪之? 不速死,大刑将至。"这三大罪状都是在子产任政卿时发生的,有的曾经他处理过。所谓"专伐伯有"是郑统治集团内部两派势力夺取政权的暴力斗争。郑简公二十三年七月,公孙黑率领自己宗族军队攻打当时的政卿伯有,伯有组织力量奋力反抗,而展开激烈的巷战。这时,子产同其他有势力的贵族在公孙黑家中盟誓,进一步又同郑简公及其他大夫盟誓,使伯有处于孤立地位而被打死。从此,子产成为郑执政的政卿,在反对前任政卿伯有的问题上,公孙黑是发难者,立有首功,当然没有什么惩罚问题。所谓"昆弟争室",是经过子产审理并作出明确判决的已决案件。公孙黑与公孙楚确实是昆兄弟。徐吾犯的妹妹貌美,受聘于公孙楚。但是,公孙黑又要强聘,告到子产那里,请他处理。子产主张由女子本人自己选择,女子选定了公孙楚,并且举行了婚礼。公孙黑全副武装去找公孙楚,"欲杀之而取其妻"。这时,公孙楚进行了自卫,打伤并赶跑了公孙黑,又请子产处理。子产判决说:"直钧,幼贱有罪,罪在楚也。"颠倒了是非,宣告了公孙黑无罪。同时,子产宣布公孙楚的罪状说:"国之大节有五,女皆奸之。畏君之威,听其政,尊其贵,事其长,养其亲,五者所以为国也。今君在国,女用兵焉,不畏威也;奸国之纪,不听政也;子晳(公孙黑),上大夫;女,嬖(下)大夫,而弗下之,不尊贵也;幼而不忌,不事长也;兵其从兄,不养亲也。"(《左传·昭公元年》)执法人子产抓住了公孙楚"兵其从兄"这一违礼行为,拔高进行理论分析,认定为具有不忠不孝的恶劣性质,又有"不畏君威""不听政""不尊贵""不事长""不养亲"的严重后果,理应处以死刑,从轻处以流刑。实际上公孙楚只不过对其从兄公孙黑实施的"欲杀之而取其妻"的犯罪行为进行了正当防卫,而且并无过当之处。因此,真正的罪犯应是怀有"欲杀之而取其妻"的犯罪动机,并付诸行动的公孙黑。所谓"臣矫君位"的问题,据《左传·昭公元年》记载:"郑为游楚(公孙楚)乱故,六月丁巳,郑伯及其大夫盟于公孙段氏。罕虎、公孙侨(子产)、公孙段、印段、游吉、驷带私盟于闺门之外,实薰隧。公孙黑强与于盟,使大史书其名,且曰'七子'。子产弗讨。"第二年公孙黑再一次发动暴乱以除掉游氏宗族,子产及时地采取果断的措施,以上述三大罪状判处公孙黑死刑,借以维护郑国政治安定的局面,这才是郑统治集团根本利益所在。公孙黑因与公孙楚争斗而受伤,向子产请求说:"死在朝夕,无助天为虐。"子产坚定地回答说:"作凶事,为凶人。不助天,其助凶人乎?"(《左传·昭公二年》)仍然保留了一点代天行罚的烙印。

综上所述,对违礼行为的制裁,不论是"代天行罚""凭誓判罚",还是"据理判决",都不是依据国家固定不变的明文规定,在本质上是依据执法人对该行为性质的认识和社会危害性的判断,临时作出的处罚决定。这正是晋大夫叔向所说的"先王议事以制、不为刑辟"的传统。在我国整个封建制时期,这种"罪刑擅断"传统之所以维持不变,其根本原因就在于处在当时的政治、经济、文化条件下,它更有利于维护统治阶级的根本利益。

六、法在封建制社会礼的规范体系中的萌发和发展

由于我们主张我国封建制社会不存在独立于礼的法,李衡眉先生就误以为我们把封建制社会说成是没有法律的社会。因此,他告诫我们说:"从人类社会有了私有财产,出现阶级分化那天起,就同时产生了维护私有财产和富人利益的法律萌芽,否则这个新的社会一天也维持不下去。"[1]仅有法律萌芽的社会,还不是一个新的社会。因此,确切一点说,从社会分裂为对立的阶级并产生了封建主阶级的国家政权那一天起,就同时产生了维护阶级统治的法律。不过最初出现的法律,是同道德、宗教、习俗复合为一体,在中国称之为"礼"。在《略论奴隶社会的礼与法》一文中,我们反复论证的就是礼同时具有法和道德双重属性。从法律形式上看,礼所具有的法律属性,不是独立于礼的成文法,而是从属于礼的习惯法。只要李衡眉先生不把礼简单地看成是道德规范的话,就不该怀疑我们承认封建制社会有法律。但是,由不成文的法和道德统一体的礼转变为单一性质的具有独立形式的成文法,却是一个漫长的发展过程。

我国保存了相当数量的反映封建制时期的古代历史文献,但大多数是西周以后追记的。在春秋战国的社会改革运动中,又产生了托古改制的思潮,把理想的社会制度托之于古代圣王,而且认为越古越有说服力,越会获得付诸社会实践的机会。我国古代历史文献经过秦代的焚书、禁书和汉代的奖励献书的曲折遭遇,又出现了相当数量的伪书。因此,严肃的法律史学者不得不谨慎地选用古代历史文献的记载。例如《淮南子·主术训》有:"若神农之治天下也,法省而不烦,其化如神。"《管子·任法》

---

[1] 李衡眉:《"奴隶社会不存在独立于礼的法"说质疑》,载《河南大学学报》(社会科学版)1993年第1期,第24页。(以下引李衡眉先生观点,均出自该篇,不另出注)

有:"故黄帝之治也,置法不变,使民安其法也。"《汉书·胡建传》引《黄帝李法》曰:"壁垒已定,穿窬不由路,是为奸人,奸人者杀。"《后汉书·张敏传》有:"孔子重经典,皋陶造法律。"如此等等。在我国史学界在取得自夏代进入阶级社会的共识之后,对上述诸多说法,都没有人再相信了。

对夏以后的有关资料,中国法律史学界也历来持慎重态度,未经考证,绝不据以为信史,这已成为一种优良学术传统。早在1922年,梁启超就说:"法律条文之制也,自何时耶?《舜典》虽有'五刑'之文,不过施罚方法分类,法文无征也。"[1]在1935年出版的《中国法制史》上,陈顾远写道:"春秋以前,有法而无典也。《汉书·胡建传》所引黄帝《李法》《古文尚书·胤征》篇所引夏之政典,固绝对不可信。即《左传·昭公六年》所载叔向语'夏有乱政,而作禹刑;殷有乱政,而作汤刑',同一不可为信。纵曰殷之有刑甚明,然汤刑之是否有其条文,抑或仅为惯例,仍莫得而明之。至于根据《书序》'咎单作民居'之语,而认汤之时有刑法,又有民法,根据《竹书纪年》'汤二十五年初巡狩,定献令'之语,而认汤之时既有法,而又有令;似皆可疑。周行封建,秘密为法,议事以制,不为刑辟,法之公布固非所愿,法之公布亦非所需。然《汉志》既有周法九篇之目,《管子》又有'周郑之礼移,则周律废矣'之纪,《左传》亦屡言作《九刑》,《逸周书》并明言正刑书;而《周礼》更详'悬法''布宪'之制,且有六典八法八则八成之示,并专国法国令之掌;故沈氏《律令考》谓周代律令之书,今不传耳,不得云未有也。不过《周礼》之本身,纵非刘歆等伪作,亦绝非周公所作,或其议而未行之书;其记载是否真能证明成周有其律令之书,实一先决问题。至九刑云云,或确有之,亦当刑之

---

[1] 梁启超:《先秦政治思想史》,载《中华文史精刊》,中华书局1986年版,第48页。

汇示,非即成文之刑法法典也。"[1]对陈顾远关于汤刑只多为惯例说,王伯琦补充说:"陈先生怀疑其为惯例而非条文,愚见认为惯例或恐尚未形成。"他认为:"这时的所谓刑,应当是一种用以维持秩序的处罚。成文的原则当然谈不上,就是习惯的原则,亦还没有形成。凡有遇到扰乱秩序而称之为'乱'的事,即予处罚。'夏有乱政,而作禹刑;商有乱政,而作汤刑'(左昭六年),那是很自然的事。"[2]目前我国通行的法律史教材,对这类问题也都持谨慎态度,往往以存疑的口吻,对古代文献的记载做客观的介绍,诸如"也许夏朝已有某种初步形式的刑书存在",但又说:"夏朝主要是不成文的习惯法。"[3]李衡眉先生无视我国法律史学界老前辈的研究成果和科学态度,武断地认定:"从传说中的尧舜时代的皋陶作刑法,嗣夏有禹刑,殷因作汤刑,周继作九刑,代有成书。"这是很难成立的。

研究法律史的任务,是从广泛的历史资料中探索出法或法律的产生及其发展规律,绝不是在我国古代典籍中找到"刑"字或"法"字,然后在后人不同的注释中找出一个恰当的解释,那是训诂学家的任务。我们常用的《尔雅》《说文解字》均是西汉以后的作品,其中对"刑"的解释,当然会有古代的"刑罚",也会有晚出的"刑法",如果做古文释义,就可以随句选择。但是,要进行法律史的研究工作,就需要考虑到资料的可靠程度和历史的发展及其规律。《尔雅·释诂》:"典、彝、法、则、刑、范、矩、庸、恒、律、戛、职、秩,常也。"郭璞疏曰:"皆谓常,礼法也。"《尔雅·释诂》又说:"柯、宪、刑、范、辟、律、矩、则,法也。"又疏曰:"此亦为常法,转互相训。"对于这些与礼、法具有相同内涵,又可"转互相训"的词,究竟是礼,还是法,既要考虑该词的内涵,又要考虑时

---

[1] 陈顾远:《中国法制史》,商务印书馆1935年版,第96—98页。
[2] 王伯琦:《习惯在法律上地位的演变》,载《二十世纪之社会科学·法律学》,上海人民出版社2005年版,第340页。
[3] 张晋藩主编:《中国法制史》,中国人民大学出版社1981年版,第18页。

代背景和历史条件。李衡眉认为《左传·隐公十一年》"许无刑而伐之"之"刑"为法,其实公布成文法乃昭公时代之事,隐公时世上尚无成文法。而且伐许的实际理由是"许不共",而职贡恰是礼的内容。又如李衡眉所举"宋国之法,死生之度,先君有命"句中之"法",以为是法律。这句是群臣对宋元君临死前在丧礼规格"无及先君"这一请求所作否定的回答。这个"法"字虽然是公布成文法以后的事,但其内容却是"死生之度",即丧礼的规格,理所当然是礼的一部分。因此,对封建制社会时期的"刑"与"法"不能作任意的解释。

同任何事物一样,成文法在礼的规范体系中有一个长期孕育、萌芽和发展过程,经过量的积累,最后完成质的飞跃,形成独立于礼的法律规范体系。

（一）临时性的刑事措施、刑罚故事、一次性刑事规范

对违礼行为的制裁,在一般情况下,执法者在人类认识的不同发展阶段,或是"代天行罚",或是"凭誓判罚",或是"据理判决",借以调整社会关系和维护社会正常秩序。这并不排除发生社会大动乱时,统治集团临时采取大规模的刑罚措施的可能。我国夏、商、西周三个封建制王朝在其政权初创时期,都发生过大规模的社会动乱,使刚刚建立起来的统治关系和社会秩序遭到了破坏。晋大夫叔向说:"夏有乱政,而作禹刑;商有乱政,而作汤刑;周有乱政,而作九刑。""禹刑""汤刑"有很大的可能性就是这种临时采取的刑罚措施;对于"九刑",后世多有猜测,各有说法,容后再论。但是,社会动乱,采取非常的刑事措施,即使成文法颁行之后,也时有发生。据《左传·昭公二十年》记载,子产死后,子大叔未能遵"行猛政"的遗嘱,导致"郑国多盗"作乱于"萑苻之泽"。子大叔"兴徒兵以攻萑苻之盗,尽杀之"。这也是临时性的刑事措施。

马克思指出:"犯罪——孤立的个人反对统治关系的斗争。"[1]因此,统治阶级对犯罪也一件一件审理,一件一件给予刑事制裁。先前有影响人物处理的刑事案件,就成为刑罚故事,可供后人模仿和遵行。《左传·昭公十四年》晋大夫叔向引《夏书》说:"'昏、墨、贼,杀',皋陶之刑也。"这说明对于"昏""墨""贼"三种违礼行为处以死刑,是皋陶处理过的刑罚故事。至于叔向对"昏""墨""贼"三种违礼行为所作发挥性的解释,以便与他所有处罚的三名对象行为相吻合,也是"据理判罚"的时代精神的反映,同郑子产逐公孙楚的判词,同出一辙。又《韩非子·内储说上》:"殷之法,弃灰于公道者断其手。"这同样是前人创制的刑罚故事。对前人的刑罚故事,后人有选择的余地,既可遵行,也可不遵行,并非都有法律效力,这也是罪刑擅断的表现。

最初产生的刑法,却不是成文法,而是习惯法。在《尚书·康诰》中,周公旦指示封于卫的康叔,要他沿用"殷彝""殷罚"。对此,也有人解释为刑法。"殷彝""殷罚"乃殷商刑罚故事,具有习惯法的属性。《左传·定公四年》讲到分封鲁卫时,强调:"皆启以商政。"杜预注云:"皆,鲁、卫也。启,开也。居殷故地,因其风俗,开用其政。"说明鲁、卫适用殷商的习惯法。同一篇还讲到封唐叔于"夏虚",强调"启以夏政",说明晋适用夏的习惯法。

在《尚书·甘誓》篇中有"左不攻于左,汝不恭命;右不攻于右,汝不恭命;御非其马之正,汝不恭命。用命,赏于祖;弗用命,戮于社。"具有较为完备的刑事法律规范形式。后来《尚书·费誓》篇的刑事法律规范更为完备。但是,这些刑事规范仅适用于该次军事行动,是一次性的刑事法律规范,而非经常具有法律效力的军事法典。

《吕氏春秋·先识》有:"夏太史令终古,出其图法,执而弃之。"又说:"殷内史向挚见纣之愈乱迷惑也,于是载其图法,出亡

---

[1]《马克思恩格斯全集》第3卷,人民出版社2002年版,第379页。

于周。"很可能是用当时的图形文字记录临时性的刑罚措施、刑罚故事和个别的刑事法律规范。《尚书·大传》说:"夏刑三千条。"《魏书·刑罚志》记云:"大辟二百,膑辟三百,宫辟五百,劓、墨各千。殷因于夏,盖有损益。"当然不可能是成文刑法三千条,很可能是以五刑为体系的有关刑罚措施、刑罚故事、刑事规范的汇编,开始于夏代,逐朝不断增加,因而号称三千,其中当以刑罚故事或刑事案例为主。

(二)对违礼行为性质的初步区分与"常刑"的出现

西周中叶,即穆王时期,留下了《尚书·吕刑》篇。对此,我国法律史学界议论颇多。持成文法说者[1]有之,持古代法学理论说者[2]有之,持赎刑说者[3]有之,持适用刑罚的指示性文件说者[4]也有之。其实《吕刑》的真实价值乃在于它反映了人们对违礼行为性质接近本质的认识,为法和道德的分离作了思想的准备,从而对适用刑罚作出了原则性的规定。因此,古代法学理论说与适用刑罚的指示文件说,颇与《吕刑》实际相吻合。《吕刑》已经能够把众多的违礼行为,以其社会危害性的大小,区分出"正于五刑""正于五罚""正于五过",即应刑、应罚和应赦三种情况。首先,从整体上把"罪"与"过"区分开来,把一些危害不大的违礼行为仅仅视为过错,而不视为犯罪,免除其刑罚,至多任社会舆论制裁,这就是把法和道德区分开来。其次,把"刑"与"罚"区分开来,把一些虽有社会危害但不严重的违礼行为,视为应罚的行为,仅仅给予经济制裁,而不加以五刑。复次,缩小了"正于五刑"的范围,仅仅对那些社会危害性严重的违礼行为,才加以五刑,给予人身和生命的刑事强制。最后,将已经查实的

---

[1] 张晋藩、张希坡、曾宪义:《中国法制史》,中国人民大学出版社 1981 年版,第 55 页。

[2] 张晋藩:《中国法制史纲》,中国人民大学出版社 1986 年版,第 27 页。

[3] 张晋藩:《中国法制史》,中国人民大学出版社 1981 年版,第 33 页。

[4] 曾宪义:《新编中国法制史》,山东人民出版社 1987 年版,第 35 页。

"实罪"与尚未查实的"疑罪"区分开来,对"疑罪"给予刑罚减等的处置。这些区别,在一定范围和一定程度上限制了执法官吏的罪刑擅断权力,这在法和道德分离的道路上,迈出了具有决定意义的一步。但是,这还不是每一个具体的违礼行为与特定的刑罚固定的结合。对应刑、应罚的违礼行为,给予"五刑"中的哪一种,给予"五罚"中的哪一等,执法官吏仍然有很大的擅断权力,甚至对应刑、应罚、应赦的"轻重诸罚有权",还允许变通执行与灵活运用,也没有具体的客观标准,在本质上还是罪刑擅断。此外,《吕刑》还有"刑罚世轻世重""惟齐非齐""有伦有要"这一些轻重不定、允许灵活变通的说法,还是给执法官吏罪刑擅断权力提供理论根据的。

依据《吕刑》对违礼行为性质的区分所确定的刑罚原则,虽然仅仅使某一种性质的违礼行为大体上与某一类制裁固定地结合,却促使对违礼行为的制裁沿着某一个具体的违礼行为与某一种制裁固定结合的方向发展。西周实行分封制,形成了一系列由国君统治的诸侯国。随着国君地位的不断加强,争夺君权的斗争日益激化,不断地出现弑君、废君、外(逐)君的违礼行为。在这种条件下,维护和加强君主权力与地位的问题,是事关整个统治阶级的根本利益和社会安定的大问题。因此,对危害君主权力与地位的违礼行为,总是给予最严厉的制裁,形成了"见无礼于君者,诛之"(《左传·文公十八年》)的观念。这样,侵犯君主权力和地位的违礼行为与死刑或族刑固定地结合在一起,只要出现了这种性质的违礼行为,无论是何人执法,都要确定无疑地给予这种刑罚,这就是最初出现的"常刑"。《左传·庄公十四年》有:"傅瑕贰,周有常刑。"《左传·昭公二十五年》有:"臣之失职,常刑不赦。"《左传·昭公三十一年》有:"命不共,有常刑。""有不用命,则有常刑"。"常刑"凡五见,都是对侵犯君权的违礼行为固定适用死刑。这种"常刑"是最初出现经常发生法律效力的刑事法律规范,成为成文法的萌芽。与此同时,对其他一般的违礼行为与某一种特定的刑罚,反复多次地结合起来,要求任何执法人对同一类违礼行为给予固定的制裁,产生了"同罪同罚"的观念,从多方面出现了更多的"常刑"。但是,人们总是喜欢把这种自发产生的成文法的萌芽,托之于有威望的先人的创制,借以增强这些规范的权威性。《左传·文公十八年》记鲁太史克的话说:"先君周公制周礼……作《誓命》曰:'毁则为奸。主藏之名,赖奸之用,为大凶德,有常无赦。在九刑不忘。'"对"毁则""掩贼""窃贿""盗器"等违礼行为确定了固定的罪名,同"主藏之名""赖奸之用"一起认定为"大凶德",规定了固定的刑罚,任何执法人都不得擅自"赦免",并说所有这些成文的刑事法律规范,都包括在"九刑"之中。对"九刑",晋大夫叔向不屑一顾,认为是针对"乱政"而临时采取的刑事措施。郑众说:"正刑五,加之流宥、鞭、扑、赎刑,此之谓九刑者。"(《周礼·司刑》)据此,《九刑》仍然是以刑罚为体系的刑事措施、刑罚故事、刑事规范的汇编,只是在编目上由原来的大辟、宫、刖、劓、墨之外,增有流、赎、鞭、扑,其内容上成文的刑事规范比重有所增加。由此可见,成文法的因素在增强,使从夏朝开始编纂的刑事措施、刑罚故事、刑事规范日益接近成文刑书。

(三)单项刑事法规与不公开颁行的"刑书"

对普遍存在的违礼行为统一规定相同的刑事制裁,并具有经常性的法律效力,就是一事一罪的单项刑事条例或法规。其实,在针对"乱政"的这种临时性刑罚措施中,就蕴含着后来经常发挥法律效力的单行刑事条例的因素。"刑弃灰于公道"的刑罚故事,如果赋以普遍适用和经常性的法律效力的话,也属于临时性的刑事规范。《左传·昭公七年》记楚大夫无宇的话说:"周文王之法曰,'有亡,荒阅',所以得天下。吾先君文王,作仆区之法,曰:'盗所隐器,与盗同罪。'"又《韩非子·外储说右上》说:

"荆庄王有茅门之法曰:'群臣、诸大夫、诸公子入朝马蹄践霤者,廷理斩其轿辀(车辕),戮其御。'"如果周文王、楚文王、楚庄王确定的这三项刑事立法,也能普遍适用和具有经常性法律效力的话,也属于单行的刑事法规。到了春秋中期,单行的刑事法规进一步发展成具有多方面内容且由官府内部掌握的综合性成文刑书。《左传·文公六年》记"晋蒐于夷"时说:"宣子(赵盾)于是乎始为国政,制事典,正法罪,辟狱刑,董逋逃、由质要,治旧洿,本秩礼,出滞淹。既成,以授阳子与大师贾佗,使行诸晋国,以为常法。"这其中既有刑法、诉讼法、狱政的内容,又有行政法、民法的内容,很像一部以刑为主、诸法合体的比较完善的成文法。但是,"既成"交由太傅太师"使行诸晋国"。陈顾远说:"成文法典之始,当于此际,惟仍非公布者耳。"[1]这部成文法典试行了108年,才由赵盾的玄孙赵鞅铸于刑鼎,得以公开颁行。[2] 这种未公开颁行的成文刑书,其他发达的诸侯国肯定还会有。郑率先"铸刑书",必有长期的准备,先有内部掌握的成文刑书,这是可以想见的。《左传·定公四年》记卫大夫祝佗的话说:"臣展四体,以率旧职,犹惧不给而烦刑书。"这说明卫也有刑书。有了内部掌握的成文刑书,进一步发展就是"铸刑书"与"铸刑鼎",公开颁行成文法典是独立于礼的成文法典形成的标志。

---

[1] 陈顾远:《中国法制史》,商务印书馆1935年版,第97页。
[2] 《左传·昭公二十九年》记晋"铸刑鼎"时说:"著范宣子所为刑书焉。"然孔子评语中却说:"且夫宣子之刑,夷之蒐也。"参加"夷之蒐"的是赵宣子,而非范宣子。同时,查遍《左传》有关范宣子的政治活动,未留下立法活动的痕迹。可见"范宣子"当为"赵宣子"之误。

第二章
各种君主专制政治法律思想的争鸣

春秋时期是社会制度的巨变时期。平王东迁后,西周建立的分封制度开始失去约束力,以宗法关系为基础的封建制社会的政治、法律制度屡屡受到强大起来的诸侯、大夫乃至家臣的强烈破坏,与之相适应的祭祀、朝会等礼乐制度也逐渐受到破坏,有时仅仅流于形式,"礼崩乐坏"的现象渐趋普遍,维护宗法等级秩序的礼法由于各诸侯国内公布成文法而日益凌夷。老子、孔子、管仲等先哲作出的挽救旧制度的努力虽然归于徒劳,但他们的思想却为战国百家提供了思考方向和理论基调。至战国时期少数诸侯国适应强大起来的士、庶人阶层的要求,陆续开展了变法运动,进而强大了国力,在剧烈的诸侯兼并中逐渐占据优势取得了兼并的胜利。建立全国统一的政权,成为强大诸侯国国君的共同目标。有识的士人针对急欲统一全国的诸侯王所亟待得到答案的问题(如何使自己更强大?建立什么样的政权?)提出了各自的政治法律主张,形成了儒、墨、道、法等诸子百家学说。各家的推崇者争相游说于诸侯之间,以期得到采纳。在各诸侯国的政治事件中,各种学说(尤其是儒、法)得到实验。

第一节 奠定中国古代法律思想
基调的孔子法律思想

孔子是儒家的创始人,他所构筑的思想构架经过后世的发展,形成了在中国两千年地主阶级君主专制社会占据统治地位的主流思想,对中华民族的文化心理积淀发生了至关重要的影响,对中华民族的文明传统的形成发挥了重要的强化作用。在今天全民族一片高倡弘扬民族传统文化的大潮中,面对现代中国的政治法律思想应如何对待民族传统文化的问题,政治法律史研究者有责任用现代人的眼光作出新的回答。

一、孔子政治法律思想的基本结构

孔子生活于春秋时期,其时,由于经济的发展,一些诸侯、大夫、士的经济、政治甚至军事力量已超过天子,后者已失去了对前者的统治地位,前者已放弃了对后者承担的义务。因而继承氏族社会遗风,由商周统治者制定的以血缘为基础的宗法制度已经废弛,从而维护这一根本制度的具有法律规范、道德规范双重性质的礼也多被破坏。只有天子有权使用的仪式,强大了的诸侯使用了(《论语·八佾》:"八佾舞于庭。"以下凡引《论语》均只注篇名);只有诸侯有权使用的器物,大夫使用了(《八佾》:"三家者,以雍彻。");大夫之家的权力,他的宰臣侵夺了(《季氏》:"陪臣执国命。");甚至有的家臣以武力背叛了他的主人而独立(《阳货》:"公山弗扰,以费畔")。一切都以经济、政治、军事力量说话,原有的礼失去了约束力,"礼崩乐坏"了。

孔子身处乱世,他渴望秩序,羡慕西周的礼制。"周监于二代,郁郁乎文哉!吾从周。"(《八佾》)他希望恢复周礼的权威性,以维持"亲亲尊尊"的社会秩序。但实际上作为法律规范的保障力量已不复存在,"礼乐征伐自诸侯出""自大夫出"(《季氏》)。

在寻求外力保证"复礼"的努力失败之后,孔子转而强调守"礼"的心理情感,把行"礼"的保证力量建立在人的心理情感上,提出了仁—礼的思想结构。这就把外在的规范与内心的情感联系起来,把遵守规范的强制力从外在被动引向内在追求,确定了儒家思想乃至整个传统文化的主导方向,成为中华文明的一个最主要的特征。

祖先崇拜、祭祀文化不仅是中华文化的开端,还是氏族社会的基本文化。进入阶级社会之后,商周统治者为维护自己的根本利益,即根据血缘关系建立了宗法制度,在继承上实行嫡长子继承制,在经济上封国家,在政治上建诸侯,在祭祀上大宗主祭,使宗族血缘关系、祭祀情感与政治统治关系水乳交融。

天子的地位权力及所有土地由其嫡长子继承(称宗子),把其他嫡子或庶子分封为诸侯(称别子)。诸侯在分封的诸侯国享有土地和权力,是诸侯国内最高主宰,但对天子仍然负有缴纳贡赋和保卫天子的义务。天子一系为大宗,诸侯一系相对天子为小宗。诸侯在封国内的权力、地位、土地所有权归其嫡长子继承,其他嫡子及庶子则被分封到采邑,是为大夫。这些大夫在采邑内享有土地和权力,但对诸侯仍负有缴纳贡赋和保卫诸侯的义务。在封国内诸侯一系为大宗,大夫新立之系相对诸侯为小宗。大夫的土地、权力仍被其嫡长子继承,其他嫡子及庶子被分封到份地。士与大夫的关系和大夫与诸侯、诸侯与天子相同。始封的诸侯、大夫、士都为各自所立宗系的始祖,他们是各自封地的最高统治者,其各代嫡长子继桃开宗,是各宗族、家族的最高统治者,称为"大宗子"。大宗子的地位和权力都是建立在因其嫡长子的身份而从始祖那里继承得来的土地和人民之上的,但直接表现却是大宗子率领族人祭祖祢的主祭权,表示他代表其祖祢统率全族,其他族人(包括小宗子)都必须像尊敬、服从祖祢那样服从大宗子,"尊祖故敬宗,敬宗,尊祖之义也"(《礼记·大传》)。同时,大宗既有统领小宗的权力,又有保护小宗的义务:"大宗者,收族也。"(《礼记·丧服》)甚至有在经济上救济小宗的义务。宗法制度具有经济、政治制度的性质,但它的表现形式却是血缘亲情关系,政治统治关系完全被血缘关系所掩盖,因此,它所要求与之相对应的道德情感是血缘情感。如丧服制度的五服规定,人死后,五代内(即上至高祖五代,下至玄孙五代,旁至高祖所出的族兄弟)的亲属要为之穿丧服,超出五代则不再服丧,其根据是血缘的远近、感情的亲疏,所谓"上杀、下杀、旁杀,而亲毕矣"(《礼记·丧服小记》)。郑玄注:"杀,谓亲益疏者,服之则轻。"五代亲情已疏远,故"亲属竭矣"(《礼记·大传》)。所谓"五世而斩",就是至五代,亲情就淡薄了,所以服丧也就不作规定了,民间所谓"出五服"。

追养继孝的祖先祭祀掩盖了实质上的财产继承和政治统治,但是这种关系的确定却是建立在血缘情感的基础上,由对祖先的亲爱尊崇延及对宗主的亲爱尊敬,由对祖先的服从迁移到对宗主的服从,一切都是从心理上自觉自愿的,心悦诚服的,没有人意识到血缘情感之外还有什么强制力量存在。礼一开始就是与心理情感相一致的。

如本节开始所说,到西周末年"礼"遭到严重破坏,人们在履行某些礼时也仅只是履行形式,而没有了原有的感情基础,当时有些有识之士就明确指出:"是仪也,非礼也。"(《左传·昭公二十五年》)孔子为殷人之后,自幼习礼,从事儒生之业,"俎豆之事,则尝闻之矣"(《卫灵公》),深感没有情感的守仪对礼制的危害。为维护由礼规定的社会秩序,孔子首先强调守礼的基本精神是有真实情感。"礼云礼云,玉帛云乎哉"(《阳货》),"丧,与其易也,宁戚"(《八佾》)。弟子宰我认为父死服"三年丧"时间太长了。孔子则认为,父母养育儿子,儿子三年才脱离父母怀衽,儿子对父母的恩爱之情要感激报恩。因而,父母死后,三年之内儿子都会"食旨不甘,闻乐不乐,居处不安",非三年不能表达儿子的感恩情感。三年丧不仅是形式,完全是表达感情的需要。孔子从表达心理情感需要论证了礼之合法性,强调要达到人们自觉遵守礼的境界,就必须发自内心情感。"今之孝者,是谓能养。至于犬马,皆能有养;不敬,何以别乎?"(《为政》)把守礼建立在了人的心理情感基础上。

孔子的历史贡献在于,他最先认识到了人的主观能动性,除了注意到人的自然心理情感对礼的保证作用外,他还提出了人的理性追求、信念对行礼的根本意义,这就是他发挥了"仁"的概念,把礼赋予了"仁"的实质内容,认为仁与礼乃心理情感与外在规范的关系,第一次把内在的道德追求(仁)与外在的规范(礼)结合起来,并把前者作为后者得以遵守的动力和保障,反映了孔子对道德主体的认识达到了前所未有的高度,是中国先人哲学意识的觉醒。

孔子的仁,以孝悌为本,自感情最紧密的事亲展开一系列的"爱人"行为。"孝悌也者,其为人之本与?"(《学而》)"迩之事父,远之事君"(《学而》),"君之务本,本立而道生"(《学而》)。"孝乎惟孝,友于兄弟,施于有政"(《为政》),"弟子入则孝,出则悌,谨而信,泛爱众,而亲仁"(《阳货》)。在孝悌的行礼中,不断积淀、强化社会个体的文化心理结构,日渐形成社会个体的心理自觉和心理强制,最终达到"无终食之间违仁,造次必于是,颠沛必于是"(《里仁》)。人无须臾违仁之念,则礼制得到遵守,名分得以实现,用"仁"的道德心理把礼安置在了一个无处不在、无时不有的道德自觉之上,"其为人也孝悌,而好犯上者,鲜矣;不好犯上,而好作乱者,未之有也"(《学而》)。

孔子认为礼的基本要求就是:"君君、臣臣、父父、子子。"(《颜渊》)即君臣、父子均有自己的责任义务,甚至臣、子能否履行自己的责任和义务,在某种程度上取决于君、父是否履行了自己的责任和义务。"君使臣以礼,臣事君以忠。"(《八佾》)"信如君不君,臣不臣。父不父,子不子。"(《颜渊》)不仅关系双方的责任义务是相对而言的,而且双方是否能履行责任,亦即礼制能否被遵守,主要义务在尊者亲者,完全没有后世的"君叫臣死,臣不能不死"的专制味道,这大概是氏族民主的遗风。

孔子从不轻易许人以"仁",但基于他对君臣相对权利义务的认识和秉承自宗法制度下的大宗有"合族"义务的观念,他认为诸侯、大夫能为百姓谋惠的行为是"仁"的内容之一。"君子之道四焉:其行己也恭,其事上也敬,其养民也惠,其使民也义。"(《公冶长》)对当时的政治家管仲,因其是大夫而用邦君(诸侯)"树塞门"之礼,孔子曾认为其不知礼,但评他能辅佐齐桓公九合诸侯减少战争而给人们带来经济实惠时,连声称赞管子"如其仁,如其仁"(《八佾》)。尤其说到九合诸侯一匡天下而防止了蛮夷侵占的功劳时更是发自内心地称许管子为大"仁":"管仲相桓公,霸诸侯,一匡天下,民到于今受其赐。微管仲,吾其被发左衽矣。岂若匹夫匹妇之为谅也,自经于沟渎而莫之知也。"(《宪问》)保族保种之惠,当然非一般匹夫匹妇之可比也。

在孔子的思想中,还有一个与"仁"相近的范畴,这就是"义"。孔子同样以"义"作为"礼"的内容。"君子义以为质,礼以行之,孙以出之,信以成之"(《卫灵公》)。礼是规范的形式,义是规范的实质内容。"仁""义"虽同是礼的思想内容,但二者的含义是有区别的。"义"的基本意义是宜、合理、适度,"义然后取,人不厌其取"(《宪问》)。合理的才去索取,则人们就不会讨厌他索取。合理的"义"也就有了适度的意思。"使民也义"即役使百姓合理而适度。"义"的含义由合理适度而引申为"正当"。"君子有勇而无义,为乱"(《阳货》)。与"礼"相联系时,则又指"理分""权责"。"君臣之义,如之何其废之?"(《微子》)正当的"理分"遂含有了"正义"的意思。"见善如不及,见不善如探汤……行义以适其道"(《季氏》)。看见善良像赶不上似的去追求,看见邪恶像手碰到沸水那样去避开。通过实施合理的正义而实现"道"的理想,这是孔子对社会风气的理想。显然,在这里"义"有了合乎道理、正义、善的含义。在此意义上,孔子主张:"上好礼,则民莫敢不敬;上好义,则民莫敢不服;上好信,则民莫敢不用情"(《子路》)。"君子义以为上"(《阳货》)。"君子之仕也,行其义也"(《微子》)。孔子罕言"利",但他并不是拒绝利,只是主张利的获得要在"正义"的前提下,"理分"的范围内,"合宜"的度界界限内。既有统治者的"使民以义",又有社会个体选择的"见利思义"(《宪问》)、"见得思义"(《季氏》)。从上述"义"的含义我们可以看出,"义""仁"虽均为礼的内容和基础,但"义"更倾向于行为的性质,基本属价值评价是非观范畴;而"仁"更注重心理情感,属道德信念、道德心理的范畴。在仁—义—礼的思想结构中,仁是最基础的,最深层次的;礼是表层的规范、外在的制度;义则属于中间层次,直接与行礼的行为相关。

至于《论语》中的其他范畴如:忠、恕、诚、仁、敬、信等则均是从不同角度阐释"仁""义"的。"忠"仍是指一种心理状态,"主忠仁",从积极方面向仁达礼;"恕"是推己及人,自本身感觉去"勿施于人"。"诚""仁""敬""信"均是行礼的心理态度,尤其是"诚"最关乎"仁"之向善的程度,故后儒(《大学》、宋明理学)对此深论博发,成为传统文化的一关键工夫。

二、孔子的宗教性道德追求

中国古代社会礼起源于氏族祭祀的仪式、习俗及相关制度,当人们开始意识到从上帝、祖先等祭祀对象中独立出来后,作为上天之子的部落、部落联盟酋长们开始用掌握的军事力量来维护自己的经济利益和政治地位,只不过依然沿用原来氏族祭天、祭祖及维持民族群体秩序的以血缘关系为外衣的各种习惯、仪式及制度,而氏族社会连通人神的巫史传达的也不再是"天命"而是在解释神旨的形式下传达王命了。在春秋之前,规定社会秩序的社会规范——礼,一直具有道德规范和法律规范的两重性,保证其执行的强制力,既有舆论谴责、习惯约束,又有体现国家强制力的刑。违犯同一种规范,是给予舆论谴责,还是"出于礼而入刑",完全取决于执政者对违礼行为性质及严重程度的理解,"高下由心",普遍存在着同种行为不同惩罚或不同行为同种惩罚的情况。随着生产力的发展,平民阶层的地位不断提高,反对执政者擅断,要求在位者讲信的呼声越来越有分量。到春秋后期,一些开明的统治者通过"铸刑鼎""制刑书"等形式公布了成文法,把部分有刑法内容的条款从礼中独立出来,但事实上,公布的规范仍没同具体刑罚固定联系在一起。直到战国末期,各国才陆续制定了具有完全法律意义的刑法,从《睡虎地秦墓竹简》看到的秦律展示了当时绝对罪刑法定的刑法。不过,最终在整个地主阶级君主专制社会,礼也没完成道德与法的分离过程,不仅宪法、行政法、民法、婚姻家庭法始终包含于礼之中,就是具备了律典形式的刑法,在司法过程中依然由法官(在县级由行政长官)根据犯罪行为对伦理道德秩序的危害程度自由批决,"原心定罪"一直是地主阶级君主专制社会司法的一个基本原则。

春秋时期,西周的礼已失去了约束力,道德的范导作用已丧失,仅剩下了一些仪文末节还在被一些人表演着。孔子为挽救周礼,把"仁"的观念充实进"礼"。孔子的"仁"从血缘感情入手,意在唤起人们心里的血缘情感,在充满亲情感激的礼的实践中塑造人们的文化心理。前面已述,礼一产生就与血缘亲情联系在一起,为挽救礼的崩坏,孔子把伦理情感赋予"仁",作为守礼的基础。而且,孔子把人们的内心追求作为"仁"的主要内容。"不仁者不可以久处约,不可以长处乐。仁者安仁,知者利仁。"(《里仁》)"安仁",自然地按仁的要求去做,不需外力约束,这不是纯粹的信仰追求吗?"好仁者,无以尚之""君子无终食之间违仁,造次必于是,颠沛必于是。"(《里仁》)完全是一种自觉的心理追求,无时不然,无处不然,这难道不近乎一种宗教追求吗?孔子提出这种"仁"的境界,要求人们不断做自省式的完善。"吾未见能见其过而内自讼者也。"(《公冶长》)曾子也曾说:"吾日三省吾身：为人谋而不忠乎？与朋友交而不信乎？传不习乎？"（《学而》）通过自己内心的反省，自责改过，强化价值追求，达到像生理要求那样的道德自觉。"吾未见好德如好色者也。"（《卫灵公》）这种道德的养成也全是自觉的行为："仁远乎哉？我欲仁，斯仁至矣。"（《述而》）君子这种自觉的修养，信念的追求是一个长期过程。曾子说："士不可以不弘毅，任重而道远。仁以为己任，不亦重乎？死而后已，不亦远乎？"（《卫灵公》）以行仁为己任，任重而道远。

孔子的"仁"既是一种建立在人们自然心理情感基础之上的心理伦理道德，容易获得人的情感认同；又是一种符合人们情感的文化价值追求，导人自觉完善。"夫仁者，己欲立而立人，己欲达而达人。能近取譬，可谓仁之方也已。"（《雍也》）"为仁由己，而由人乎哉？"（《颜渊》）仁虽至高无上，但只要每个个体愿意去做，就能自觉地、主动地实现"仁"这一目标；只要每个个体树立了这一目标，就是建立了这一理想人格；只要建立了这一理想人格，人们就可以"内省不疚，夫何忧何惧"（《颜渊》），就能"匹夫不可夺志也"（《子罕》），"可以托六尺之孤，可以寄百里之命，临大节而不可夺也"（《泰伯》）。可见，孔子上述"仁"的内容，不仅有与礼相适应的道德内容，而且有大量的内心追求向往的内容，李泽厚先生把前者称为公德、"社会性道德"，后者称为私德、"宗教性道德"。孔子提出具有宗教性道德的仁，在于强化仁的内心追求，使本来靠外在的舆论强制力保证的社会性道德上升到凭内心信念推动的宗教性信仰，从而更增强其内在的推动力。通过宗教性的道德修养，树立个体的理想人格，树立社会个体进而扩大为整个民族的为"义"献身的自我牺牲精神和历史责任感。"志士仁人，无求生以害仁，有杀身以成仁。"（《卫灵公》）"仁者必勇。"（《子罕》）

道德规范作为高于法律规范要求的社会规范，对于社会秩序的建立、稳固和遵守是一种积极的保证,宗教性道德无疑比社会性道德具有更高一层次的积极作用。它无需任何外在的监督和保证,仅靠内心的信仰和信念就能促使主体主动自觉地实践。抛开宗教的非科学性不说,仅从形式上看,宗教徒对教义的虔诚使一切外在的教规都执行得那么彻底和坚决,令人不得不叹服宗教性追求的巨大作用。孔子从世俗的角度把社会美德及人们追求的理想赋予了宗教性道德的性质,这对民族文化心理的凝聚和个体理想人格的建立所发挥的作用是一般社会性道德所无法比拟的。后代志士仁人高唱正义歌,舍生取义,杀身成仁;"国家兴亡,匹夫有责""铁肩担道义""先天下之忧而忧,后天下之乐而乐""见义勇为"等英雄壮举都是独立人格感召的结果。

孔子对"仁"的提倡反映了思想家对人作为哲学主体认识的觉醒,尤其是他给"仁"赋予了宗教性道德,对于鼓励社会个体树立信仰目标,靠主动、自觉、积极的内在动力实现人类的美好理想有着重要的作用,这是中国思想史的重大突破和创新,成为中国传统文化的主干。

自孔子之后的儒者,无论是汉代《礼记》的作者们,还是宋明的程朱陆王,无不倡扬宗教性道德,力图塑造独立的道德主体。但他们的道德都脱离了人的情感,把利、人欲排斥为义、天理的绝对对立面。因而尽管汉代以后的统治者都把儒家思想定为官方哲学,甚至作为选拔官吏统一考试——科考的法定教材、考题蓝本和标准答案,通过考生的学习、宣讲和身体力行来营造社会文化,但最终也没有使之成为大多数人的信仰。只有在新中国,共产党主张的共产主义才成为广大人民的真正信念,共产主义信念、原则以及道德规范才成为人们倾心的追求。在20世纪五六十年代,大公无私、劳动为荣、乐于助人蔚成风气,损公肥私、损人利己等行为都会受到行为人内心的谴责和排斥,充分显示了共产主义信仰的巨大威力。近些年来社会上存在的不良现象,如一些人忽视他人的权利,破坏社会的秩序,没有团体意识,严重者如以权谋利,贪腐侵占,都可从信仰缺失上找到根源。如果我们把现代文明的一些道德如人权平等、自由民主等与孔子倡导的"己欲立而立人,己欲达而达人。己所不欲,勿施于人"(有现代文明的"尊重他人权利"的道德意味)等传统文明信条均内塑于国人的心理世界,塑造出中华民族世俗的理想人格,社会犯罪将受到更自觉的抵制和积极的预防。在目前完善立法,严密制度,加强监督仍不能刹住贪腐歪风的情况下,我们不能不想到找回人们的信念、良心,真心塑造理想人格具有不可替代的作用。

三、孔子的理想政治法律境界

孔子思想的出发点和追求目标就是恢复礼制,即恢复、实现"君君、臣臣、父父、子子"的政治法律秩序。其方法就是鼓励社会成员用仁的内心动力来实现礼制。要达到维护外在秩序的理想,根本上是实现仁的内心世界的理想。

首先是通过人们的血缘情感来唤起、强化人们的"亲亲"心理。"孝悌也者,其为仁之本与!"(《学而》)在家孝悌,树立起"亲亲敬长"的伦理心理,这种伦理心理结构由宗法关系延伸到忠君尊上。"其为人也孝弟,而好犯上者,鲜矣;不好犯上,而好作乱者,未之有也。"(《学而》)孝亲是基础,忠君是目的。"博学于文,约之以礼,亦可以弗畔矣夫。"(《雍也》)于是凝聚了孝悌的心理结构,人就奠定了顺上的心理基础,就不会、不愿从而不能犯上。没有犯上的心理期求,自然不会叛乱了。

其次,孔子更高层次的追求是耻辱观亦即价值观的树立。他认为"道之以政,齐之以刑,民免而无耻。道之以德,齐之以礼,有耻且格。"(《为政》)由德仁观念来引导人的思想观念,且用礼的规范约束人的行为,人就能建立起耻辱观,而自觉服从社会法律规范。这比仅靠外在的强制具有更好的效果。他把"有耻"

作为"士"的首要条件,他说:"行己有耻,使于四方不辱君命,可谓士矣。"其次才是"宗族称孝焉,乡党称弟焉。"(《子路》)孝悌出于自然的血缘情感是基础,"有耻"才是更高的境界。只有树立了明确的耻辱观,人的行动才能更自觉,主动地约束自己,使一切行为合于礼,即"非礼勿视,非礼勿听,非礼勿言,非礼勿动"。"一日克己复礼,天下归仁焉。"(《颜渊》)天下人都能做到"克己复礼",岂不就是秩序井然,人人皆"仁人"的世界了吗?

  再次,孔子最高的追求是宗教性的境界——"安仁"。如果只做到心悦诚服地按礼办事,那所遵守的还仅仅是社会性道德规范。孔子所追求的(或说"仁"的)最高境界是人在内心深深向往、喜欢的信念,即信仰,不假任何外力的约束。"不仁者不可以久处约,不可以长处乐。仁者安仁,知者利仁。"(《里仁》)困苦,人之所憎恶,但"仁人"就能长期在困难中坚持。颜回一箪食,一瓢饮,长处陋巷,被孔子称为贤者。只有君子能终食之间不违仁。为追求安仁,君子经常"内自讼""日三省吾身",做到"内省不疚"。对仁的追求要"如好色者也",完全出自内心喜好,不需要外界的压力,也不用外在的监督。"知之者,不如好之者;好之者,不如乐之者。"(《雍也》)不仅要喜好行仁,而且要为行仁而快乐。行仁像审美那样,是情感的爱好,快乐。

  要实现仁对维护礼的目的,孔子分别对社会个体和统治者提出了要求。就社会个体来说,在内要恭敬、忠诚、诚信,做到行为自觉主动合礼,对外则"己欲立而立人,己欲达而达人""己所不欲,勿施于人"。对亲对上对人(对友)一切行为都从自身感受出发,度己及人。对统治者来说,孔子同样提出了"达仁"的高要求。《论语》一书多次论及"问政",说明孔子在一开始就注意到了在上位者能否做到"仁"是主导方面,出于相对权利义务的基本立场,孔子首先提出"君不君,臣不臣。"(《颜渊》)认为只有在上位者做到"仁",百姓才能行"仁"。"君子笃于亲,则民兴于仁"

(《泰伯》)。对统治者提出了一系列的"仁"的要求。"季康子问：'使民敬,忠以劝,如之何？'子曰：'临之以庄,则敬；孝慈,则忠；举善而教不能,则劝。'"(《为政》)"有君子之道四焉：其行也恭,其事上也敬,其养民也惠,其使民也义。"(《公冶长》)"能行五者于天下为仁矣。""恭、宽、信、敏、惠。"(《阳货》)为政要恭宽信敏惠,才能安百姓。而且"君子之德风,小人之德草,草上之风必偃"(《颜渊》)。百姓的品德随着统治者变化。"上好礼则民莫敢不敬,上好义则民莫敢不服"。(《子路》)统治者能否行仁决定着百姓是否守礼。孔子希望统治者建立仁的理想道德,从而影响百姓兴仁。上下各守职分,自然能实现"君君、臣臣、父父、子子"的社会秩序。

出于"仁"的思想立场,孔子最先提出"无讼"作为司法所追求的美好目标。首先,他把用政刑与德礼的效果进行比较,亮出其主德去刑的基本主张。他理想通过决断狱讼而使人服从进而消除诉讼。"听讼,吾犹人也。必也使无讼乎。"(《颜渊》)为达到无讼,他甚至主张,处理危害社会秩序的犯罪,要把维护伦常秩序作为首要原则,社会危害性大小要以此为衡量标准。有人偷羊,其子出来作证,当时有人认为其子是正直的行为。孔子不赞成："吾党之直者异于是：父为子隐,子为父隐,直在其中矣。"(《子路》)子对父的义务是孝,应为其父隐恶,而此子去为揭父之恶作证人,所以孔子认为是"不直"。"父子相隐"是宗法伦理的要求,更应是伦理心理的自然反映,维护这一原则才能保护这个伦理意识。鼓励子证父恶,较之偷羊这一侵犯财产的具体行为对整个社会的伦理秩序的侵害大得多。这一原则被后世统治者所继承,到唐代规定在法典中,这也是中华法系情入于法的一个表现。孔子所开创的儒家以至中华文化,都把"无讼"作为司法的理想结果,"善人为邦百年,亦可以胜残去杀矣。"(《子路》)在主张权利的今天,如果人们能树立积极向上、文明善良的道德,社会诉讼是否就能少一些呢？即使在民事领域,人都能本着"己所不欲,勿施于人"的良好品德,就少了许多恶意侵权违法的纠纷,发生了纠纷,双方都能本着"忠恕"的要求,多体谅对方一些,纠纷就会好处理得多。

第二节　首倡价值内在的孟子"内圣外王"法律思想

孔子把人的心理情感作为礼的道德基础,创造了以伦理道德为基本内容的"仁"学,摆脱"神"的束缚,第一次把建立在宗法伦理关系上的礼安置在了"人"的自然情感上,既论证了"礼"的合理性,又找到了社会成员遵守礼的内心动力。孔子的仁学虽然尚未从道德主体性的角度提出问题,但其出发点和目的显然更倾向于后者。孟子最先提出人的本心是道德主体的思想,在伦理道德上找到了"先义后利""施仁政"的根据,建立了"内圣外王"的政治法律思想。

一、肯定心是道德主体的"性善论"

《孟子·告子上》:"恻隐之心,人皆有之;羞恶之心,人皆有之;恭敬之心,人皆有之;是非之心,人皆有之。恻隐之心,仁也;羞恶之心,义也;恭敬之心,礼也;是非之心,智也。仁义礼智,非由外铄我也,我固有之也,弗思耳矣。"孟子把"四心"与仁义礼智视为一物,均指道德法则,明确肯定道德法则是内在的,是"我固有之"。孟子称此心为"本心",本心自觉决定仁义礼智这些道德法则,表现为恻隐、羞恶、恭敬、是非的道德意识。人内心所具有的这些"善"的意识、原则,正是区别于其他动物的本性,此谓之"性善"。孟子在《尽心上》篇说:"君子所性,仁义礼智根于心","无恻隐之心,非人也;无羞恶之心,非人也;无辞让之心,非人也；无是非之心，非人也"(《孟子·公孙丑上》)。孟子认为"心"是制定道德法则的主体，道德的根源，决定者是"心"，这就是"仁义内在"思想，根本区别于告子的"仁内义外"说。

心能制定道德法则，也能自觉履行法则，而且不需要任何外在的强制，是主体自觉的取向。主体之心自有道德意识、道德标准乃至道德情感，是推动主体践履道德的动力。《孟子·公孙丑上》："孟子曰：人皆有不忍人之心……今人乍见孺子将入于井，皆有怵惕恻隐之心，非所以内交于孺子之父母也，非所以要誉于乡党朋友也，非恶其声而然也。"既不是为了外在的目的，也不是出自讨厌孩提的哭声，而是因有怵惕恻隐之心，即有恻隐的道德意识、道德情感。事实上，道德意识、道德情感决定道德行为时，不需考虑客观世界的限制，而是完全自觉自愿的行动。

孟子在《孟子·公孙丑上》把"四心"称为"四端之心"，他说："恻隐之心，仁之端也；羞恶之心，义之端也；辞让之心，礼之端也；是非之心，智之端也……凡有四端于我者，知皆扩而充之矣，若火之始然，泉之始达，苟能充之，足以保四海；苟不能充之，不足以事父母。"对其中的"端"字，历来有不同解释。笔者认为，此端非开端之端，不是指道德的发生过程，而是指端绪、根子。恻隐羞恶辞让是非，是仁义礼智的根、端绪。其存在是固然的，正如《告子上》所说，四心就是仁义礼智，为了说明具体的主体的道德不是自然完满的固定不变的，需要有个逐渐完善的过程，他把仁义礼智的四心说成仁义礼智之端，意谓人有四心就有了四种道德法则的萌芽，培养就能长大，扩充四端就是使之发展成完满的四德，四端与四端在质上是完全相同的，只是在量上有差别。如同已有了火种，发展即可成为大火，然而火种不可不谓之火。人内心已先验地存在善的胚胎，这种胚胎是一种价值意识的自觉、价值认识的能力，把自觉的道德认识发展、扩充就能成为善行。恻隐之心乃先天植根于人的心中的萌芽，但不扩充这一萌芽,是不可能发展为完满的"仁"的。这里的"端",只是就人之本质而言,是说人的价值意识是人的心中所本有之自觉,而不是说人初生时就有善的意识。

二、"先义后利"的人格观

人心中固有仁义礼智,主体不仅制定理义,而且"理义之悦我心,犹刍豢之悦我口"(《孟子·告子上》)。然而,人是活在经验世界中,有各种生活的需要,这些物质的欲求超出理义所允许的范围就与自身所有的道德原则相背离。孟子认为,能否保持心中的道德原则并自觉履行之,是区别大人与小人的标准。他说:"从其大体为大人,从其小体为小人。曰:'钧是人也,或从其大体,或从其小体,何也?'曰:'耳目之官不思,而蔽于物,物交物。则引之而已矣!心之官则思,思则得之,不思则不得也。此天之所与我者。先立乎其大者,则其小者不能夺也,此为大人而已矣!'"(《孟子·告子上》)"小体"是听觉、视觉等感官功能,也即属于感性世界的我,也指人的感官欲望;而"大体"则是指心中已有之理义。各种感官没有道德判断的能力,只能为外物所引诱,即产生物欲,是为"小体";而心是道德主体,具有道德判断的能力,因而能立乎其大者,即坚持道德法则,不会被外物所引诱,此为"大体"。"无以小害大,无以贱害贵"。"养其小者为小人,养其大者为大人。"(《孟子·告子上》)

孟子将"先义后利"的道德法则上升到人格的高度对待。他在《公孙丑上》说:"行一不义,杀一不辜,而得天下,皆不为也。"坚持义是人格的基本原则,如果有违于义,即使能享有"得天下"之大利也不为,这就是孟子所主张的人格尊严。在熊掌与鱼之喻后,孟子提出,如果"生"与"义"发生冲突时,则宁可舍弃生命,也绝不放弃"义"。"二者不可兼得,舍生而取义者也。"(《孟子·告子上》)

孟子还把人格尊严称为"天爵"。他说:"有天爵者,有人爵也。仁义忠信,乐善不倦,此天爵也;公卿大夫,此人爵也。古之人修其天爵,而人爵从之;今之人修其天爵,以要人爵;既得人爵,而弃其天爵,则惑之甚者也,终亦必亡而已矣!"(《孟子·告子上》)由君主所授之爵,固然可显示其贵,但人授之爵同样人亦可夺之爵。此为"人爵"。"人爵"的价值决定者是他人,而且不能长贵,非"良贵"。与之相对应的是"天爵"。天爵是主体通过自己的道德实践而取得价值(即人格的尊严),因是自己自觉的践履道德而不是由他人决定的价值,故而尊严是他人不能剥夺的,是长久的。人格的尊严是人之践履道德的必然结果,也即行义才能享有天爵。人爵是客观之利,修其天爵,而人爵自然随之,先义而后得利。

孟子之"先义后利"观并不反对谋利,而是主张谋利需以行义为前提,如果能以义为先,利亦是可求的。君王要利国,但需行仁义。"王何必曰利?亦有仁义而已矣……苟为后义而生利,不夺不餍。未有仁而遗其亲者也,未有义而后其君者也。"(《孟子·梁惠王上》)后义先利则贪得无厌,必产生争夺,弑君破家,而先义后利能使人限制贪欲,而不令"遗其亲""后其君"。

三、"存心""养气"的成德工夫

孟子认为,"心"是道德主体,仁义礼智是固有之道德法则,而身体感官时时面对外物的引诱,如何能存大体而成大人,则面临着一个成德的问题,"君子之所以异于人者,以其存心也。""人之所以异于禽兽者几希,庶民去之,君子存之。""大人者,不失其赤子之心。"(《孟子·离娄下》)面对物的引诱,君子能存其本心,不失本心,小人则"丧其本心"。如何能保证不丧而存本心?则需主体之心不断明晰道德法则,坚守仁义礼智。"求则得之,舍则失之。""思则得之,不思则不得也。"(《孟子·告子上》)"思"

"求"均指主体的自主性。主体不断澄明意志的自主性,自觉体认道德法则,对外物之引诱进行道德判断,则能尽其心;"不求""不思"则会丧失本心。求与不求,思与不思,全在主体的自主性。

孟子把德性的我与生命情意的我做了明确区分,前者称为"志",后者称为"气",而志是气的主宰,受"志"决定的人的生命情感即是主体的存在内容。"夫志,气之帅也;气,体之充也。夫志至焉,气次焉,故曰:持其志无暴其气……志壹则动气,气壹则动志。"(《孟子·公子丑上》)"志"坚定专一地主宰气则气服从"志",相反则"气"动摇"志"。"志"是"气"的统帅、主宰,但只是一种"应该"而不是"必然",要使生命情意之我成德,则必须"存养""志"。这其中的工夫就是"持其志,无暴其气",守住主宰之"志"而不放纵"气"。孟子提出"我善养吾浩然之气"的成德工夫。"敢问何谓浩然之气?曰难言也。其为气也,至大至刚,以直养而无害,则塞于天地之间。其为气也,配义与道;无是,馁也。是集义所生者,非义袭而取之也。"(《孟子·公孙丑上》)。气是客观世界人的具体存在,其由"志"主宰则会浩然广大、刚正不屈,如果按着"志"正确培养它而不去伤害它,按义而行,会充塞天地之间。浩然之气之所以"刚""大",就是因此气是与义、道相适应的,若背离了义与道,此气就是没有力量并不刚正的一般气。浩然之气符合义道,不是义一开始就完全统率的,而是主体通过不断体认义,不断履行义才使人之自然之气凝聚成浩然之气的。孟子之"善养吾浩然之气",就是不断集义,最终养成浩然之气。养气的工夫就是使客观的生命理性化。通过在事中持志,践履理义,不断积聚义而养成浩然之气,也就是达到了"尽心"的化成的境界,这个境界显示了人格的尊严。合于义的浩然之气之养成是在"存心"的道德实践中实现的。

人能否"尽心"而养成浩然之气,由于孟子把道德主体归诸于心,心有不受外界条件限制的自由,故孟子认为只要根据主体的意志而进行道德选择,就能成德,实践道德。孟子在《尽心上》说:"万物皆倍于我矣,反身而诚,乐莫大焉。强恕而行,求仁莫近焉。"能否尽心达仁,关键是"求""思"。"求则得之,舍则失之,是求有益于得也,求在我者也。"(《孟子·尽心上》)我求我已有之理义,只要求就能得,而不必受外在条件的阻碍,孟子的"仁义内在"思想,不仅把价值根源安置在主体自身,而且把道德选择、道德实践的主动权完全归诸行为人自己,对于主体的成德给予了排除一切外在障碍的理论根据,也排除了主体不能自觉向德而自我推脱的任何借口。

四、"推恩""保民"的仁政思想

战国时期,战争频繁,"争地以战,杀人盈野;争城以战,杀人盈城"(《孟子·离娄上》),各国所面临的主要问题是兼并统一。各诸侯国国君所关心的问题只在富国强兵。孟子曾游说数国,以求参政。但他再像孔子那样向这些国君们宣传恢复礼治已显然没有市场,他必须适应他们的强国的要求,提出治国方案。值得注意的是,孟子所设计的方案基本上是对统治者要求的,即行"仁政"。"当今之时,万乘之国行仁政,民之悦之,犹解倒悬也。"《孟子·公孙丑上》

孟子的仁政学说是建立在"性善论"的基础之上的,他说:"人皆有不忍之心。先王有不忍人之心,斯有不忍人之政矣。以不忍人之心,行不忍人之政,治天下可运之掌上。"(《孟子·公孙丑上》)不忍人之心即恻隐之心,是为仁之端,不忍人之政是为仁政。圣王行仁政是由于他扩充了仁之端。统治者如能把"仁爱"之心推广开来,"老吾老,以及人之老;幼吾幼,以及人之幼","推恩"于百姓,就能获得人心,从而"保民而王,莫之能御也"。"推恩足以保四海,不推恩无以保妻子。古之人所以大过人者,无他焉,善推其所为而已矣。"(《孟子·梁惠王上》)行仁政不再是强迫统治者去为之,而是统治者人性的要求。

"仁政"的首要内容是"制民之产":"明君制民之产,必使仰足以事父母,俯足以畜妻子;乐岁终身饱,凶年免于死亡……五亩之宅,树之以桑,五十者可以衣帛矣,鸡豚狗彘之畜,无失其时,七十者可以食肉矣。百亩之田,勿夺其时,八口之家可以无饥矣。"(《孟子·梁惠王上》)孟子认为,社会存在犯罪的最基本的原因是"民无恒产",因无恒产即无恒心,民无恒心则"放辟邪侈,无不为己"(《孟子·梁惠王上》),从经济上找到犯罪的原因。而且他认为等民"陷于罪"后又给予刑罚惩处,是故意陷害百姓,仁人明君是不干这种不仁的事的,制民之产是为了民有恒心,是王者之道。

五、政治法律伦理道德化

孟子一承孔子的政治法律伦理道德化传统,用道德修养代替、涵盖政治、法律,认为政治法律秩序的建立首先是道德培养。"君子之守,修其身而天下平。"(《孟子·尽心下》)"人人亲其亲,长其长而天下平。"把亲亲(孝)长长(悌)作为治国之道,"尧舜之道,孝悌而已矣。""为人臣者怀仁义以事其君,为人子者怀仁义以事其父,为人弟者怀仁义以事其兄,然而不王者,未之有也。"(《孟子·告子下》)道德修养不仅能稳定社会秩序,孟子甚至把其作用夸大到能战胜坚甲利兵。"壮者以暇日修其孝弟忠信,入以事其父兄,出以事其长上。可使制梃以挞秦楚之坚甲利兵矣。"(《孟子·梁惠王上》)

孟子把政治法律伦理道德化的主体主要放在君主、大夫,自然合乎逻辑地主张人治,要求用统治者的道德影响社会,争得民心。

六、"暴君放伐"的君主专制救济的思想

孟子主张效法先王,认为行仁政就能统一天下。而且,行仁政是国君"推恩"的表现,国君能否行仁政,在于能不能养其内在之善端,"君子所以异于人者,以其存心也。君子以仁存心,以礼存心。"(《孟子·离娄下》)尤其是国君行薄赋敛、制民之产之仁政,关键要"寡欲"。"养心莫善于寡欲,其为人也寡欲,虽有不存焉,寡矣。"(《孟子·尽心上》)由此,他把国君能否"治国平天下"(即外王)的根本放在"修身"(即内圣)。"天下之本在国,国之本在家,家之本在身。"(《孟子·离娄上》)圣王"修身"才能"治国平天下"。所谓"君仁,莫不仁;君义,莫不义;君正,莫不正。一正君而国正矣。"(《孟子·离娄上》)

因此,国君"外王"的前提是"内圣",即修身,凡自己做事得不到相应的回报,"皆反求诸己,其身正而天下归之。"(《孟子·离娄上》)统治者的合法性不再来自宗法身份,而是取决于其修身。

君主是最高的统治者,其不受制约的权力往往会诱使君主放松修身,不能达到修身的标准。首先孟子不认为君主与臣民的统治关系是绝对的,而认为臣民是否敬事、服从君主取决于君主是否有德而行仁政。他说:"君之视臣如手足,则臣视君如腹心;君之视臣如犬马,则臣视君如国人;君之视臣如土芥,则臣视君如寇仇。"(《孟子·离娄下》)臣民的向背取决于君主是否修身。然而,君主专制制度毕竟为君主不修身而暴民留下了漏洞。当君主放弃修身而肆意侵犯人民的权益,尤其是超过人民的生存底线时,人们是可以"暴君放伐"的。贵戚之卿对于修身不够的国君,"有大过则谏,反复而不听,则易位。"(《孟子·万章下》)他认为"暴君"不可以视为君,而是残贼独夫。"贼仁者谓之贼,贼义者谓之残,残贼之人谓之一夫。闻诛一夫纣矣,未闻弑君也。"(《孟子·梁惠王下》)"暴君放伐"论为君主的行为设定了制约条件,是君主专制制度的一种救济设计,这在帝国初创阶段和上升时期,对于积极进取的地主阶级是有积极意义的。

第三节　荀子对先秦儒家传统的突破

西周末年,以血缘关系为基础的宗法制度渐趋崩溃,原有的社会秩序遭到根本性破坏。以恢复旧秩序为己任的思想家孔子清醒地认识到,宗法制度之所以得不到遵守,就是因为以祖先祭祀为表现形式的原始宗族崇拜被人们日益觉醒的主体意识所代替。人们不再是自然的盲从,而是根据自己获得现实利益的需求肆意践踏约束不同等级身份者的礼。要把人们重新引导进礼的规范,就要让社会成员在心理上树立一种敬畏意识,从而使其在内在的约束下,自觉自愿地遵守客观外在的社会规范——礼。在历史上他第一次根据社会主体的情感提出"仁"的哲学思想体系。他企图通过启发人的自然的血缘情感,建立起人的道德文化心理,从而使"孝悌""仁义"等范畴成为人们的宗教性道德追求。孔子所创立的"仁"的哲学思想体系也就成为他所创立的儒家学派的思想基础,由于这种思想体系所追求的目标是使人建立起道德文化心理,因此,重视道德情感、道德心理、道德评价,强调道德教育、人治也就成为儒家的基本传统,成为先秦儒家区别于其他各家的基本标志之一。

身处战国后期的荀子,秉承儒家的传统,讲"修身",讲礼义教化。他在《荀子·君道》中说:"请问为国?曰闻修身,未尝闻为国也。"他强调君子在治国中的作用。"君子者,治之原也""有治人,无治法。"(《荀子·君道》,本节引此书只注篇名)完全是儒家本色。但荀子毕竟是生活在战国后期,其时七国均通过变法已初步建立了君主专制制度,而且兼并战争已接近了最后的决战时刻。荀子两次游学于齐,在稷下讲学时曾看到前期法家的著作,尤其是他打破儒者西行不到秦的传统,亲见秦"威强乎汤武,广大乎尧舜"的"治之至"(《强国》)的法治局面,认识到像孟子那样只空洞地从理论上论述儒家"德治""仁政"的思想,已不能使人们通过道德追求建立新的秩序,道德的自我约束已在诸侯争雄逐霸的残酷现实面前败下阵来。荀子在为已建立起来的诸侯政权富国强兵献计献策的同时,在主体之外寻找价值根源,把孔孟所追求的道德敬畏修正为对外在的礼法规范的敬畏,把内在的道德追求发展为外在的客观规范约束,只不过他还没有像后来韩非那样只信赖外在法的强制,而不关注行为者的内心情感和道德评价。

一、道德价值外在根源的思想

荀子从商鞅的"民性有欲"(《商君书·算地》)以及民趋名利的思想得到启示,提出了与孟子相反的人性理论——性恶论。他说:"今人之性,生而有好利焉,顺是,故争夺生而辞让亡焉。生而有疾恶焉,顺是,故残贼生而忠信亡焉。生而有耳目之欲,有好声色焉,顺是,故淫乱生而仁义文理亡焉。"(《性恶》)荀子所谓"性"乃"天之就也,不可学,不可事"(《性恶》)。"生而有""天之就"的"不可学,不可事"之性,显指人生而有之本能。

人性既恶,何以导之为善?荀子提出"伪"的方法。"从人之性,顺人之情,必出于争夺,合于犯分、乱理而归于暴,故必将有师法之化,礼义之道,然后出辞让,合于文理,而归于治。用此观之,然则,人之性恶,明矣。其善者伪也。"(《性恶》)人之本能,待师法礼义而化,伪之为善,即通过礼义教育、文化陶冶而改正其"恶性",从而为"正"。"今人之性恶,必将待师法然后正,得礼义然后治。"(《性恶》)荀子并不像法家那样利用人之好恶,通过刑赏引人在行动上合法,不计较人之道德善恶,而是希望把外在的圣人的礼法内化为人的内心道德。人之性恶决定了价值根源不在主体内在,更不存在先验的"四端"。那么人的道德怎么建立?荀子第一次提出了价值根源的外在说。"问者曰:'人之性恶,则礼义恶生？应之曰：凡礼义者，是生于圣人之伪，非故生于人之性也。故陶人埏埴而为器，然则器生于陶人之伪，非故生于人之性也。'"（《性恶》）人能克服本能而向善是圣人制订的礼义的外来改造的结果，是外在价值的内化。然则，既为性恶，人为什么能克服本性而向善？荀子认为，人虽性恶，但人都有知礼义之质。"涂之人可以为禹。曷谓也？曰：凡禹之所以为禹者，以其为仁义法正也。然则仁义法正，有可知可能之理。然而涂之人也，皆有可以知仁义法正之质，皆有可以能仁义法正之具，然则其可以为禹明矣。"（《性恶》）这个"质""具"就是"心"，"心"能辨别是非善恶。"心虑而能为之动，谓之伪。""心不可劫而使易意，是之则受，非之则辞。"（《解蔽》）心辨别善恶而决定受拒，选择行动，他的"心"虽有选择能力，但毕竟只是洞见外在的理，终非孟子的"心"，不是自我立法的意志，不具有所谓"四端"的道德自觉，即价值根源。"故人心譬如槃水，正错而勿动，则湛浊在下，而清明在上，则足以见须眉而察理矣。微风过之，湛浊动乎下，清明乱于上，则不可以得大形之正也。心亦如是矣。故导之以理，养之以清，物莫之倾，则足以定是非决嫌疑矣。"（《解蔽》）心本无价值观，而只是照见外在的理，保持虚静的心，照见万理，亦即知道圣王所制的礼义法度。荀子的价值来源是圣人，是圣人制礼义、起法度，心只是观照，受教化，始终没有价值的内容，这与孔孟是不同的。但荀子身处各国君主专制制度已普遍建立的时代背景下，他已清晰地看到孟子的"性善四端"之说为世人冷漠且被证明是不切实际的，从为世主所用的现实和为君主专制制度做论证的需要出发，把价值根源归于圣人、圣君，也是具有极强的时代现实意义的。

那么，圣人根据什么制礼？这又涉及荀子的另一个哲学范畴，那就是"天"。《荀子·王制》说："君子者，天地之参也。"这大概是后世"天人合一"，尤其是董仲舒"天人感应"思想的先导。

荀子既讲"天人之分",又讲"天人合一"。在讲农业生产时,他主张不要向天屈服,要"制天命而用之";在讲处理人事时又要重视天(他这里的天是指客观规律而非人格神的天),认为圣人若能"清其天君,正其天官,备其天养,顺其天政,养其天情"(《天论》),即认真虚心地体察客观规律,就能制定出礼法。这样就把圣人制定的礼法最终归根于客观的天,实质上就是把体现君主专制制度礼法的合理性归根于天,把社会成员敬畏心理建立的根源也指向了外在的客观的天。

二、提高了法的地位

荀子既认礼义为道德之外在价值根源,则极力强调礼的重要性。"国无礼则不正。礼之所以正国也,譬之犹权衡之于轻重也,犹绳墨之于曲直也,犹规矩之于方圆也。"(《王霸》)"礼者,治辩之极也,强固之本也,威行之道也。"(《议兵》)"礼者,人道之极也。"(《礼论》)

基于他的性恶论,荀子并不认为仅凭圣王的礼义教化就都能化性起伪,而是主张"礼法并用"。"古者圣人以人之性恶,以为偏险而不正,悖乱而不治,故为之立君上之势以临之,明礼义以化之,起法正以治之,重刑罚以禁之,使天下皆出于治,合于善也。"(《性恶》)"礼义化之"的同时,还要"法正(政)治之""刑罚禁之"。因此,荀子说:"隆礼至法则国有常。"(《君道》)

荀子倡"礼法并用"的另一个表现是,他释礼为法,"礼法"并提,"故学也者,礼法也。"(《修身》)"礼法"是荀子提出的一个新范畴,既含有礼法相加的内容,又含有二者同属的关系。"礼者,法之大分,类之纲纪也。"(《礼论》)礼是法的基本精神和总纲领,礼统摄法。他说:"礼义生而制法度。"法是依据礼义制定的,仍然秉持儒家的传统。荀子关于礼产生的目的是"定分止争"的提法,在早期的法家的学说中都已有过。慎到说:"积兔满市,行者不顾,非不欲兔也,分已定矣,人虽鄙不争。"(《吕氏春秋·慎势》引《慎子》)《管子·七臣七主》更明确地说:"夫法者,所以兴功惧暴也。律者,所以定分止争也。"不同的是法家说的是法,而荀子说的是礼。如前所说,荀子的礼中已含有大量的法,二者说的其实很接近,都含有国家制度、规范的内容。荀子多次把礼比作权衡、规矩、绳墨,强调规范的客观性、不可移易的标准性。"礼之所以正国也,譬之犹权衡之于轻重也,犹绳墨之于曲直也,犹规矩之于方圆也,既错之而人莫之能诬也。"(《王霸》)而此前的法家讲到法的特征时也以之作为比喻:"先王悬权衡,立尺寸,而至今法之,其分明也。夫释权衡而断轻重,废尺寸而意长短,虽察,商贾不用,为其不必也。"(《商君书·开塞》)不仅比喻相同,连文法也几无二致,从中可看出荀况的思想承自商鞅,也显示出了荀子以礼做法的信息。

荀子重法,同样是重视外在价值根源的体现,他不仅通过法的客观外在约束来保证规定社会秩序的礼法实行,更是通过执法行为在人的心里树起敬畏的道德。

三、吸纳术势思想作为实现外在价值的保障

荀子多年讲学于稷下学宫,接触到了各派学说,包括曾影响齐国政治变法的《管子》,尤其是他曾到过秦,对法家的思想有较多理解,因而他的思想中,在儒家思想的主流外,重视法家提出的术势对执行礼法的作用。

1. 荀子主张礼义教化使人的"恶性"起"伪",但他并不认为仅靠礼义教化就能改变人的恶性,而要辅之以势、法。他说:"故古者圣人以人之性恶,以为偏险而不正,悖乱而不治,故为之立君上之势以临之,明礼义以化之,起法正以治之,重刑罚以禁之,使天下皆出于治,合于善也。"(《性恶》)礼义教化是以"君势以临之"为前提条件的,辅之以"法正以治之,重刑罚以禁之",才能发

挥"起伪"的作用。这不仅吸收了慎到等的"势"的思想,而且吸收了法家重在造成人之不能为非的客观条件的思想,已逐渐弥补了儒家一味讲德治的缺陷,确立了"导惩"结合的较客观全面的法律思想。当然,他也继承了法家重赏重罚的思想。他认为:"赏庆刑罚势诈之为道者,佣徒鬻卖之道也。"(《议兵》)君主使用赏罚就像做买卖一样,"悬贵爵重赏于其前,悬明刑大辱于其后,虽欲无化,能乎哉?"(《议兵》)这种思想被后来的韩非及秦统治者发展到极致,但荀子本人的重赏重罚仍在"化"人,这与韩非等后来者是不同的。

2. 荀子既主张人治,而又主张君主"自为""垂衣裳而天下定","参验"考核驾驭群臣的"术"。认为君主的职责是"选相""尚贤使能",则考察官吏就是君主的实质性责任。只有通过考察、考验官吏,才能真正了解他们,从而更有效地驾驭他们,他说:"校之以礼,而观其能安敬也;与之举措迁移,而观其能应变也;与之安燕,而观其能无流慆也;接之以声色、权利、愤怒、患险,而观其能无离守也。"(《君道》)很明显是接受了法家"术"的思想,所不同的是法家更多的是主张秘密的权术,而荀子则是主张公开的考察。后世统治者都重视官吏考核并逐渐形成了制度,对于君主专制政权的稳定和社会的发展发挥了重要作用。

中国传统政治法律思想至荀子完成了其结构过程,后人称这一综合理论为"内圣外王"之学。孟子在"内圣"上发展孔学做出了贡献,荀子则否定了孔孟的价值内在而在"外王"方面集各家之大成。荀子所创"礼法并用"的思想结构在经过了秦亡的历史之后为汉代以降的统治者所通用。正如清末谭嗣同所说:"二千年来之学,荀学也。"(《仁学》)

第四节　韩非否定道德意义的法律思想

儒家学说之根本特征在于重视人的道德价值，其提出的礼治、德治都是以建立人的合乎社会统治需要的内心道德价值观为指归，希望社会成员自愿遵守社会秩序所需要的社会规范，其所关注的重点在人之自觉、自愿的自我约束。然而，春秋战国以来争城略地的实践已清楚地证明，儒家的一套理论只是思想家的一厢情愿，对于当时只图富国强兵的君主无异于画饼充饥，这并不能解近渴。商鞅说秦孝公先以王道，"语事良久，孝公时时睡，不听"；后说以霸道，孝公"不自知跀（膝）之前于席也。语数日不厌"。（《史记·商君列传》）于是，在商鞅的辅佐下，秦孝公开始了秦国的变法。孟子见梁惠王，梁惠王开门便问："叟不远千里而来，亦将有以利吾国乎？"（《孟子·梁惠王上》）离宗法社会已远，社会政治完全丢掉了血缘关系的色彩，人们已经不再相信仁义的道德追求，而只关心眼前的实在利益，儒家理论受到了空前的挑战。

先秦儒家阵营中最后一个思想家荀子，正视社会现实，否定了人先天有"仁义礼智"善端的"性善论"，承认人具有好利恶害的本性，他认为这种本性是恶的，是破坏社会秩序的根源。这种认识似乎冲出了儒家的营垒，不再承认人的内心道德价值在遵守社会秩序中的主导地位。但是，荀子虽然不承认价值根源在人的内心，但他认为人的"恶性"是可以通过教育得到改造的，这就是他提出的"伪"。"今人之性，生而有好利焉，顺是，故争夺生而辞让亡焉……然则从人之性，顺人之情，必出于争夺，合于犯分乱理而归于暴，故必将有师法之化，礼义之道，然后出于辞让，合于文理，而归于治。由此观之，然则人之性恶明矣，其善者伪也。"（《荀子·性恶》）人之性恶是社会现实，要使人行善，必经圣人"师法之化",即礼义教育。"礼义者,圣人之所生也,人之所学而能,所事而成者也。"(《荀子·性恶》)荀子否定了人内心的价值根源,找到了外在的价值根源,但他最后又回到了儒家的基本立场上,肯定人通过教育能起伪行善,即在人内心建立起符合圣人价值观的道德,人之善行仍发于内心的道德。既然人的善德是靠圣人的教化,而人心之接受如水之照物,那么"微风过之,湛浊动乎下,清明乱于上,则不可以得大形之正也"(《荀子·解蔽》),心不正、不明,则不能接受正确的教育,这就不能排除有不守礼法的恶行,甚至犯罪。因此,荀子较孔孟更重视法、刑的作用,他说:"故古者圣人以人之性恶,以为偏险而不正,悖乱而不治,故为之立君上之势以临之,明礼义以化之,起法正以治之,重刑罚以禁之,使天下皆出于治、合于善也。"(《荀子·性恶》)他已不再把人守礼法的约束寄托在人的内心自觉,而是构筑了外在的威势。不仅有君上之势,礼义之化,更有法正约束和刑罚严禁。在这样一种威吓下,人们接受礼义的教育而主动为善,实际上是人不得不为善。荀子的价值观具有了心理敬畏的内容,克服了此前儒家完全依靠自觉道德约束的软弱无力,又不像其后的韩非子否定道德追求而主张纯粹的暴力。

韩非接受了乃师荀子关于人之好恶的观点,认为"夫民之性,恶劳而乐佚。"(《韩非子·心度》,本节引此书只注篇名)"喜利畏罪,人莫不然。"(《难二》)"人情皆喜贵恶贱。"(《难三》)但是他并不认为这种人性是"恶"的。"凡治天下必因人情。人情者有好恶,故赏罚可用。"(《八经》)人的好恶是君主行赏罚的基础和根据,因人好利,赏才能发挥诱导和鼓励作用;因人恶罚,刑才起到威吓作用。"夫耕之用力也劳,而民为之者,曰:可得以富也。战之为事也危,而民为之者,曰:可得以贵也。"(《五蠹》)赏罚符合人的本性,甚至使人为了获赏避罚而违犯本来的好恶。"鳣似蛇,蚕似蠋。人见蛇,则惊骇;见蠋,则毛起。渔者持鳣,妇人拾蚕,利之所在,皆为贲诸。"(《说林下》)是好利的本性使人战胜了恐惧的心理。韩非认为,人之所以能如此,源于人的计算之心。在利与害、大利与小利、小害与大害面前,人能聪明地进行比较进而进行选择。"父母之于子也,产男则相贺,产女则杀之。此俱出父母之怀衽,然男子受贺,女子杀之者,虑其后便,计之长利也。故父母之于子也,犹用计算之心以相待也,而况无父子之泽乎?"(《六反》)甚至犯不犯罪,也是计算利害的结果。他举例说:"荆南之地,丽水之中生金,人多窃采。采金之禁,得而辄辜磔于市。甚众,壅离其水也,而人窃金不止。大罪莫重辜磔于市,犹不止者,不必得也。故今有于此,曰:'予汝天下而杀汝身'。庸人不为也。夫有天下,大利也,犹不为者,知必死。"(《内储说上》)"布帛寻常,庸人不释;铄金百溢(镒),盗跖不掇。不必害则不释寻常,必害手则不掇百溢。"(《五蠹》)权衡无害,则寻常之利也不释;知必害,虽百镒也不取,即使允以天下,如必受辜磔,人们也会因必然丢掉生命之大害而不受得天下之大利。

基于对人都有计算之心的基本认识,韩非确立了如下价值观:

一、否定道德在治国中的价值

既然人性好利恶害且能计较利害得失,那治理国家就要因人之情,应人之好而用赏,由人之恶而使刑。"凡治天下,必因人情。人情者,有好恶,故赏罚可用;赏罚可用,则禁令可立而治道具矣。"(《八经》)"圣王之立法也,其赏足以劝善,其威足以胜暴。"(《守道》)用赏刑两种手段即可鼓励人为善,禁止其为恶。只要能收到劝善禁恶的效果。就达到了君主统治的目的,不必考虑行为人的内心道德如何。他认为行为人的道德好坏不是统治所指向的对象,统治只指向人好利恶害的本性。他说:"夫圣人之治国,不恃人之为吾善也,而用其不得为非也。"(《显学》)何况,在现实中的一些善行并不是发自"善德",而是由于行为人的自利之心。"医善吮人之伤,含人之血,非骨肉之亲也,利所加也。故舆人成舆,则欲人之富贵;匠人成棺,则欲之夭死也。非舆人仁而匠人贼也,人不贵,则舆不售;人不死,则棺不买。情非憎人也,利在人之死也。"(《备内》)但考查《韩非子》全书,他从没有否定有道德高尚的人的存在,只是认为这样的人太少了,如果统治者依赖人们有好道德,就如同制车轮只靠自圆之木,那是"千年一轮"。"恃人之为吾善也,境内不什数;用人不得为非,一国可使齐。为治者用众而舍寡,故不务德而务法。"(《显学》)不否定人的道德,而是主张在统治中不依靠人有好道德。

韩非不仅不把人之好恶视为"性恶",而且认为人的好恶是统治者不可缺少的。"人不乐生,则主不尊;不重死,则令不行也。"(《安危》)没有人的好恶,则君主的赏无以劝,罚无以禁。"夫见利不喜,上虽厚赏无以劝之;临难不恐,上虽严刑无以威之;此之谓不令之民也。"(《说疑》)因而对于那些世俗推崇的没有好恶的"贤人"大加挞伐,认为他们是"不令之民""无益之臣"。"古者有伯夷、叔齐者,武王让以天下而弗受,二人饿死首阳之陵。若此臣,不畏重诛,不利重赏,不可以罚禁,不可以赏使也,此之谓无益之臣也。"(《奸劫弑臣》)

由于统治中不依靠人有好道德,其必然结论就是否定道德教育的必要。"明主之国,无书简之文,以法为教;无先王之语,以吏为师。"(《五蠹》)"以法为教""以吏为师",除了法律条文的宣传,更主要的仍是通过赏罚"二柄"的运用对社会的影响;"赏莫如厚,使民利之;誉莫如美,使民荣之;诛莫如重,使民畏之;毁莫如恶,使民耻之。"(《八经》)赏誉诛毁与孔子所提倡的"有耻且格"不同,前者是外在的,通过赏誉诛毁造成一个外在的客观环境,使人在好利恶害的自为心驱使下,"利之""荣之""畏之""耻之",而非使人内心耻之而自觉约束,把内心的约束完全植根于外在的赏诛。这里有了内心"敬畏"的内容,但却完全抛掉了儒家的道德追求。

为了保证赏罚的效果,韩非坚定地主张赏誉、刑毁价值取向要一致。"誉辅其赏,罚随其罪,则贤不肖俱尽力矣。"(《五蠹》)"赏誉同轨,非诛俱行,然则民无荣于赏之内(《韩非子》原文此句有脱谬)。有重罚者必有恶名,故民畏。"(《八经》)而"赏者有诽焉不足以劝,罚者有誉焉不足以禁"(《八经》),如果"利所禁,禁所利,虽神不行;誉所罚,毁所赏,虽尧不治"(《外储说右下》)。韩非认为,秦国未治的原因,就是君主的誉毁与赏刑相悖:"法之所非,君之所取;吏之所诛,上下所养也。法趣上下,四相反也,而无所定,虽有十皇帝不能治也。"(《五蠹》)尤其是秦法鼓励耕战,反对仁义,而崇尚"仁义"的儒者,就与国家法律相矛盾,"为治相反"(《诡使》),必然造成混乱。他明确建议:"行仁义者非所誉,誉之则害功;文学者非所用,用之则乱法。"(《五蠹》)

二、君臣间是利害关系而御臣不能依靠臣"忠心"

韩子作为"君主专制"的鼓吹者,非常重视君臣的统治服从关系,认为这是君主专制制度赖以生存和运行的根本。"臣事君,子事父,妻事夫三者顺则天下治,三者逆则天下乱,此天下之常道也,明主贤臣而不易也。"(《忠孝》)君臣、父子、夫妇三者的关系是统治与服从的关系,这一思想是孔子最先提出来的,但孔子和孟子均主张维护这种关系,双方均有一定的义务。孔子说:"君使臣以礼,臣事君以忠。"(《论语·八佾》)孟子说:"君之视臣如手足,则臣视君如腹心;君之视臣如犬马,则臣视君如国人;君之视臣如土芥,则臣视君如寇雠。"(《孟子·离娄下》)君臣关系能否保证,双方都有责任,而且责任的主要方面在于君。如果君无道,不能使臣以礼,那臣就不会事君以忠,甚至可以视君为寇雠,进而可以"诛一夫",这就是孟子提出的暴君放伐。这是思想家设计的专制制度的救济措施,具有一定的民主思想成分。韩非则主张绝对君主专制,要求君对臣、父对子、夫对妻的统治关系是绝对的,不能有丝毫的违反,即使君失道也绝对不能反抗,更不要说推翻取代了。他说:"冠虽穿弊,必戴于头;履虽五采,必践之于地。"(《外储说右下》)韩非彻底否定了儒家设想的悬在君主头上的制约,而把君主专制抬到了不可动摇的至高位置。汉儒董仲舒提出的"三纲"实际上是全盘接受韩非的观点,并非是历史上的贡献。

与治国不依靠人有好道德同理,韩非认为君臣之间是纯粹的利益交换关系,"君臣也者,以计合者也。"(《饰邪》)"君臣之交,计也。"(《难一》)"臣尽死力以与君市,君垂爵禄以与臣市。君臣之际,非父子之亲也,计算之所出也。"(《难一》)君臣是相互买卖关系,君臣不能把国家治理有效和安定的希望寄托在臣下的"忠""爱"上。"圣人之治国也,固有使人不得不爱我之道,而不恃人之以爱为我也。恃人之以爱为我者危矣,恃吾不可不为者安矣。夫君臣非有骨肉之亲,正直之道可以得利,则臣尽力以事主;正直之道不可以得安,则臣行私以干上。明主知之,故设利害之道以示天下而已矣。"(《奸劫弑臣》)在韩非看来,君臣没有血缘亲情,臣之所以不得不效忠于君主,是迫于君主之势。不管臣下是否"忠心"、诚意,只要他在客观上履行责任,不违背法律,就达到了御臣的目的。因此,君主要治理好国家,不要靠臣下的忠心,而要靠自己,靠造成一种臣下不得不为的"势"。"人臣之于其君,非有骨肉之亲也,缚于势而不得不事也。"(《备内》)这个势是以运用赏罚"二柄"造成的。"赏罚者,利器也。"(《内储说下》)"故先王明赏以劝之,严刑以威之。"(《饰邪》)"爵禄生于有功,诛罚生于有罪,臣明于此,则尽死力而忠君也。"(《外储说右下》)所以"明主者,不恃其不我叛也,恃吾不可叛;不恃其不我欺也，恃吾不可欺也。"(《外储说左下》)由赏罚造成一种威势，使臣下不能叛，不可叛。因此韩非主张君主治国要"自恃无恃人"(《外储说右下》)，即治理国家不要靠臣"忠"，而要靠君主自己使臣下不得不忠。

韩非也强调要忠君，他说："尽力守法，专心于事主者为忠臣。"(《忠孝》)但韩非所谓的忠臣，也是客观上为国家做出贡献的人。"忠臣者，外无敌国之患，内无乱臣之忧，长安于天下，而名垂后世，所谓忠也。"(《奸劫弑臣》)他在《奸劫弑臣》篇中就大加赞赏伊尹、管仲、商鞅为忠臣，而否认为智伯报仇的家臣豫让是"忠臣"。"夫豫让为智伯臣也，上不能说人主使之明法术度数之理以避祸难之患，下不能领御其众以安其国。及襄子之杀智伯也，豫让乃自黔劓，败其形容，以为智伯报襄子之仇。是虽有残刑杀身以为人主之名，而实无益于智伯若秋毫之末。"(《奸劫弑臣》)

他甚至认为尧、舜、汤、武也不是忠臣。尧使舜为君是"为人君而君其臣"，舜代尧为君是"为人臣而臣其君"，汤、武杀桀纣是"为人臣而弑其主"，都违忠孝之道，然而"天下皆以孝悌忠顺之道为是也，而莫知察孝悌忠顺之道而审行之，是以天下乱"。(《忠孝》)

从上引一段也可看出，韩非子并不否定孝悌忠顺等行为，而且认为臣下孝悌忠顺是天下之通道，是国安政理的基本要求，他与儒家的区别在于主张治理国家不要追求或在意人们内心是否有孝悌忠顺的道德价值，只要人们客观上做到这些就够了，这是他价值观的必然结论。

三、否定施政以"仁""爱"

正如前述，韩非认为基于人之"自为"，君主治国恃刑赏"二柄"，而不恃道德化成；治臣恃势之使臣不得不为，而不恃臣之忠心。他反对儒家的"爱人"与"仁政"的主张,认为人们不是因为君主的仁爱才服从、效劳于君主的,而是服从君主之势,是君主刑赏的结果。"彼民之所以为我用者,非以吾爱之为我用者也,以吾势为我用者也。吾释势与民相收。若是,吾适不爱而民因不为我用也。故遂绝爱道也。"(《外储说右下》)韩非强调,君主治理国家的关键是"正赏罚而非仁下也"(《外储说右下》)。因为,"施与贫者,此世之所谓仁义;哀怜百姓不忍诛罚者,此世之所谓惠爱也。夫有施与贫困,则无功得赏;不忍诛罚,则暴乱不止。国有无功得赏者,则民不外务当敌斩首,内不急力田疾作,皆欲行货财事富贵,为私善立名誉,以取尊官厚俸。"(《奸劫弑臣》)君主施仁政,不仅不能使臣更加守法忠君,而且会鼓励他们不务耕战,用不正当手段获得富贵,这显然与富国强兵的基本国策相悖。"仁"又是亡国之举。"仁者,慈惠而轻财也;……不忍则罚多宥赦,好与则赏多无功。……故曰:'仁,暴者,皆亡国也。'"(《八说》)他从人的习性分析了施仁政的危害。"富家之爱子,财货足用,财货足用则轻用,轻用则侈泰;亲爱之则不忍,不忍则骄恣。"(《六反》)他以"父母之爱不足以教子,必待州部之严刑"为例说明"民固骄于爱、听于威矣"。(《五蠹》)由"慈母有败子,严父无格虏"的社会经验说明君主对民厚爱必招致败乱的结果。

"仁爱"又是破坏法治的行为。"赏罚"的基本原则是"赏当其功,罚当其罪",而"慈者不忍,而惠者好与也。不忍则不诛有过,好予则不待有功而赏。有过不罚,无功受赏,虽亡,不亦可乎?"(《内储说上》)因此他反对无功者赏,有罪者不诛,他甚至认为即使灾荒时君主亦不应该赈济。有一年秦发生大灾荒,有人建议以五苑之蔬果以活民,襄王曰:"吾秦法,使民有功而受赏,有罪而受诛。今发五苑者,使民有功与无功俱赏者也。夫使民有功与无功俱赏者,此乱之道也。夫发五苑之乱,不如弃枣蔬而治。"(《外储说右下》)韩非在理论上保持了他思想的一致性,但却违背了起码的人道,也放弃了国家的最基本责任,这体现了他思想极端的一面。

四、"重刑"是基于人情

"重刑"几乎是法家的标签,后世对法家的诟病也几乎千口一词地指向法家重刑,然而法家认为重刑是符合人情的,重刑能达到去刑的目的。

韩非认为:"法重者得人情,禁轻者失事实。"(《制分》)人情是好利恶害,人有计算之心,能够权衡比较,两益相权取其重,两害相较取其轻。首先,行为获得利益与行为所付出的代价相比较,得益优于代价则为之,相反则不为。"所谓重刑者,奸之所利者细,而上之所加焉者大也。民不以小利蒙大罪,故奸必止者。"(《六反》)因害怕小的犯罪招来重的刑罚,所以不敢再犯罪,故曰"重刑去刑"。

其次,阻止轻罪与阻止重罪相比较,前者更容易。他引商鞅的话:"行刑重其轻者,轻者不至,重者不来,是谓以刑去刑也。"(《内储说上》)韩非分析"刑弃灰于道"的道理:"夫重罚者,人之所恶也,而无弃灰,人之所易也。使人行之所易,而无离(罹)所恶,此治之道。"(《内储说上》)"重罪者人之所难犯也,而小过者人之所易去也,使人去其所易无离(罹)所难,此治之道。夫小过不生,大罪不至,是人无罪而乱不生也。"(《内储说上》)他还以爬山为例,人不会跌倒在高山面前,但往往在小土包面前跌倒,原因是人们重视高山则会谨慎地爬上去,而小土包不被重视却会使人跌倒。轻刑就不会为人所重视所以易犯。

再次,从用刑结果相比较,只有重刑能止奸。"夫以重止者,未必以轻止也;以轻止者,必以重止矣。"(《六反》)以轻刑止不住重奸,而重刑必能止住轻奸,故重刑能尽止奸。

最后，只有"刑必"，重刑才能发挥作用。韩非举例，有法令规定，乱采金者抓住就处辜磔极刑，但采金的人仍非常多，原因是只规定了非常重的刑罚，而实际不一定处罚，所以人们不怕。而有个人说给你天下但要杀掉你，庸人也不干，原因是得天下必死。所以他得出结论，辜磔不算不重，因不一定能处罚，故人们不怕而奸不止。只要必死，即使能得到天下，人们也不会去干。重刑止奸的保证是"刑必"，即必然能给予法定处罚。虽重刑而奸不止者，概都肇于刑不必。历史经验已证明了这一点。

第五节　韩非的君主专制政权运行架构的政治法律思想

韩非以计算利害之自为心为人之本性，否定价值道德根源在人的内心，将社会统治建立在对人性的引诱利用之上，将社会价值完全建立在外在的法律规范上，而这个规范的根源是君主意愿，其得以执行的根本保证是专制君主的地位和权势。韩非为建立和加强专制君主的不可侵犯的统治地位和权势，总结并完善前期法家的思想理论，不仅明确了"法""术""势"三个政治范畴的规定性，进而阐述了三者紧密配合对于君主势位巩固的必要性，形成了支撑整个君主专制社会的政治法律思想体系。

一、贵贱一体遵行的外在规范——法

韩非以"赏""罚"为君主统治的两种基本工具，但他不认为使用这两种工具是君主随心所欲的，而是主张行赏罚要按君主所立的法的标准。韩非的法具有如下质的规定性：

（1）法是客观的外在规范。法家对于宗法制度下礼藏于贵族心中、对社会成员行为的价值判断以及处罚由贵族主观决定的传统予以彻底否定，提出作为客观外在行为标准的法。不管

慎到、商鞅，还是韩非都把法比喻作丈量长短的尺寸，衡量轻重的权衡，规范曲直的绳墨。韩非说："寄治乱于法术，托是非于赏罚，属轻重于权衡。"(《韩非子·大体》，本节引此书只注篇名)他认为这些客观的外在的标准，是公开的，人不得以自己的意志来改变或抛开法来臆断。韩非说："释法制，而妄怒，虽杀戮而奸人不恐。……有赏罚而无喜怒，故圣人极；有刑法而死，无螫毒，故奸人服。"(《用人》)

(2) 法是公布的成文法。韩非所说的法，不再是孔子之前礼法不分的法，而是业经公布的成文法。"法者，编著之图籍，设之于官府，而布之于百姓者也。"(《难三》)

(3) 法是讲信的。法的规定与行为的后果是一致的，即行为人行为所带来的后果，必然是法律规定的，也是行为人事前预知的。商鞅、吴起为表示法有信都曾做过"徙木""徙辕"的表演。韩非子明确表示："赏厚而信，人轻敌矣；刑重而必，夫人不北。"(《难三》)"赏罚不信则禁令不行。"(《外储说右上》)《韩非子》中有一个与"信"同义的概念"必"，就是一定的意思，即法律的规定"必须"执行，法律规定的后果在实践中"必然"实现。"刑罚不必则禁令不行。"(《内储说上》)韩非清楚地认识到，仅靠重刑并不能止奸，只有"刑必"才是止奸的根本。他举例说："荆南之地，丽水之中生金，人多窃采金。采金之禁，得而辄辜磔于市。甚众，壅离其水也，而人窃金不止。大罪莫重辜磔于市，犹不止者，不必得也。故今有于此曰：'予汝天下而杀汝身。'庸人不为也。"(《内储说上》)辜磔之刑可谓甚重，但盗采金者仍"甚众"，而"予汝天下"可谓大利，但庸人都不为，其根本原因在于前者刑重但不一定会受刑，后者利虽大但"必"杀身。故韩非得出明确的结论："不必得也，则虽辜磔，窃金不止；知必死，则天下不为也。"(《内储说上》)"必"的认识不仅把法作为与民讲信的约定，而且明确认识到法得到执行的关键在于"必"。"必"包括两方面的内容,一是君主及各级执法官吏对行为人的行为(包括"功、罪")必知,而且罪人"必得"。"臣有奸必知,知者必诛"(《人说》),"奸莫不得"(《奸劫弑臣》)。二是必须按法律规定赏罚。"犯之者其诛重而必,告之者其赏厚而信"(《奸劫弑臣》)。法"信"刑"必",就能使人们对法有信任,最终在人的内心树立法的规范约束,因追求赏竦惧罚而在行动上主动守法,由外在移到内心。"法者,宪令著于官府,刑罚必于民心。"(《定法》)人之荣辱是各自行为的结果,而且这种结果是事前预知的。"荣辱之责在乎己,而不在乎人。"(《大体》)

(4)法是统一一致的。法既是成文的客观规范,则任何一条法令,精神都必须是一致的,不能相互矛盾。"法莫如一而固,使民知之。"(《五蠹》)他在批评申不害的失误时说:"晋之故法未息,而韩之新法又生;先君之令未收,而后君之令又下。申不害不擅其法,不一其宪令,则奸多。故利在故法前令,则道之;利在新法后令,则道之。"(《定法》)不同法律的规定相互矛盾,臣下就会在法律之间进行选择,利用法律规定的不同,选择对自己有利或害小的条文。申不害因不能"一其宪令",故虽十次说韩昭侯用术,韩国仍不能成就霸业。

(5)法是稳定不易变的。在历史观上他主张法因时而变,这也是为专制君主之法代替宗法之法的合理性寻找理论根据。但对新建立起来的君主专制政权所立之法,他认为应保持稳定,不能轻易变化。"凡法令更则利害易,利害易则民务变""治大国而数变法,则民苦之。是以有道之君贵静,不重变法"(《解老》)。

(6)法的规定是明晓易行的。韩非主张法的规定必须通俗易知,不能是"微妙之言"。"微妙之言,上智之所难知也。今为众人法,而以上智之所难知,则民无从识之矣。"(《五蠹》)认为法律法规不能用只有那些有较高知识水平的人才能看懂的语言,"察士然后能知之,不可以为令,夫民不尽察。"(《八说》)法律规定的内容应是人能够做到的,即所赏的行为是人们努力能够达到的,所禁的是人们可避免的。"立可为之赏,设可避之罚"的"可行之法"(《用人》),才能收到引导约束人们行动的效果,而"立难为而罪不及,则怨生""其法易行,故令行。"(《用人》)

(7) 法具有最高权威。法的权威是最高的,是衡量一切是非功过的标准。"令者,言最贵者也;法,事最适者也。言无二贵,法不两适,故言行而不轨于法令者必禁。"(《问辩》)不允许任何人以任何理由在法之外另有是非标准,也不允许不按法的规定另有赏罚。"人主使人臣虽有智能,不得背法而制;虽有贤行,不得逾功而先劳;虽有忠信,不得释法而不禁,此之谓明法。"(《南面》)

(8) 法为"公"立。韩非认为,法是为"公"而立的,反对私利,私意。他说:"立法令者,所以废私也;法令行而私道废矣。"(《诡使》)在《韩非子》中,公、私是经常对举的一对范畴,还从造字原理上论证"公"与"私"的区别:"古者仓颉之作书也,自环者谓之私,背私谓之公,公私之相背也。"(《五蠹》)当然,他所谓的"公"是指国家、整体,亦即专制君主,他所指的"私"是包括各级官吏的一切个人或利益集团。只要不是按法办事的行为都是"私"行。"明主之国,官不敢枉法,吏不敢为私利,货赂不行,是境内之事尽如衡石也。"(《八说》)他还举"私事不入公门"的事例说明官吏在职位上不处理"公事"以外私事的主张。因法代表公,执法是维护公利的体现,韩非认为即使君主也不能丢掉法律之公而以私意断事。"明主之道,必明于公私之分,明法制,去私恩。夫令必行,禁必止,人主之公义也。"(《饰邪》)

(9) 执法必须废私意而行公事。法作为公意的体现,是上下共同遵守的规范,具有普遍的约束力。"矫上之失,诘下之邪,治乱决缪,绌羡齐非,一民之轨,莫如法。"(《有度》)法是判断是非的标准,统一人民行为的"轨道",具有矫正君主的过失,制止臣下的邪误的作用。无疑,韩非的法具有约束君主的意义,而非只对臣下有约束力。当然,从法是君主治国工具,是维护君主地位(势)的手段这个终极意义上看,韩非是把君主摆在最高地位的,是法的运用者,但就他的思想本身来考察,韩非的法是把君主置于守法之列的。他明确主张:"言行不轨于法令者必禁"(《问辩》),"人主使人臣虽有智能,不得背法而专制;虽有贤行,不得逾功而先劳;虽有忠信,不得释法而不禁,此之谓明法。"(《南面》)

法字本身就有"平"的意思,韩非主张执法之吏要平。法既体现"公",又反映"平",执法只有"平",才能体现"公"。"吏者,平法者也。治国者不可失平也。"(《外储说左下》)"平"即要求执法对待一切人都是"一准乎法",而不能有不受法约束的特殊人存在。"法不阿贵,绳不挠曲。法之所加,智者不能辞,勇者不敢争。刑过不避大臣,赏善不遗匹夫。"(《有度》)不论何人,只要违法必得惩罚,只要有功必予奖赏。"不引绳之外,不推绳之内;不急法之外,不缓法之内"(《大体》),一切赏罚均以法为标准,既没有不受法律约束的贵族,也不会法外入人之罪。

二、保证法律执行的术

韩非基于对人自为计算之心的认识,他认为君和臣的利益相反。"君臣之利异,故人臣莫忠,故臣利立而主利灭"(《内储说下》),君臣之间是基于"计数"的相互交换关系。"臣尽死力以与君市,君垂爵禄以与臣市。"(《难一》)甚至"上下一日百战","下匿其私,用试其上;上操度量,以割其下。"(《扬权》)君主是不能指望臣下忠诚于自己的,只能"自恃而无恃人"(《外储说右下》)。这个"自恃"就是用"术"以知人。而专制君主不能尽视尽听,因而不能"尽知"。"下众而上寡,寡不胜众者,言君不足以遍知臣也,故因人以知人。"(《难三》)故用术来达到君主不亲自视,不亲自听而能无不视无不听的"必知"的目的。"明主者,使天下不得不为己视,天下不得不为己听。故身在深宫之中,而能明照四海之内,而天下弗能蔽,弗能欺者。"(《奸劫弑臣》)于是,"人主以一国目视,故视莫明焉;以一国耳听,故听莫聪焉。"(《韩非子·定法》)君主通过用术,使天下人均为己视,为己听,则君主"莫明焉""莫聪焉",能掌握天下所有的情况,无论何人都不能蒙蔽君主,无论何人不严格执法或以法徇私,或违法犯罪,君主都能"必知","归利于上者必闻,闻者必赏;污秽为私者必知,知者必诛。"(《难三》)"臣有奸必知,知者必诛。"(《八说》)

他批评申不害主张的"治不愈官,虽知弗言"说:"今知而弗言,则人主尚安假借矣?"(《定法》)

术和法是并列的两种君主治国的工具。"治法之至明者,任数不任人。"(《制分》)"释法术而心治,尧不能正一国。……使中主守法术,拙匠守规矩尺寸,则万不失矣。"(《用人》)首先,术的内容是考核官吏。在专制社会,君主是"治吏不治民"(《外储说右下》),那"术"的主要内容就是考核官吏。"术者,因任而授官,循名而责实,操生杀之柄,课群臣之能者也。此人主之所执也。"(《定法》)既然术的功能是考核官吏的,那么术的运用者是君主。术通过考核官吏的能力,从而确定其是否能够胜任其所担任的职务,"程能而授事"(《八说》)。考核清楚每个官吏的能力,才能根据他的能力授以官职;而臣下"效功于国以履位,见能于官以受职,尽力于权衡以任事。人臣皆宜其能,胜其官,轻其任,而莫怀余力于心"(《用人》)。

其次,用术以知奸。君主要保证官吏忠于职守,不能依靠官吏的品德高尚,而要有术使其不得不忠于职守。"是以有道之主,不求清洁之吏,而务必知之术。"(《八说》)掌握了知奸之术,各级官吏有奸必上闻,而且闻者必诛,断绝了官吏的侥幸之路,官吏还敢不忠吗?"臣有奸必知,知者必诛。"(《八说》)为了"知奸",韩非子打破"贱不得议贵"的传统,主张下级可以告发上级,而且把这种权利责任化,上级犯罪为奸,下级有连坐的责任,强化了告发的义务。"明主之道,贱得议贵,下必坐上。"(《八说》)对于官吏的言行通过各种方法予以验证,对于反映官吏实际情况的言论不拘途径,只要能验证官吏的真假虚实就听。"决诚以参,听无门户"(《门说》)。"以十得一者,上道也。明主兼行上下,故奸无所失。"(《八经》)他批评前辈商鞅虽设"告相坐""连伍"之法至"国富兵强","然而无术以知奸,则以其富强也资人臣而已矣"(《定法》)。君主对臣下的检验考核是保证其对自己忠诚、尽职的主要手段,这是申不害等前期法家就已提出来的。但韩非子认识到君主独视独听的局限性,主张使天下必为己视、必为己听,利用天下人之听达到己"视莫明""听莫聪",这不能不说是找到了完善专制制度的关键点,尤其是他提出"贱得议贵"的思想,实乃一个耀目的亮点。我们知道,专制制度的政治结构是官吏队伍的"金字塔型"构造,最底层人数最多,最高层是君主的"寡人",以一人监督多人远比以多人蒙蔽一人难。相反,以人数众多的下级监督人数较少的上级(领导)则比只靠上级对下级的考察(尤其是专制君人一人的监督)有效得多,这是一个稍省世事的孩童都懂得的道理。韩非基于人情,提出以多数监督少数的措施,这不能不说为维护专制君主地位费尽了心思。当然君主专制制度的本质决定了不可能建立起上级对下级负责的制度,但把居社会少数的官吏的行为置于多数人的监督之下,对于限制官吏的谋私犯奸是有一定作用的。至于"告奸"可能导致诬告陷害的弊病,这是缺少制度限制的问题,而不能否定倡导民众检举犯罪的初衷。

术的表现形式主要是秘密的。韩非说:"术者,藏之于胸中,以偶众端,而潜御群臣者也。故法莫如显,而术不欲见,是以明主言法,则境内卑贱莫不闻知也;用术,亲爱近习莫之得闻也。"

(《难三》)具体手段在《韩非子·内储说上七术》作了集中的阐述,主要有七种形式:

(1) 参观,即参验。"观听不参则诚不闻,听有门户则臣壅塞。"(《内储说上》)不拘门户地听取意见和情况,以验证官吏的言行真假。参验是术的基本形式。

(2) 必罚。不以情感远近影响法令的实行,做到法律规定的结果在实践中不打折扣地实现。

(3) 赏誉。用赏誉引诱人们为君主所用。

(4) 一听,即逐一听取臣下的意见。按陈奇猷先生注"一听",非只听一面之词而是"执一以听"。

(5) 诡使。即委派人去干某种事的同时另派一人或假装派一人了解一些不相关情况,使前者误认为君主已知道了他的全部情况而不敢欺骗君主。他举了四个例子,第一个例子说县令派市场管理人员去巡视市场,而招呼管理市场的公大夫回来,但又没有新令;过了一会儿又让他回去了。那些巡视市场的人以为县令不信任他们而给了公大夫新指令,因此不敢欺骗县令。第四个例子是,宋国太宰派少庶子到集市上去,回来后问他见到了什么,少庶子说只看到牛车很多,挤得仅能过人了。太宰然后把市吏叫来责备集市门外为什么那么多牛屎?市吏认为外面的事太宰很快就能知道,于是心怀恐惧,不敢为非。

(6) 挟智,即带着已知道的问题去询问他人,不知道的问题也就知道了;或深入了解一件事,许多不清楚的事情也就清楚了。例如,韩昭侯通过别人知道城南门外有一头黄牛犊吃庄稼,于是命令属吏把牛马入田的数目报上来,统计上来后,他说"还有遗漏的",属吏再去查,才发现了南门外那头黄牛犊。于是属吏以为韩昭侯明察而再不敢为非。

(7) 倒言,即倒言反事,故意说相反的话,做相反的事来试探所怀疑的人。

本篇上述"七术"均是"知奸"之术,体现了一个"参验"的基本精神,通过各方面验证以掌握臣下的言行情况,从而防止臣下为奸或使臣下不敢为奸。即使"诡使""挟智""倒言"三术看起来有点不光明,但韩非本意也仍在考察下臣忠奸,以便做到"有奸必惩"或使臣下"不敢为奸"。

三、体现专制君主至高地位的势

韩非由他对人"自为心"的认识,得出臣对君不可能"忠"的结论,认为君臣时时做着心理上的较量。然而臣为什么能为君所驱使呢?是君主的"势"的作用。"人臣之于其君,非有骨肉之亲也,缚于势,而不得不事也。"(《备内》)"势者,胜众之资也。"(《八经》)"民者因服于势,势诚易以服人。"(《五蠹》)何谓势,韩非引慎子曰:"飞龙乘云,腾蛇游雾,云罢雾霁,而龙蛇与蚯蚓同矣,则失其所乘也。贤人而诎于不肖者,则权轻位卑也;不肖而能服于贤者,则权重位尊也。尧为匹夫,不能治三人,而桀为天子,能乱天下。吾以此知势位之足恃而贤智之不足慕也。"(《难势》)韩非还说:"千钧得船则浮,锱铢失船则沉,非千钧轻锱铢重也,有势之与无势也。故短之临高也以位,不肖之制贤也以势。"(《功名》)可见,韩非所谓的势,即君主凭借的势位。势,既有地位的内容,又含权势的成分。由于君主有至高的地位,又有赏罚臣下的权力,所以臣下出于好利恶害的本性,则自愿或不得不服从君主,为君主所使。"赏罚者,邦之利器也。在君则制臣,在臣则胜君。"(《喻老》)君使臣,不是因为臣爱君、臣忠君,而是因为君主的势位迫使臣不得不为君所驱使,即使一个人有才,但他无势也不能制服不肖。韩非在《内储说上》举例说:"中山之相乐池以车百乘使赵,选其客之有智能者以为将行,中道而乱。乐池曰:'吾以公为有智而使公为将行,今中道而乱,何也?'客因辞而去,曰:'公不知治。有威足以服人,而利足以劝之,故能治之。

今臣,君之少客也。夫从少正长,从贱治贵,而不得操其利害而制之,此所以乱也。尝试使臣:彼之善者我能以为卿相,彼不善者我得以斩其首,何故而不治?'""威足以服人"之"服",非"佩服""服气"之"服",实乃"制服""威服"之"服"。因为君主的威势臣才不得不服从,因君主的"奖赏"臣才得到鼓励。"民以制畏上,而上以势卑下。"(《八经》)故韩非把国比作君主的车,把势比作君主的马,只有凭借马的力量才能拉动君主所乘坐的车。无国固无君主的一切,但有了国而没有君主的势位,即没有了君主至高的地位和至上的权力,那国还能运转吗?国还是君主的吗?

正是由于"势"的重要,所以韩非多次强调,势既不可以借人,又不可与人共操,必须由君主所独占。"权势不可以借人。"(《内储说下》)权势的体现在于有行"赏罚"的权力,君主是以赏来鼓励人耕战、告奸,以罚来制止人们为非。这种权力只能由君主占有,不能与臣下共用。"赏罚之为道,利器也,君固操之,不可以示人。"(《内储说上》)不仅赏罚不能由臣下行使,而且君主不能把赏罚的意向显示给臣下。"君见赏,臣则损之以为德;君见罚,臣则益之以为威。人君见赏则人臣用其势,人君见罚而人臣乘其威。"(《喻老》)君主事前表现赏罚的意愿,臣下就会借君势获得自己的利益。

任势不任贤,这是韩非政治理论的必然逻辑。韩非否定道德教化在政治中的作用,否定治理国家依赖臣的"忠",自然在任势还是任贤上,他主张前者。他说:"桀为天子,能制天下,非贤也,势重也;尧为匹夫,不能正三家,非不肖也,位卑也。"(《功名》)然而主张"人治""德治",倡导德政是儒家宣扬了多年的理论,尤其是进入战国,以血缘为基础的宗法制度余风更加淡化,连先秦儒家中最后一位思想家荀子也开始注意到与血缘继承不同的任命官吏的贤或不肖的问题,一些政治游说者也在向君主建议官吏任贤。韩非在《难势》一篇专门驳斥了任贤的主张。反对任势者提出观点认为,势并非不重要,但同样的势,贤者用之则天下治,不肖者用之则天下乱,只有选贤人才能用势而治。韩非不同意这种"必待贤乃治"的说法。他认为,势分为自然之势和人设之势。自然之势是仅居其位不加以任何作用的势,那么贤者居之则治,不肖者占有则乱,而且治乱不能改变。"夫尧舜生而在上位,虽有十桀、纣不能乱者,则势治也;桀纣亦生而在上位,虽有十尧、舜而亦不能治也。此自然之势也,非人所得设也。"(《难势》)人为之势即人所设的势,亦即人利用措施所创造的势。韩非的人为之势,就是君主用法术造成的威势。因为贤的尧舜和不肖的桀纣在君主中是少数,而绝大多数君主是上不及尧舜下不为桀纣的中主,这些中主处君主之位守必行之法则天下治。如果"废势背法而待尧舜",那是"千世乱而一治也"(《难势》)。韩非不仅认为贤不能决定社会的治乱,而且认为贤是君主的祸患。"人主有二患:任贤则臣将乘于贤以劫其君;妄举,则事沮不胜。故人主好贤,则群臣饰行以要君欲,则是群臣之情不效。"(《二柄》)他认为真正的贤人是少数的,而多数人都是出自"自为心"去迎合君之好恶和法之要求,如果君主丢开法律的客观标准而用没有客观界限的"贤"去赏誉或举人,那他们必然伪装讨好而不会真心效力。

势与法、术的关系:势是最高位的范畴,是专制君主利益的体现,而法、术是两种具体的工具,是为维护势服务的。只有运用法,才使势成为人为之势,不受在位者"贤""不肖"的影响;而用术才能做到有奸必知,使下畏惧于上,保证赏罚之权不与臣共操,势位巩固而不被侵犯。同时,势又是法、术行使的保证,没有势位,法不仅无从产生,即使有法也是一纸空文,失去了强制力;没有了势位,君主的用术就失去了根据,与市民之间阴诈用谋已无区别。势、法、术三者构成了稳定的专制政治结构,但三者并非同一水平的概念,势才是法术的根源与统领,又是他们的目的。

四、韩非政治法律思想是前期法家思想的集大成者

韩非作为先秦最晚登场的思想家,他在分别吸收前期法家商鞅、申不害、慎到的法、术、势思想的同时对他们各自的偏颇提出批评。

1. 批评商鞅重法不重术。韩非思想是法家理论的最完善的体系,继承了前期法家的绝大部分的理论成就,并以之为骨干建立了君主专制制度,为历代帝王所奉行的理论体系。法、术、势的概念及其基本含义分别是从商鞅、申不害、慎到那里接受来的。不过他发现了他们的错误和不足之处。他认为,商鞅提出的重赏罚、连坐理论使秦国强盛,但不重术,"无术以知奸"(《定法》)使变法取得的成就被少数贵族所占有;商君以斩首之功奖赏爵位是令斩首者为医也,不符合官吏职位所需要的技能,也即与其"因任而授官"(《定法》)的基本立法相违背。

2. 对于申不害提出的批评有两点:第一,法律不统一。"晋之故法未息,而韩之新法又生;先君之令未收,而后君之令又下。"(《定法》)而申不害未能把前后法令统一一致,致使前后相悖,因而申不害十使昭侯用术,七十年犹未至于霸。第二,申子主张"治不逾官,虽知不言"。韩非认为"申子未尽于法也"。(《定法》)因为专制的君主需用术使臣下所见所听上达给自己,以达到"以一国目视,故视莫明焉;以一国耳听,故听莫聪焉"(《定法》)的结果,而如申子所言"知而弗言",君主还靠什么去了解情况呢?韩非认为商申"二子至于法术皆未尽善也"。(《定法》)

3. 韩非虽接过了慎到"势"的基本思想,但他又提出了"人设之势"的思想,既完善了"势"的内容,又对"势"需要"法"来保证的必要性给予了高度重视。

第六节　秦政权倒台不是法家思想的破产

在法家思想的指导下,秦国自秦孝公变法开始迅速强大起来,最终战胜并雄的六国诸侯,建立了全国统一的君主专制政权。然而,强大的秦政权建立之后,仅仅经过十三年就瞬息而亡的变化,引发了后人无限的思考,秦亡的原因成为一个历代思想家不断探讨的课题。因秦统治者奉行的是法家思想,故后人把秦政权的速亡归因于法家思想,而且随着对秦始皇严刑苛法、焚书坑儒批判的日渐激烈,法家思想的名声也日益狼藉。考诸历史记载可以看出,秦亡于暴政而非亡于法家思想,这些暴政都不是法家提倡的,甚至是韩非明确反对的。

一、秦亡的主要原因

统一全国建立起来的强大的秦政权在建立之后瞬间土崩瓦解,其原因是复杂的、多方面的。其中既有权臣赵高的阴险狡诈对二世恶意怂恿的因素,又有新政权根基未稳且在山东六国尚没有坚实的社会基础,一旦有机会,六国的旧贵族便起而反扑的原因。但这些原因都不至于使经过长期实施富国强兵政策而建立起来的强大政权十三年就垮掉。

秦国百姓举旗造反才是秦政权垮台的直接动力,而引起造反的主要原因是秦统治者私欲极端膨胀造成的繁徭重赋,致使农民的生存条件受到严重破坏。人民连命都不能保,统治者的重刑镇压对他们也就失去了威慑作用,因而秦政权虽不断对反抗者加重刑罚镇压,却无可挽救地倒台了。

关于秦灭亡的原因,当时作为统治集团成员之一的李斯就有清楚的认识,劝谏二世曰:"关东群盗并起,秦发兵诛击,所杀亡甚众,然犹不止。盗多,皆以戍漕转作事苦,赋税大也。"(《史记·秦始皇本纪》)其所谓"盗贼"就是举旗造反的农民。造反者"杀亡甚众,然犹不止"的原因是"戍漕转作事苦,赋税大也"。李斯作为统治集团的重要成员,身处其时其境,他的感触应该是深刻的,认识也应该是准确的,他说农民造反的原因是繁徭重赋,而没有提及其他原因。正因为他的明确认识,所以他向二世谏议:"请止阿房宫作者,减省四边戍转。"(《史记·秦始皇本纪》)汉初的陆贾分析秦亡的原因说:"秦非不欲为治,然失之者乃举措暴众,而用刑太极也。"(《新语·无为》)所谓"举措",即指治宫室、修陵墓、兴征伐等政治军事经济活动,这些活动极大地侵害了百姓的生活条件,即其所谓"暴众"。晁错也认为,秦始皇"怀贪鄙之心,行自奋之智""耆欲无极,民力罢尽""戍者死于边,输者偾于道,秦民见行,如往弃市"。(《汉书·爰盎晁错传》)主父偃则具体描述了秦之大肆征伐给百姓带来的苦难:"及至秦王……欲威海外,使蒙恬将兵以北攻强胡,避地进境,戍于北河,飞刍以随其后。又使尉屠睢将楼船之士攻越,使监禄凿渠运粮……当是时,秦祸北构于胡,南挂于越,宿兵于无用之地,进而不得退,行十余年,丁男被甲,丁女转输,苦不聊生,死者相望。及秦始皇崩,天下大畔。"(《汉书·严朱吾丘主父徐严终王贾传》)不仅男子要披甲戍边,就是女子也须运输后勤物资。由于长途转运,粮草多被消耗,"率三十钟而致一石"(《汉书·严朱吾丘主父徐严终王贾传》)。这就更加重了百姓的负担,"男子疾耕不足于粮饷,女子纺织不足于帷幕。百姓靡弊,孤寡老弱不能相养,道死者相望"(《汉书·严朱吾丘主父徐严终王贾传》),人们已没有了活路,故"天下始叛也"。主父偃认为天下叛的原因是:"百姓靡弊,孤寡老弱不能相养,道死者相望""丁男披甲,丁女转输,苦不聊生"(《汉书·严朱吾丘主父徐严终王贾传》),而不是其他。

汉代大儒董仲舒从生存角度找到了百姓叛逃的原因:"力役三十倍于古;田租口赋,盐铁之利,二十倍于古;或耕豪民之田,见税什五。故贫民常衣牛马之衣,而食犬彘之食。重以贪暴之吏,刑戮妄加,民愁亡聊,亡逃山林,转为盗贼;赭衣半道,断狱岁以千万数。"(《汉书·食货志》)董仲舒所描述的秦代情形虽有一些他所处时代的影子,但因税赋繁重而造成人们生活无依靠而"转为盗贼"的认识是符合人之生存规律的。《汉书》作者总结前人的记录和认识,不仅指出秦人溃叛是由于统治者"收泰半之赋,发闾左之戍",而且认为这种繁重的负担是统治者"内兴功作,外攘夷狄"造成的。《汉书·食货志》记曰:"至于秦始皇遂并天下,内兴功作,外攘夷狄,收泰半之赋,发闾左之戍。男子耕不足粮饷,女子纺织不足衣服,竭天下之资财以奉其政,犹未足以赡其欲也。海内愁怨,遂用溃畔。"

贾谊在论秦之过时虽说秦不施"仁义",但实质上是说秦在平定战乱之后,不能采取与民生息的政策。他说:"秦南面而王天下,是上有天子也。既元元之民冀得安其性命,莫不虚心而仰上",而秦始皇"以暴戾为天下始",二世又不能"轻赋少事"而"正先帝之过",却"重之以无道""赋敛无度,天下多事,吏弗能纪,百姓困穷而主弗收恤。然后奸伪并起,而上下相遁,蒙罪者众,刑戮相望于道,而天下苦之。"(《贾谊集·过秦论中》)人人"亲处穷苦之实,咸不安其位",所以陈胜"奋臂于大泽而天下响应者,其民危也。"(《史记·秦始皇本纪》)经过数百年的战乱之后,人们最渴望的就是安定,农民能重新回到土地上去进行生产,这就是贾谊说的"攻守之势异"。可见,贾谊清楚地认识到了秦灭亡在于统一天下后不能及时改变基本国策,采取安民、富民的政策,以"塞万民""安其性命"之望。

在《史记·秦始皇本纪》中,关于统一全国后,秦始皇大治宫室、修建陵墓、修建驰道的记载有:(1)"自极庙道通郦山,作甘泉前殿,筑甬道,……治驰道。"(2)"除道,道九原,堑山湮谷,直通之。"(3)"乃营作朝宫渭南上林苑中。先作前殿阿房,东西五百步,南北五十丈,上可以坐万人,下可以建五丈旗,周驰为阁道,自殿下直抵南山。""为复道,自阿房渡渭,属之咸阳。"(4)"隐宫徒刑者七十余万人,乃分作阿房宫,或作丽山。发北山石椁,乃写蜀、荆地材皆至。关中计宫三百,关外四百余。"(5)"乃令咸阳之旁二百里内宫观二百七十,复道甬道相连"。

在《史记·秦始皇本纪》中,关于征伐匈奴百越的记载有:"使将军蒙恬发兵三十万人北击胡,略取河南地。""发诸尝逋亡人、赘婿、贾人略取陆梁地,为桂林、象郡、南十四县、城河上塞。又使蒙恬渡河取南阙、阴山、北假中,筑亭障以逐戎人。"

另外,秦始皇多次迁徙农民全家而从事专职服役免除他们的租赋。二十六年,"徙天下豪富于咸阳十二万户";二十八年,"乃徙黔首三万户琅琊台下";三十五年,"徙三万家云阳,皆复不事十岁";三十六年,"迁北河榆中三万家"。(《史记·秦始皇本纪》)

据秦律专家粟劲教授统计,"全国被集中的从事非生产性建设的劳动力,至少在二百二十万以上,至于分散于全国修筑驰道的劳动力,数量也必然是相当大的。"他对秦亡原因分析说:"据估计,当时全国人口不会超过两千万。这样庞大的脱离农业生产水平所难于承受的沉重负担,特别是强制绝大部分的生产者不能与生产资料相结合,就不能不对刚刚发展起来的农业生产直接产生重大的破坏作用,使占人口大多数的农民无法生存下去,也使整个社会难于维持下去。"[1]

粟教授的分析是非常准确的。在一个农业国度里,主要的经济是农业生产,只有农民劳动与土地相结合,才能创造财富,才有经济的发展,农民才能过上幸福生活,社会才能稳定。秦王朝大肆兴建宫室,不仅需要大量资金,而且需要大批劳动力,这就必然加重人民的税赋负担,增加人民的徭役。对北胡、南越的

---

[1] 粟劲:《秦律通论》,山东人民出版社1985年版,第58、59页。

战争,又需要大批军卒征战戍守和庞大的队伍运输粮草供应物资。大约占一半以上的壮丁劳动力脱离了土地而去从事非生产性劳动,必然使刚刚发展起来的农业生产受到毁灭性打击,导致生产凋敝,其必然结果是:"竭天下之资财以奉其政,犹未足以赡其欲。"当人们到了生存不下去而面对死亡的时候,就会发出"今亡亦死,举大计亦死,等死,死国可乎"的吼声,为活命铤而走险,无论多么严酷的刑罚也阻挡不住人们求生的脚步了。

二、秦统治者的所为不能等同于法家思想

秦自孝公始接受法家思想,厉行变法,富国强兵,至秦始皇终于建成了一个强大的军事帝国,吞并六国,统一宇内。法家思想经过秦国变法图强的实践显示出了勃勃生机,也指导秦统治者制定了一套完整的法律制度。但秦统一全国后仅十三年就土崩瓦解,让后人不可理解:同是奉行法家思想,为什么其兴也勃,其亡也速乎?后人往往把秦始皇等同于法家,把秦始皇、秦二世的所作所为均看作法家思想的体现,把秦亡作为法家思想破产的历史证明,这就造成了法家声名狼藉与汉以后统治者完全继承法家的政治法律思想并存的历史现象。为理解这一历史现象,必须认清秦始皇父子的行为并非完全是法家思想的体现这一事实。

1. 秦统治者的行为违背了法家思想"无为"的基本精神

法家的思想由道家思想发展而来,其基本主张是"无为":"势"是君主通过官吏治民的凭借,"法"是君主无为治理国家的规则。"抱法处势则治,背法去势则乱"(《韩非子·难势》),"明君治吏不治民"(《韩非子·外储说右下》),不用亲自去做任何事,用"术"把群臣牢牢掌握在手中,由官吏完全按法处理各种管理事务,就能保证国家大治。君无为而臣有为。秦始皇显然违背法家这一基本精神。由于在政治、军事上的成功,秦始皇把一

切都归功于自己,"以为自古莫及己"(《史记》),起初还能"治道运行,诸产得宜,皆有法式"《史记·刑法志》,逐渐发展为事"皆决于上"(《史记·秦始皇本纪》)。后人虽有以"上至以衡石量书,日夜有呈,不中呈不得休息"(《史记·秦始皇本纪》)的记载来称颂秦始皇勤政,但秦始皇的"独断""躬亲"不仅有违法家"君主无为"的基本主张,更为君主背法擅断提供了条件和理由。

2. 秦始皇父子大治宫室、肆意征伐的行为是韩非明确反对的

秦始皇因为行法家的法治、势治、术治,在政治上不仅建立了统一的国家,而且顺利地粉碎了嫪毐和吕不韦的阴谋活动,把权力高度集中于自己的手中。政治上的成功使秦始皇本人错误地相信自己无所不能。于是为彰显自己的威风,他要大治宫室;为了能快速到达全国各地,他要修建驰道;为了向少数民族政权显示自己的武力,他发兵击胡征越;甚至为了求得自己长生不死,他相信术士,多次派人求取仙药;为了死后也能享受豪华的宫殿,他自主政始就大修陵墓。正如当时的候生、卢生所说:"始皇为人,天性刚戾自用,起诸位,并天下,意得欲从,以为自古莫及己。"(《史记·秦始皇本纪》)秦二世也说秦始皇"作宫室以章得意"(《史记·秦始皇本纪》),秦始皇明确提出:"所为贵有天下者,得肆意极欲"(《史记·秦始皇本纪》),"专用天下适己","愿赐志广欲,长享天下而无害"(《史记·李斯列传》)。当李斯等建议"止阿房宫作者,减省四边戍转"时二世不仅没有接受,而且将他们下吏治罪。

虽然韩非的赏罚是以人们的欲福畏祸的心理为基础的,但他所指的仅是臣民的欲望,而且他承认的欲望也仅指通过耕战所能满足的欲望,反对臣民正常生活之外的欲望,尤其反对君王的个人欲望。他说:"人有欲,则计会乱;计会乱,而有欲甚,有欲甚,则邪心胜;邪心胜,则事经绝;事经绝,则祸难生……是故圣

人不引五色,不淫于声乐;明君贱玩好而去淫丽。"(《韩非子·解老》)超出正常生活需要的玩好淫声,明君是鄙视而远之的。他甚至把修治宫室台榭看做亡国的征兆。他说:"好宫室台榭陂池,事车服器玩,好罢露百姓,煎靡货财者,可亡也。"(《韩非子·亡征》)"徭役多则民苦"(《韩非子·备内》),如果"上以无厌责已尽,则下对'无有',无有则轻法"(《韩非子·安危》)。当人们已经被赋税徭役逼得活不下去了,那他们就不畏法了,距离起来造反也就为期不远了。对于战争,韩非认为"有道之君,外希用甲兵,而内禁淫奢。上不事马于战斗逐北,而民不以马远通淫物,所积力唯田畴。"(《韩非子·解老》)他反对战争,重视农业生产。他认为统治者谨慎对待战争,人民才能众多,国家才能扩大,而天下"攻击不休"则罢露百姓,使大批百姓离开土地,违反以农为本的富国之策。

3. 加速秦亡的"重刑刻法"非法家的"重刑轻罪"

汉人总结秦亡的教训时,多把"繁刑严诛,吏治刻深"作为仅次于"繁徭重赋""赋敛无度"的秦亡的第二主要原因,这无疑是看到了"繁刑""重刑"对于秦亡的推动作用。后人又把"重刑""酷吏"自然地归本于法家,这就把秦亡归罪于法家,使之成为了法家思想的罪证。翻检典籍就可发现,法家提出的"重刑轻罪"是立法领域的问题,秦统治者"繁刑严诛"是司法领域的问题。

法家的"重刑轻罪"是基于对人有计算之心的认识,认为人在犯罪之前会比较犯罪的成本与所得结果的大小。如果受到处罚重于所得之利,那人们就会主动放弃犯罪,这也就是"以刑去刑"的理论。"所谓重刑者,奸之所利者细,而上之所加焉者大也。民不以小利蒙大罪,故奸必止者也。"(《韩非子·六反》)很显然,法家的"重刑轻罪"是法律规定的,是为人们所明白共知的,只有明文规定,人们才在犯罪之前就明白知道"重刑"的后果,法律的"重刑"也才能起到"止刑"的作用。可见"重刑轻罪"

是法家关于立法的基本指导思想。

在司法上,法家是主张"罪刑法定"的。法家主张的法,开始就有成文性、客观性、明晓易行性、稳定性、一体遵行性的基本要求。法家要求,法是社会成员共同遵守的规范,不仅被统治者无权改变法,连最高统治者也具有依法行赏罚的义务。"用赏过者失民,用刑过者民不畏。有赏不足以劝,有刑不足以禁,则国虽大,必危。"(《韩非子·饰邪》)"罚不加于无罪。"(《韩非子·难一》)"释法而妄怒,虽杀戮而奸人不恐。"(《韩非子·用人》)而秦统治者经常凭己意法外用刑。始皇见"丞相车骑众,弗善也。中人或有告丞相,丞相后捐车骑。始皇怒曰:'此中人泄吾语。'莫服。当是时,诏捕诸时在旁者,皆杀之。"(《史记·秦始皇本纪》)有人在陨石上刻曰:"始皇帝死而地分。"始皇"尽取石旁居人诛之"(《史记·秦始皇本纪》)。"皆杀之""诛之"这种没有犯罪根据的广泛刑杀肯定没有法律的规定。胡亥用阴谋手段夺得政权,为了排异己树私党,甚至连法律的外衣都抛掉了,"然赵高之言,及更为法律""严法而刻刑,令有罪者相坐诛,至收族,灭大臣而远骨肉,贫者富之,贱者贵之。尽除去先帝之故臣,更置陛下之所亲信者近之。"(《史记·李斯列传》)"甚至右丞相去疾、左丞相李斯、将军冯劫谏二世止阿房宫作者,二世下去疾、斯、劫吏,去疾、冯劫自杀,李斯终获五刑。"(《史记·秦始皇本纪》)这些举措纯属法外用刑,哪里还有法家要求的影子?

至于"吏治刻深",也非法家思想所要求。法家的"术治"在于通过参验等手段考核官吏的治政情况,其中主要内容是考查官吏是否"守法",防止官吏法外为非。韩非说:"吏者,平法者也。治国者不可失平也。"(《韩非子·外储说右下》)秦二世为对官吏造成强大的心理震慑,行督责之术。群臣为取悦君主"不敢不竭能",于是"税民深者为明吏""杀人重者为忠臣"(《史记·李斯列传》)。官吏的残酷暴戾,完全是法外的擅为。晁错明确指出:"奸邪之吏,乘其乱法,以成其威,狱官主断,生杀自恣。上下瓦解,各自为制。"(《汉书·爰盎晁错传》)正是这些官吏的不守法使民益无生路,直接导致了"山东郡县少年苦秦吏,皆杀其守尉令丞反"(《史记·秦始皇本纪》)。官吏为治严酷加剧了秦的灭亡,但这不是法家的主张。

继秦建立政权的汉统治者的做法也反证了秦不亡于"重刑"。首先,汉律基本沿用秦律。《汉书·刑罚志》记载:"相国萧何捃摭秦法,取其宜于时者,作律九章。"如果秦亡于秦法重刑,身处其时继而为治的汉统治者当不会以秦律为基础而确定《汉律》。其次,从文帝时废肉刑的内容看,汉代的刑种包括黥、劓(割鼻子)、斩趾等肉刑,与秦律完全一致。如果重刑、酷刑是秦亡的主要原因,汉初统治者则不会明知故用。再次,汉初君臣坚定地奉行"黄老思想",而绝不提秦律重刑,也说明他们已明确认识到秦国繁徭重赋而亡,并非因"重刑"。正因为这一基本的认识,才使得他们执行了一系列"轻徭薄赋"的政策,造成了经济复苏的"文景之治"。

4. 秦始皇迷信鬼神,祈求长生是与韩非思想大相径庭的

秦始皇大肆封禅、祭山川、崇鬼神,尤其是求仙、求长生药、大治陵墓极大地靡费财力,加重了人民的负担,对于激化政权与人民的矛盾,导致人民造反,起了重要的作用。然而韩非是明确反对迷信鬼神的。韩非认为鬼神、不死之道是不存在的。他说韩王求"不死之道"是"信不然之物"(《韩非子·外储说右上》),把信鬼神作为亡国的征兆,他说:"用时日,事鬼神,信卜筮,而好祭祀者,可亡也。"(《韩非子·亡征》)无奈,秦始皇信鬼神,寻长生药入迷,为了追求死后仍享有豪华的宫殿,用大批劳动力,花费巨大财力修治骊山墓,最后逼得人们造反,鬼神也救不了他了。

秦统治者不听韩非劝告,自寻灭亡之路,与韩非何干?

5. 法家并不是完全反对君主行仁义，秦统治者不行仁义礼教也不是秦亡的原因

自汉儒开始，认为秦亡于不行仁义礼教的观点始终占据社会舆论的主流。陆贾就为刘邦分析秦亡的原因说："汤武逆取而以顺守之，文武并用，长久之术也……乡使秦已并天下，行礼义，法先圣，陛下安得而有之？"（《史记·陆贾列传》）认为秦不"行仁义"，否定礼教（即所谓"文"）是秦亡的原因。贾谊则明确提出："取与守不同术"，"秦离战国而王天下，其道不易，其政不改"（《贾谊集·过秦论》），"更四维而不张，故君臣乖乱，六亲殃戮，奸人并起，万民离叛，凡十三岁而社稷为虚"（《贾谊集·治安策》）。上述说法可以归纳为三个观点：其一，夺取政权和巩固政权需要用不同手段、政策；其二，秦统治者夺取政权后没有及时地转变治国方略导致秦十三岁而亡；其三，秦不行仁义礼教是秦亡的主要原因。

"攻守不同术"是很显然的政治道理，汉儒关于这一点的认识，无疑是正确的，在当时也有着重要的现实意义；秦始皇在统一全国之后，不能及时调整国策，仍然坚持战时的政策，这是符合历史的认识，但并不是如汉儒所倡导的转变为行仁义礼教而应首先是"轻徭薄赋""与民休息"。因为当时的事实是长期战乱给人民造成了极大痛苦，大批农民脱离土地使本来就很脆弱的农业经济已到了崩溃的边缘。

对于仁义，法家基于其对人性的基本认识，认为臣民服从君主，为君主效劳，不是由于君主爱他们而换得了他们的忠心，完全是由于君主的势位使他们不得不忠。因此，法家不主张对臣民行仁政，而是凭借势以威吓，用术以知奸，赏罚以劝惩来使臣民不能不忠。特别是对民施仁惠有悖于法家的"无功不赏""有罪必罚"的法治精神，是亡国之道。韩非子说："施与贫者，此世之所谓仁义；哀怜百姓，不忍诛罚者，此世之所谓惠爱也。夫有

施与贫困,则无功得赏;不忍诛罚,则暴乱不止。国有无功得赏者,则民不外务当敌斩首,内不急力田疾作,皆欲行货财事富贵,为私善立名誉,以取尊官厚俸。"(《韩非子·奸劫弑臣》)但是,法家从来就不反对君主的仁义,只是反对在具体的事情上违反法律而妄赏妄罚,甚至反对饥荒时开放皇家园囿供饥民开荒采蔬。因为这是对没有耕战之功的人给予奖赏,其后果是受赏的人会放弃努力而仰赖君主的仁义,最终会破坏以鼓励耕战而富国强兵的大业。韩非就有专门对仁的论述:"仁者,谓其中心欣然爱人也;其喜人之有福,而恶人之有祸也……故曰:仁为之而无以为也。"(《韩非子·解老》)韩非的"仁"是"为之而无以为",即治理国家的最终目的是为民、利民,而不是在具体的小事上去施恩惠。他说:"圣人之治民,度于本,不从其欲,期于利民而已。"(《韩非子·心度》)他认为:"废先王之教,而行贱臣之所取者,窃以为立法术,设度数,所以利民萌便众庶之道也。"(《韩非子·问田》)他阐述所欲达到的理想社会秩序时说:"故其治国也,正明法,陈严刑,将以救群生之乱,去天下之祸,使强不凌弱,众不暴寡,耆老得遂,幼孤得长,边境不侵,君臣相亲,父子相保,而无死亡系虏之患。此亦功之至厚者也。"(《韩非子·奸劫弑臣》)臣民能享受到如此美好的生活环境,那还能不是君主的仁政吗?只不过这个"仁政"不是施小惠得来的,而是"正明法、陈严刑"所取得的最后结果,是"前苦而长利"(《韩非子·奸劫弑臣》)。

关于"义",韩非说:"义者,君臣上下之事,父子贵贱之差也,知交朋友之接也,亲疏内外之分也。臣事君宜,下怀上宜,子事父宜,贱敬贵宜,知交友朋之相助也宜,亲者内而疏者外宜。义者,谓其宜也,宜而为之。"(《韩非子·奸劫弑臣》)在韩非的理念中,贵贱、长幼的秩序是不可动摇的,君臣、父子、夫妻绝对服从的关系是整个君主政权秩序的基础,他把这些秩序的服从关系称为"宜"。这些不仅是继承了儒家的"君臣、父子、夫妇"的服从关系思想,而且使其更绝对化。怎么能说是弃"仁义"呢?

商鞅曾把"仁义""礼乐"称为破坏富国强兵的"虱子"。韩非也将"儒生"作为破坏耕战的"蠹虫",看似把"仁义""礼乐"以及倡导"仁义礼乐"的儒生作为仇敌予以坚决反对。但细分析原文,他们并非反对"仁义"的本身,而是反对那些在耕战是国家最大政治的背景下以空谈仁义为业的人们,认为如果君主奖励那些只会空谈的人,必然使强兵富国的大业受到破坏。在他们那个时代,"争于力"是摆在各诸侯面前的最现实问题,通过耕战而富国强兵是法家主张的核心,一切与这一基本思想相抵牾的人和言论,都在反对之列。商鞅认为:"瞋目扼腕而语勇者""垂衣裳而谈说者"都是空谈无用者,如君主奖赏鼓励他们,那就是"无功而皆可得",那么,民就会"去农战而为之,或谈议而索之,或违便辟而请之,或以勇争之",于是"农战之民日寡,而游食者愈众,则国乱而地削,兵弱而主卑"。(《商君书·君臣》)韩非虽把"儒"列为"五蠹"之一,但从他同时把纵横家、游侠、依附贵族而逃兵役的门人和商人并列其中,他所直接反对的是这些人的行为破坏了耕战,而非反对他们的具体主张。甚至他所说的"儒"也并非完全是主张"仁义礼教"的儒家,而是指一般的读书人,他在《六反》篇中指斥的文学之士,也属此类。

关于礼义教化。为干时政的法家在经历了商鞅说秦孝公的失败后,自然不会再喋喋不休地谈礼仪教化,因而他们对此问题几乎没有涉及。韩非虽然否定道德教育的作用,但这一思想和秦王朝的灭亡是没有关系的。因为,不仅在争于力的统一全国的战争时代礼仪教化没有市场,即使在秦国统一全国的大规模战争结束之后,由于秦民并未摆脱战乱之苦,在本已极为困难的经济条件下,他们又承担起了大造宫室、戍边的繁重徭役,他们的生活质量已降到了生命存续的边缘。在这种生存状况下,人们所需要的是维持生命的物质,衣食足方能知廉耻,人们连活命都时时受到威胁,哪里有心思顾及荣辱廉耻?就是请出孔圣人来执政,所提倡的道德追求在时中面对食不果腹的秦民心中能占到多大的分量呢?秦亡于民无食而非民无教的事实是无可争辩的。

从秦统治者重徭繁赋极大地破坏了人民的生存条件来看,说秦统治者不行仁义导致秦亡无疑是正确的,但这种做法却不是法家所主张的。不相信礼义教化的作用确实是法家的基本思想,而且秦统治者也没有实行。但是,如上所述,当时的历史条件是民不聊生,急需休养生息,礼义教化还不是当时的迫切需要,秦统治者虽不行礼义教化,但不是导致秦的灭亡的原因。

附:

秦朝亡于政而非亡于制[1]

——答陈延嘉先生之"商榷"

拙文《秦朝灭亡非法家思想之罪》[2]发表之后,《中华读书报》2013年6月26日报道了中国人民大学国学院主办的"韩非子与子学国际学术研讨会"的消息:"来自华南师范大学公共管理学院的学者周炽成提出秦的很多做法恰恰是法家所反对的,如聚敛过度、徭役过重等。韩非子《亡征》篇中列举的一百多种国家灭亡的征兆,秦始皇的做法就占了好几条。'法家要为秦亡负多大的责任呢?如果我们从历史事实而不是从后人的构想出发,我认为秦亡的关键还是在赵高,没有赵高可能就亡不了'。"报道最后总结说:"秦的暴政之所以失败,是由很多偶然因素和

---

[1] 王占通、薛福临:《秦朝亡于政而非亡于制》,载《古籍整理研究学刊》2014年第5期,第1—8页。

[2] 王占通:《秦朝灭亡非法家思想之罪》,载《古籍整理研究学刊》2012年第5期,第92—95页。

举措失当造成的охай"台湾世新大学教授王晓波指出:"它的征战、大兴土木也超过了生产力的承担极限。但是我不觉得秦亡跟法家有那么直接的关系,秦政在很多地方违背了法家的教训。"[1]

我看到这则报道,为学界对这一历史问题取得共识而高兴,恰在此时《古籍整理研究学刊》主编曹书杰教授带来了陈延嘉先生的大作《秦亡与法家法律思想之关系——与王占通先生商榷》,赶紧拜读。细品之后,方知陈先生之商榷源自于几个问题的混淆,作答如下:

一、秦灭亡的原因与法家思想的对错不是一回事

拙文所说秦亡的原因是指与秦朝灭亡有着直接因果关系的政策或制度,而非其他王朝同样采用却并未导致政权倾覆的制度或政策措施。秦国以法家思想为指导,通过鼓励"耕战"取得了富国强兵的效果,从而统一了六国,建立了统一的君主专制政权;在政治上废除了分封制,建立了郡县制;通过一系列立法活动,建立了一套包括刑法、民法、诉讼法、经济法、行政法在内的法律制度。这些制度都是法家的主张所取得的成就,而且这些制度是适应地主经济社会生产关系需要的,是一种进步的新制度,它不仅不能导致君主专制政权的灭亡,而且是地主阶级君主专制制度的开端,中国整个地主经济社会两千余年自始至终都坚持这一制度。如果法家思想能够导致在它指导下所建立的政权覆亡,那为什么以后历代统治者还要采用这些制度呢?翻看中国君主专制社会的历史,如果不是带着对法家思想的偏见看问题的话,那么可以确定地说,没有哪个朝代是由于实行继秦而来的政治法律制度(甚至如陈先生所说的因重刑)而灭亡的。事实上,秦亡于政而非亡于制。

---

[1]《中华读书报》2013年6月26日关于《韩非子与子学国际学术研讨会》的报道记述。

从《史记》《汉书》中所载"奢欲无极,民力罢尽""戍者死于边,输者偾(奔)于道,秦民见行,如往弃市"的描述就可略见,秦灭亡的直接原因是秦统治者私欲膨胀,肆意征伐,大造宫室,使得经济负担超过了当时农民所能承担的极限才导致百姓为了活命起而造反的。这一点,汉初统治者的认识是非常明白的。他们针对秦"收泰半之赋,发闾左之戍……竭天下之资财以奉其政,犹未足以赡其欲"导致"海内愁怨,遂用溃畔"(《汉书·食货志》)的弊政,改用黄老思想,"守法而无为",在政治上"与民休息",在经济上"轻徭薄赋"。据《汉书·食货志》载:"汉兴,接秦之弊,诸侯并起,民失作业,而大饥馑。凡米石五千,人相食,死者过半。"这是汉初社会经济状况的真实写照,是秦汉政权更替的关键动因。于是汉高祖对症救治,约法省禁,轻田租,十五而税一,官府减省,"漕转关东粟,以给中都官,岁不过数十万石。""至武帝之初七十年间,国家亡事,非遇水旱,则民人给家足,都鄙廪庾尽满,而府库余财。"(《汉书·食货志》)休养生息大见成效。民实现了"人给家足"安定生活,才会珍视来之不易的生存条件,"人人自爱而重犯法,先行谊而黜愧辱。于是网疏而民富。"(《汉书·食货志》)从这些记载我们可以看出,汉初统治者不仅对秦灭亡的原因在政不在制有清楚的认识,而且对接秦而来的政治法律制度、治国策略何取何弃也是有清醒的把握。

再以简单的生活常识揆之,如果一个人面对没有活路或重刑两种境遇时,何者是其铤而走险的原因也是显而易见的。重刑犹可以守法而免,而没有了活路只能起而造反。秦之百姓所面临的境遇是"泰半之税",重赋和繁徭都逼得百姓"如往弃市"。人们已活不下去了,只好冒死一拼,群起而反,即使"杀者甚众"亦无济于事。秦亡的原因与后世对法家思想的评价是绝不能等同的。法家思想主张君主独断的绝对权力,君主为维护这种绝对权力,要运用法、术之柄。这一思想是整个地主阶级君主专制社会政治法律制度的基本支撑,在其基础上建立的政治法律制度亦都为后世的统治者所沿袭,在后世也未见其导致政权覆亡的例证,而被思想家所肯定。被儒家所否定从而受到摒弃的是法家思想因否定道德价值而持的"捐仁义,弃礼仪"的思想。随着儒家思想被统治者尊奉,人们对法家这一思想的诟病日益严厉。从中国的实际看,这一思想也确实脱离中国地主经济和宗法伦理感情的实际,亦不符合君主专制社会的统治需要,但这一思想的错误并不等于导致秦统治倒台的原因。我们知道,秦政权灭亡原因是多方面的,既有东方六国贵族势力的强大,又有军事部署的失当,也有赵高的掌权,更有秦始皇父子的因私欲膨胀而对外征伐、内肆兴作造成的百姓负担过重。法家的捐弃礼义教化思想并不是秦亡的原因。因为在统一山东六国后,秦从未停止过对外征伐和大工程兴建,是这些政治行为极大地加重了百姓负担,要保证百姓履行这些义务,只能依靠武力,依靠道德教育是无济于事的。"衣食足知荣辱",连生活的基本条件都不能保障,人们还哪里顾得上荣辱?秦统治者固然没有实行礼义教化,即使他们进行礼义教化,在被逼得已经无法生活下去的情况下,人们哪里还有礼义廉耻可谈!法家否定道德价值是不正确的统治思想,但秦统治直至灭亡也没有实现真正意义上的统一安定。当时的社会环境尚未给实行礼义教化提供条件。换句话说,秦短暂的统治没有给予法家否定礼义教化思想以实践的机会,从而也就没有给予其破产的证明机会。法家这一思想为后世思想家所反对,但并不是秦灭亡的原因。

二、萧何制律"捃摭秦法,取其宜于时者"并未改变汉律的基本内容

法律制度史学界已有定论,汉律是继承秦律的基本思想、基本框架而建立的。程树德《九朝律考》中就明确标出中国法律制度的沿袭脉络:李悝《法经》—秦律—汉律。"魏文侯师李悝,集诸国刑书,造《法经》六篇,商鞅传之,改法为律,以相秦,增相坐之法,造参夷之诛,大辟加凿颠、抽胁、镬烹、车裂之制。至汉萧何加悝所造户兴厩三篇,谓之九章之律。"(《唐律疏议》)汉九章律完全继承了秦之六律,亦即沿袭了秦律的基本框架,并没有实质的改变。

在刑罚种类上,汉律中有:死刑(枭首、腰斩、弃市、夷三族、具五刑)、肉刑(宫、刖右趾、刖左趾、劓、黥、髡刑、完刑)、作刑、赎刑、罚金、夺爵、除名、徙边、鞭刑等。考诸睡虎地出土的云梦秦简可知,秦律中的刑罚有:死刑(戮刑、磔刑、弃市、定杀、生埋、赐死、枭首、腰斩、族刑、具五刑)、肉刑(宫刑、斩左趾、劓刑、黥刑、髡刑、耐刑)、笞刑、徒刑、流刑。两相对照,汉律与秦律几无差别。

从上述资料对比来看,汉之刑法的律名和刑名完全继承了秦律,只是因当时政权草创和战乱的关系,汉律有一个从权宜之法到建立、完善为制度的过程:刘邦战时与民约法三章,后发现三章之法不足以御奸,由萧何"捃摭秦法,取其宜于时者,作律九章"。此九章律中盗律、贼律、囚律、捕律、杂律、具律等六章是选择秦律中的内容,选择的原则是根据"与民休息"的基本国策,蠲削烦苛。"高帝受命诛暴,平荡天下,约令定律,诚得其宜。"(《九朝律考》引《后汉书·梁统传》)以"平荡天下"为基本标准,只要能满足这一条件,其余繁细条文则不在萧何选择之列,但从上面秦汉律的刑罚名称对比可见,秦律的核心内容和基本构架并未被抛弃,至多是对繁杂的条文进行了简约。

陈先生以"取其宜于时者"为根据,认为"'九章'与'秦时用商鞅,法令如牛毛'(杜甫语)划清了界限。汉律接受了秦亡的教训,有根本性之改革。"[1]实乃不读法律史之误啊!从上述对比看,汉律与秦律没有重大区别已昭然。汉初制律法条的简约,并

---

[1] 凡引陈先生语,均取自上述陈文。

不能说明汉律发生了根本性改革。汉初统治者根据当时"百姓新免毒蟄,人欲长幼养老。萧曹为相,填以无为,从民之欲,而不扰乱,是以衣食滋殖,刑罚用稀。"(《汉书·刑法志》)因"从民之欲",而"填以无为""不扰乱",达到"衣食滋殖"的目的,犯法的也减少了。随着政治局面的稳定,有些汉初制律时没有选择的秦律内容,又通过修律回到了汉律中,如《挟书律》《田律》《田租税律》。律条也逐渐繁杂起来。至武帝时,"律令凡三百五十九章,大辟四百九条,千八百八十二事,死罪决事比万三千四百七十二事。文书盈于几阁,典者不能遍睹。"(《汉书·刑法志》)这哪里是与秦律有了根本性的改革呢?汉法律制度与秦没有根本上的改变,史书中所谓"刑省""刑措"的说法,只是对刑事政策和社会安定状况的一种描述而已。汉初统治者不是改革秦之制度,而是惩秦亡之暴政,从民之欲,与民休息,恢复已经崩溃的国民经济。

三、"重刑"不能导致一个政权的倒台

陈先生认为法家思想是秦亡原因的理由有三:一是法家基于人之有计算之心的认识主张"重刑轻罪,以刑去刑"的立法指导思想使秦之重刑轻罪失人心而灭亡。二是"法外用刑"与"吏治刻深"是以韩非"重刑轻罪"为法理依据。三是汉律立法和执法都抛弃了秦之"重刑轻罪"的法家思想。这些理由均与事实不符,于理不通。

1. "重刑轻罪"是立法思想,而非司法中的轻罪重罚。陈先生的上述观点之误仍在于他把法家思想与秦统治者用重刑惩治法所规定的轻罪混为一谈。法家"重刑轻罪"是为了达到"以刑去刑"的目的,这就是现代刑法理论中的一般预防犯罪,而预防犯罪的思想从来就是刑法立法的基本指导思想,也是立法的目的。对犯罪主体的惩罚目的则有两种:报复其本人和使其不能

再犯罪,这是刑法理论中的特殊预防犯罪;通过对犯罪主体的惩罚而使其他社会成员不敢或不愿再犯罪,这是一般预防犯罪。至于两种预防犯罪中何者居首要地位,不同时代有不同侧重。使用刑法的轻重尺度完全取决于立法者对刑罚轻重在维护社会秩序上的作用、效果的认识。法家基于对"计算利害"的人性的认识,他们认为,人在实施各种行为之前必然会对照法律,对自己的行为后果作出判断。如果自己的行为利小而法律给予的罚重,他们必然会因对自己不利而不实施犯罪。对国家来说,这就是以重刑而达到止刑的目的。文帝二年诏丞相周勃、陈平修改"夷三族"之律,周勃陈平奏言:"父母妻子同产相坐及收,所以累其心,使重犯法也。"(《汉书·刑法志》)可见,法家重刑是为预防犯罪的观念在汉统治者的思想中仍有重要地位。陈先生文中所述"凡立法指导思想,不论古今中外,唯一正确的是处罚与犯罪相当"。这完全是不顾历史的梦呓之谈。罪与罚是否相当取决于不同时代不同认识,而且在中国古代有"刑乱邦用重典"(《汉书·刑法志》)的传统说法,刑罚轻重从来就没有一致的标准。

2. 专制君主是凌驾于法律之上的。法家的基本信念就是"信",法律条文一经成立,即行遵照执行。法律条文是公开的,何罪何罚是法定的,不允许法外的擅断,但君主拥有至高无上的地位,是不受法律约束的。法只是君主维护政权的工具,这是君主专制制度的核心。其中道理就无需赘述了。陈文说:"法与势之间也有矛盾。法即如上述,君主也应遵守,这要求公平。但势是君主绝对专制,亦即臣下不可专制,臣下一切必须服从君主,哪里还有一致、公平?君主同样性恶,既有势又有术,要求秦始皇完全依法办事是不可能的。"陈先生连最基本的历史知识都弄糊涂了。在法家的思想中,根本的主张是"君主专制",君主的地位至高无上,法是君主治国所使用的工具,随君主个人的意愿,法可用可不用。法家即使希望君主也按法办事,但他们从来没有公开对君主不按法办事提出过正面反对意见,充其量是列举一些亡国征兆来警示君主为保护江山而守法。事实上,在"唯意志论"的秦始皇、阴谋窃权而恐臣下不服的胡亥面前,这些含着骨头露着肉的讽劝,不啻无谓的空气震动。汉文帝认为法律规定的对犯跸罪犯的处罚太轻,廷尉张释之说:"方其时,上使使诛之则已。今已下廷尉,廷尉,天下之平也,一倾,天下用法皆为之轻重,民安措其手足?唯陛下察之。"(《汉书·张释之传》)法对司法机关是必守的,不能随意减轻或加重,这关涉到天下人是否守法,司法机关公平的大问题,但君主却有随意处罚的权力,"上使使诛之则已"。张释之向汉文帝陈述按法处罚的理由是"一倾,天下用法皆为之轻重",同样是以天下平安劝君主按法处罚。是否守法取决于君主个人意志的现象与君主专制社会共始终。随着制度的完善和儒家德治思想的弘扬,臣下往往希望君主带头守法,但终君主专制社会,君主从未放弃法外特权,人们的良好愿望也仅为"王子犯法,庶民同罪"(《野叟曝言》),而未敢提出"法律面前人人平等"的口号。陈先生为了否定法家思想在建立君主专制制度时的合理性,居然否定法、术、势的主张,认为成文法对秦始皇没有约束力,"是法家理论的重大缺陷"。此是不顾历史条件而妄责古人。建立在地主经济之上的政权只能是君主专制制度,而战国末期君主所需要的是思想家们提供一套关于君主不受制约的政治法律制度设计方案。法家设计的方案之所以被秦及其后两千余年的君主专制政权所采用,最根本的原因就是它最有利于建立和维护专制君主的绝对至上的权力。陈先生为了咬定秦亡应由法家负责,居然把法家的核心思想也予以否定,那是不是说在那个历史阶段肯定、建立、坚持君主专制制度错了,进而可以认为君主专制的理论导致了秦亡呢?事实上,中国历代王朝更替后又都采用了君主专制制度,只有在两千年后的清末,这种制度才开始动摇。

3. 尽诛陨石旁居人绝非法律规定。陈先生在驳拙文关于"尽取陨石旁居人诛之"是法外施刑的论点时说:"这是一个十分严重的政治事件,却无人告奸;依连坐法,'尽诛之'是依法办事。"稍翻看一下新出土的云梦秦简便可知,秦刑法除了"六律"之外,还有大量的一事一定的法律条文,非常繁细,这大概是法家思想"事皆决于法""皆有法式"的体现。可以想见,陨石降落之前,立法者不可能想象到有陨石落地,而且有人刻上"始皇死而地分"的咒语,更不可能预先规定出这种行为的处罚,商鞅所倡连坐法也不会对此情况有具体规定,"尽诛之"完全是秦始皇个人在盛怒之下的处置。

4. 法家"重刑轻罪"并不导致"吏治刻深"。陈文中还把官吏的刻法看作法家"重刑轻罪"思想所使然,这既不符合法家思想,也与史载不合。已如前述,"重刑轻罪"是"以刑去刑"的立法思想,绝不允许执法者"出""入"人罪。拙文已揭,吏治"刻深"的情况主要出现在二世胡亥窃位之后。二世因政权来自阴谋窃取,为使自己的权位稳固,诛戮兄弟姐妹。"诛罚日益刻深,群臣人人自危。"(《史记·李斯列传》)更加"赐欲广志","复作阿房宫。外抚四夷,如始皇计。尽征其材士五万人为屯卫咸阳,令教射狗马禽兽。当食者多,度不足,下调郡县转输菽粟刍藁,皆令自赍粮食,咸阳三百里内不得食其谷。用法益刻深。"(《史记·李斯列传》)李斯受业于韩非,基本属于法家阵营,但在胡亥杀大臣、诛公子,相连坐者不可胜数的情况下,他"恐惧,重爵禄,不知所出,乃阿二世意,以求容"(《史记·李斯列传》),把韩非"重刑轻罪"思想极端化了,极端强调刑罚的威吓作用,怂恿二世严刑罚,审督责。李斯的思想早已不是从理论的合理性去论述,而完全只为阿谀讨好二世,为迎合二世的需要提供的重刑极端化理论,此"重刑轻罪"不是法家的"以刑去刑"的立法思想,而完全堕落成镇压民众的暴力论。秦二世看了李斯的上书大悦,"于是行督责益严,税民深者为明吏","杀人众者为忠臣"(《史记·李斯列传》),形成"用法刻深"的风气。这里的"法"离开了法家思想指导下制定的法律,充其量是用"法"之名以罗织人罪的镇压,客观公正地研读《史记·秦始皇本纪》《史记·李斯列传》者,应该清楚地看到二世所行李斯的督责之术造成的"吏治刻深"与商、韩的立法思想有着本质的区别。

5. 汉律仍延秦律之重刑。陈文举汉初之政以证汉律抛弃了"重刑轻罪"的思想,说:"在立法思想上,《刑法志》找不到也就是抛弃了秦之'重刑轻罪'的法家思想,而是强调一个'正'字或曰'平'字,即'轻重当罪',不能重也不能轻。文帝……惩恶秦之政,议论务在宽厚……罪疑者从轻。……'务在宽厚''其务平之''唯刑之恤''务准古法',都与秦之'重刑轻罪'划清了界限。"分析陈文中所举例子,"罪疑者从轻""惟刑之恤""务求古法"都是司法中的行为,"惩恶秦之政,议论务在宽厚"是汉初行黄老思想的表现,显系政治指导思想的内容,而"其务平之"是在执法中务在公平,不能依执法者的个人意志,任意出入人罪,更不能"刻法深罪",这显然是法家思想的内容,也是黄老思想的要求。陈文还列举文帝废肉刑之诏,认为仅"在立法和执法方面,也不同于秦之重刑刻法。"文帝废肉刑时定律:"当黥者,髡钳为城旦舂;当劓者,笞三百;当斩左止者,笞五百;当斩右止,及杀人先自告,及吏坐受赇枉法,守县官财物而即盗之,已论命复有笞罪者,皆弃市。"(《汉书·刑法志》)这段记载反映了两个信息:第一,所谓"当黥者……""当劓者……""当斩左止者……""当斩右止"就是说萧何制定的《九章律》中有这些肉刑的规定。第二,文帝所谓废肉刑,用体罚之刑代替伤贱肢体的肉刑:减劓刑改为笞三百,斩左止改为了笞五百,有的甚至是用死刑代替肉刑。景帝元年即发现"加笞与重罪无异,幸而不死,不可为人"(《汉书·刑法志》)。可见文帝废肉刑并没减轻刑罚的残酷程度。汉初有夷三族之令："当三族者,皆黥,劓,斩左右止,笞杀之,枭其首,菹其骨肉于市。其诽谤詈诅者,又先断舌。"(《汉书·刑法志》)此为"具五刑"。其刑罚不谓不重,文帝时曾废三族之诛,然处理辛垣平谋逆案又恢复了三族之诛。

6. "重刑"不会导致政权垮台。汉文帝废肉刑的理由是"教未施而刑已加焉,或欲改行为善,而道亡繇至,朕甚怜之"(《汉书·刑法志》),欲除连坐之族诛的理由也是"今犯法者已论,而使无罪之父母妻子同产坐之及收,朕甚弗取。"(《汉书·刑法志》)汉文帝废肉刑、除族诛,或认为其使罪者不能自新,或认为其诛及无罪,无一处说因"重刑亡国"。

历史上,也没有哪个政权是由于重刑而倒台。秦自孝公开始行商鞅之法,实现了"富国强兵",使秦由一个弱小的民族发展为强国,最终战胜山东六国。同是法家之法,同样用重刑,何前后相反呢?重点在于重刑保护的是经济生产还是保护了对经济生产的破坏。汉武帝时,"外事四夷之功,内盛耳目之好,征发烦数,百姓贫耗,穷民犯法,酷吏击断,奸轨不胜",于是"招进张汤、赵禹之属,条定法律,作见知故纵、监临部主之法,缓深故之罪,急纵出之诛……禁网寝密。"(《汉书·刑法志》)汉武帝外征内兴不谓不盛,刑罚不谓不重,然没有出现政权危机,其基本原因是文景之治使经济得到了极大的恢复,人们有了安定的生活。明初之刑罚残酷是出了名的,但江山依旧稳固、经济持续发展,其原因是明之重刑是指向官吏的,不会危害百姓的正常生活。宋之大儒朱熹成理学,倡天理,但他主张重刑治民,甚至提倡"肉刑"。可见以仁爱为旗帜的儒家也不反对重刑。重刑是否危害政权的稳定取决于刑罚维护的是什么政治经济秩序,"刑罚世轻世重"(《尚书·吕刑》)是古代社会的通论,只要不是民无活路,重刑是不会引起百姓造反的。

| 第三章 |

专制君主制社会正统法律思想的确立与完善

　　法家思想的采用,使秦朝取得了富国强兵的效果。秦统一了全国,建立了中央集权的专制君主制政权,制定了完备的法律制度。秦国的政治实践证明了法家"法、术、势"的理论是符合专制君主需要的,中央集权的政治体制较分封制的靠宗法情感向各自的分封君主负责的"礼治"有效得多。然而秦政权二世而亡的突变给新兴统治者提了个严重警告,使汉统治者必须约束贪欲,与民休息。在经济状况好起来后他们开始考虑政权的长治久安的根本方案。中国农业经济以家庭为基础的社会结构决定了政治法律生活中血缘情感和伦理道德具有重要的作用。有远见的思想家和政治家认识到,法家思想仅能为帝王提供在专制统治技术层面的指导,儒家重血缘情感、倡伦理道德的思想才是巩固统治的长久之策。他们除在主张上全盘承接秦的中央集权的专制君主制政体和完备的法律制度外,开始注重精神文化道德的建设,主张"明等级""张四维",用鼓励"孝悌"的政治措施来强化社会的伦理道德意识。到董仲舒终于提出了融合儒、法、道各家思想的"德主刑辅"政治法律思想,汉武帝"罢黜百家,独尊儒术",从而确立了这一思想的官方地位。它成为此后各代君主实行统治的基本原则,是故学界命之为"正统法律思想",此后法律思想都是在这一基本框架下的逐步丰富和完善。

第三章
专制君主制社会正统法律思想的确立与完善

第一节 汉初思想家对秦亡原因的认识及采取策略的不同主张

法是统治阶级制定或认可的,反映了统治阶级的意志,因而其形式是主观的。但是,法是经济关系决定的,根源于物质生活关系,任何统治阶级或个人不能随心所欲地制定法。马克思认为,君主们在任何时候都不得不服从经济条件,并且从来不能向经济条件发号施令。法能否反映客观经济基础,取决于统治者对社会现实的认识。历史上一切剥削阶级统治者,因私利的驱使,从来不能主动认识社会现实及其发展规律,而是希图无限满足自己的需求。但历史是无情的,当统治者违背客观规律时就给予惩罚,而他们每受到一次惩罚就迫使自己的认识向客观规律接近一步。经过多次惩罚,统治阶级对生产关系各方面的权利义务界限以及稳定社会秩序的规律有了比较正确的认识,从而能够制定出比较符合客观规律的法。

同时,绝对真理是无数相对真理凝聚而成的。任何一个正确认识,既不可能离开前人的成果而突然产生,也不可能全盘继承前人的认识,而是吸收或总结了前人认识中的正确成分或因素才取得的。

战国时期诸子的理论都在各自强调的侧面反映了客观规律,但又都不完全正确。秦统一六国后,按照法家思想废封建立郡县,建立了君主专制的社会政治法律制度。但秦统治者贪欲膨胀,实行了一系列穷奢极欲的暴政,致使新政权尚未发挥其保护新建立的经济关系作用,就瞬间垮台亡国。

一个战胜六国而建立的强大王朝,顷刻之间土崩瓦解,不仅使后继的汉统治者触目惊心,更重要的是不能不引起他们深思。强秦二世而亡的原因究竟是什么?新继政权的出路在哪里?具有代表性的是陆贾的意见,他说:"秦非不欲为治,然失之者乃举措暴众,而用刑太极故也。"(《新语·无为》)即认为秦失败的原因在于两个方面:一是"举措暴众",因频繁的对外战争和大规模的非生产性的建设,极大地加重了人民的经济负担,致使农民连起码的生存权利都没有,因而起来造反;二是"用刑太极",严格说来,包括严刑酷法和专任刑罚两个内容。但是,这两个原因哪个为主,在统治集团内部却有不同认识。当权者多从眼前利益出发,认为前者是主要的,主张要使新政权存在下去和巩固起来,就必须以秦为鉴,不生事,不扰民,使民能生活,即以黄老思想为指导,采取"清静无为""与民休息"的政策。知识分子则从地主阶级统治的长治久安着眼,认为后者是主要的,主张定经制,兴教化,使民立"礼义廉耻"之"四维"。

一、黄老学派法思想的内容及实践

由于秦"举措暴众"的急政,严重侵犯劳动人民维持生存的最低权利,致使农业生产凋敝,国民经济处于崩溃的边缘。《汉书·食货志》载:"汉兴,接秦之敝,诸侯并起,民失作业,而大饥馑。凡米石五千,人相食,死者过半……民亡盖藏,自天子不能具醇驷,而将相或乘牛车。"汉初统治者面对濒于崩溃的经济状况,唯一关心的问题就是如何使新建的政权存在下去。他们从现实统治的角度,看到的是"民失作业"而引起民心思安,是繁徭重赋而造成的"人相食,死者过半",因而认为秦亡的最主要教训在于"举措暴众",当务之急是与民休息。于是他们把黄老学派的法思想作为自己的指导思想,在汉初几十年统治实践中坚定不移地执行这一思想。

曹参为齐国相,"尽召长者诸生,问所以安集百姓""闻胶西有盖公,善治黄老言,使人厚币请之。既见盖公,盖公为言,治道贵清静而民自定""治要用黄老术,故相齐九年,齐国安集,大称贤相"(《史记·曹相国世家》)。"孝惠帝、高后之时，黎民得离战国之苦，群臣俱欲休息乎无为，故惠帝垂拱，高后女主称制，政不出房户，天下晏然"(《史记·吕后本纪》)。"孝文好道家之学"(《史记·礼书》)。文帝死后一直掌权的窦太后"好黄帝老子言，帝(景帝)及太子、诸窦，不得不读黄帝老子，尊其术"(《史记·外戚世家》)。

什么是黄老学呢？后汉的王充曾明确指出："黄者，黄帝也；老者，老子也。"(《论衡·自然》)但实际上，黄老之学是一种特定的学术思潮，起源于战国中期，兴盛于汉初，与老学既有联系又有区别，至于与黄帝则毫不相干。黄帝是传说中的华夏民族的远祖，在战国中后期成为人们所推崇的古代圣王，各学派都以自己的观点刻画他，并以之为本学派的鼻祖，而且著专书托名于黄帝。战国中期以后，在百家相互渗透、相互融合的历史洪流中产生了一个新的学派——道法家学派。因其思想以老学为主，吸收了法家的思想，而当时人们心中黄帝是华夏族最伟大的帝王，比老子更有号召力，故称"黄老"学。又因这个学派是道法结合，故汉人又往往"黄老、刑名"并称。至汉初，适应各种思想相互融合的历史趋势，黄老学又吸收了儒、墨、阴阳的某些成分，成为比较完善的思想体系。汉初反映黄老思想的主要著作是1973年长沙马王堆3号汉墓出土的《黄老帛书》，其中包括《经法》《十六经》[1]《称》《道原》等四篇古佚书，陆贾的《新语》中也有一些篇反映了黄老思想。《淮南子》也属黄老学派的著作，但该书出于武帝时，为汉初人未见，故我们不作为汉初的思想资料使用。

黄老学派法律思想的内容有：

(一)"清静无为""轻徭薄赋"

汉初统治者从秦因"举措暴众"而亡的血的事实中第一次看

---

[1]《十六经》出土发表时作《十大经》，后经马王堆帛书整理小组反复研究，订正为《十六经》。

到了民的力量,认识到这个力量虽在平时不显现,然而绝不能忽视它。如果过分侵犯了民维持生存的起码权利,民就不再是原来的被动状态,而要以暴力的行动显示出它不仅能载舟亦能覆舟的强大力量。因此,汉初统治者对"安民""贵清静"的黄老思想倍感亲切,用以为治。《黄老帛书》的基本思想就是"清静无为",其着眼点是"民"。《经法·君正》说:"号令阖(合)于民心,则民听令;兼爱无私,则民亲上。"顺民心就能维护统治。民以农为业,而农有时令;民要生存,不能过分聚敛。《经法·君正》:"人之本在地,地之本在宜,宜之生在时,时之用在民,民之用在力,力之用在节。"顺民心就要轻徭赋,不违农时。节省民力,使民归田,生产就能发展,人民就能富足。人民能生存了,就乐意为统治者所用。"苛事,节赋敛,毋夺民时,治之安。无父之行,不得子之用。无母之德,不能尽民之力"(《经法·君正》)。目睹秦因征敛无度激民造反事实的汉初统治者,第一次模糊地感觉到取于民也有个界限,而《黄老帛书》中的"取与当"的思想则如指路的明灯。"天制寒暑,地制高下,人制取予。取予当,立为圣王。取予不当,流于死亡"(《称》)。"取"即赋敛徭役,适当与否,关系到国家存亡的根本问题。

统治阶级与民是矛盾的两方面,对民"取"当,"节赋敛,毋夺民时"(《经法·君正》),意味着对统治者利益满足的限制。《黄老帛书》主张统治者生活要节俭,反对过分奢侈。"不知王述(术)不王天下。知王述者,驱骋驰猎而不禽芒(荒),饮食喜乐而不面(湎)康,玩好睘好而不惑心"(《经法·六分》)。如果说这些道理在《黄老帛书》还是理论上的推断和原则上的劝诫的话,那么对汉初统治者来说,则是从血的历史事实中悟出的教训,难怪乎他们对黄老思想那样崇尚和坚持。刘邦即帝位不久,萧何在长安修建了未央宫,刘邦"见宫阙壮甚,怒,谓萧何曰:'天下汹汹,苦战数岁,成败未可知,是何治宫室过度也?'"(《史记·高祖本纪》)吕后宁愿忍受匈奴单于的侮辱,也坚持和亲政策,而不与匈奴发生武装冲突。汉文帝在位23年,宫室、苑囿、狗马、服御无所增益,他为自己造的陵墓皆以瓦器,不得以金银铜锡为饰,甚至因为怕费"中人十家之产"(《史记·孝文本纪》)而取消了建筑露台的计划。

统治者坚持"清静无为""节俭",减少了人力物力的浪费,解决了秦过分剥削农民、破坏合理的权利界限的根本问题。汉统治者自建立政权开始,就努力恢复被秦破坏了的合理的权利义务界限,致力推行轻徭薄赋政策,并用法的形式明确规定赋税的比率和徭役的天数。刘邦把田赋由秦的"收泰半之赋"减为"十五而税一"。汉文帝十二年诏民减租税之半,即实行"三十而税一",后又免民租税,直至景帝即位。景帝正式把田赋"三十而税一"规定为法律制度。(《汉书·食货志》)刘邦统一后,对士兵实行大规模复员,以后规定男丁每年在本郡县服役一月,戍边三日,比"秦力役三十倍于古"大大减轻。

(二)"循守成法""废除繁苛"

黄老学派是道法学派,一个主要特征是"守法而无为",所谓"无为"不是毫无所为,也不是漫无边际的放任,而是不超越既定法律规定搞什么作为。"法"是"无为"的界限,而无为的"道"又是"法"的根源。《经法·道法》:"道生法。法者,引得失以绳,而明曲直者殹(也)。故执道者,生法而弗敢犯殹(也),法立而弗敢废殹(也)。"法既立,则不敢犯,不敢废,完全是法家的思想。法是判断是非的根据、"虚静谨听"的标准。对于功过要赏罚必信,不徇私情。"精公无私而赏罚信,所以治也"。"以刑正者,罪杀不赦殹(也)"(《经法·君正》)。《黄老帛书》强调按法办事关系到国家治乱的根本问题。"案法而治则不乱"(《称》)。

汉第一任相国萧何看到"三章之法"不足以御奸,于是"捃摭秦法,取其宜于时者,作律九章"(《汉书·刑法志》)。可见,汉基本上仍沿袭秦法。但"萧何为法,顜若画一"(《史记·曹相国世家》)。"顜若画一",一方面指其"取其宜于时者",删除前后抵牾的条文;另一方面指立法之后不轻易变更。这大概是"法立而弗敢废"的实践体现。继萧何为相国的曹参,三年"举事无所变更,一遵何之约束"(《汉书·刑法志》),清静守法,保证了法的稳定,民得安宁。因此,百姓歌之曰:"萧何为法,顜若画一,曹参代之,守而勿失。载其清静,民以宁一。"(《史记·曹相国世家》)

汉初统治者坚持黄老思想"赏罚信"的思想,主张严格执法,即使帝王也只有"执道生法"的权力,而不得犯法。汉文帝时廷尉张释之提出"法者,天子所与天下公共"《史记·张释之冯唐列传》)的思想,要求帝王应与天下人一样,都负有按法办事的义务。对"犯跸"和"盗高庙坐前玉环"两个案件,汉文帝曾因一时愤怒,下令加重处罚,张释之坚决主张按法处断,最后文帝还是接受了张释之的意见。

黄老思想虽吸收了法家的"执法""守法"思想,但基于"安民""惠民"的立场,对法家的"重刑轻罪"的主张是不首肯的。黄老思想不仅要求"君正",而且要求"法正"。《经法·君正》:"法度者,正之至也。而以法度者,不可乱也。而生法度者,不可乱也。"所谓"法正",在行政法、经济法方面表现为"取与当""赋敛有度""使民以时";而在刑法方面,尤其是刑罚的规定和适用上,则表现为刑当其罪。"受赏无德,受罚无怨也,当也"(《经法·君正》),"生杀不当谓之暴"(《经法·四度》)。

汉初统治者在这种思想作用下,除秦苛法,废除"诽谤妖言令",除"收孥连坐法"。汉文帝认为"收孥连坐"是"法不正",他说:"法者,治之正也","法正则民悫,罪当则民从。且夫牧民而导之善者,吏也。其既不能导,又以不正之法罪之,是反害于民为暴者也。"(《史记·孝文本纪》)文帝出于"法正""罪当"的原则,主张把犯罪者与其家属区别开来,划清了罪与非罪的界限,认为"犯法"者应论,"父母妻子同产""毋罪"而"坐之"则"甚不取"。终于战胜了沿袭已久的"相坐坐收,所以累其心,使重犯法"的传统,废除了收孥连坐法。

(三)"不苛细小""勿扰狱市"

道法结合的另一个特征就是执法"守大体",不苛细小。黄老思想尚质朴而斥急苛,反对法家的"细过不失"的主张。坚信"治道贵清静而民自定"的曹参,治吏一反秦俗,对下级官吏,"见人有细过,掩匿覆盖之,府中无事"。选拔官吏,"择郡国吏长大,讷于文辞,谨厚长者",而"吏言文刻深,欲务声名,辄斥去之"。(《史记·曹相国世家》)汉律基本沿袭秦律,其刑罚残酷程度与秦律相差无几。但曹参把"清静无为"精神贯彻到执法上,不深文,不苛细小,甚至将"刻深"的官吏罢免去,就使得司法实践中用刑稀省。张释之反对"亟疾苛察"的官吏,而主张任用有"恻隐之心"的长者,其用意也在于要求官吏在司法实践中不拘文法,不苛小罪。学黄老之言的汲黯为东海太守,"治官理民,好清静,择丞史而任之。其治,责大指而已,不苛细小……岁余,东海大治"(《史记·汲黯列传》)。

不仅对一些轻微的犯法行为,就是对一些奸人或比较严重的犯罪,只要对政权不构成威胁,持黄老思想者也乐于通融处理,以维护社会的安定,避免激化矛盾。曹参由齐相调任相国时对继任的齐相说:"以齐狱市为寄,慎勿扰也。"后相问:"治无大于此者乎?"参答曰:"不然。夫狱市者,所以并容也,今君扰之,奸人安所容也?吾是以先之。"(《史记·曹相国世家》)《汉书音义》注曰:"夫狱市,兼受善恶。若穷极,奸人无所容窜。奸人无所容窜,久则为乱。秦人极刑而天下叛,孝武峻法而狱繁,此其效也。老子曰:'我无为而民自化,我好静而民自正。'参欲以此道化其本,不敢扰其末。"关于"狱市"的含义,尽管有不同的解释[1],但

---

[1] 传统的说法是市与狱并列。法律教材编辑部:《中国法律思想史资料选编》,法律出版社1983年版。注:"狱市,指包揽词讼、资助盗贼的地方。"

曹参不欲用苛法严刑穷极奸人的意图是非常明显的。因为他已目睹秦"法网密于凝脂""细过不失"所造成的恶果,认识到:奸人,也要让他们生活下去,"若穷极",逼得他们无路可走,他们就会为乱。

黄老"不苛细小""勿扰狱市"的思想虽与其"循守成法"的思想不一致,但对于维持当时的安定局面,维护统治阶级内部的团结却是极其有利的,尤其是汉初统治者"勿穷极奸人"的思想,是在总结了法家"重刑制民"理论失败的教训之后得出的深刻认识。

二、汉初儒者的法律思想

对秦亡的主要原因,汉初知识分子的认识与当权者不同。曾跟随刘邦打天下的陆贾,亲身经历过秦的统治,对秦亡的原因有较全面的认识,既指出了秦的"举措暴众",又强调了秦的"用刑太极"。但他的思想倾向还是比较明显的,他曾说:"秦以刑罚为巢,故有覆巢破卵之患"(《新语·辅政》),"是以圣人居高处上,则以仁义为巢"(《新语·辅政》)。刘邦刚建立汉政权时,"陆贾时时前说称《诗》《书》,高祖骂之曰:'迺公居马上而得之,安事《诗》《书》?'陆生曰:'居马上得之,宁可以马上治之乎?且汤武逆取而以顺守,文武并用,长久之术也……乡使秦已并天下,行仁义,法先圣,陛下安得而有之?'"(《史记·陆贾列传》)显然,陆贾是认为秦亡主要原因在于"不行仁义""以刑罚为巢",因而他用知识分子普遍具有的重理想轻现实的思维方式得出结论:汉统治者欲安定天下,必须把重点放在礼义教化上。他说:"法令者,所以诛恶,非所以劝善。故曾闵之孝,夷齐之廉,岂畏死而为之哉?教化之所致也。"(《新语·无为》)

贾谊[1]进一步从地主阶级的长远利益去总结秦亡的教训,

---

[1] 贾谊(前200—前168),西汉政论家。20岁被汉文帝召为博士,一年后升为太中大夫,后因权贵反对贬为诸侯王太傅。著有《新书》和奏疏,现收在《贾谊集》中。

并结合二十多年黄老思想的实践所引起的社会问题提出了自己的法律思想。

(一)"道之以德教""张四维"

贾谊虽是儒者,但他并不是从儒家固有的信条去阐发自己的思想,而是从对秦亡教训的总结中引发自己的思想。因而他的法律思想并不囿于儒家的传统,而是包含了儒、道、法各家的内容。他不绝对地肯定儒法两家理论的优劣,而是认为"取与守不同术"(《贾谊集·过秦中》),夺取政权时主要靠武力、刑罚,巩固政权时主要靠道德教化,培养人的廉耻之心。秦在兼并战争中所执行的政策是正确的,因此取得了胜利,但"秦离战国而王天下,其道不易,其政不改"(《贾谊集·过秦中》),故招致二世而亡的结果。由此,贾谊得出结论:秦亡的主要原因是:"灭四维而不张,故君臣乖乱,六亲殃戮,奸人并起,万民离叛,凡十三岁而社稷为虚。"(《贾谊集·治安策》)所谓"四维",就是"礼义廉耻"。他引《管子》的话说:"四维不张,国乃灭亡",秦"遗礼义,弃仁恩",使秦俗败坏,人无伦理之行,廉耻之心。尤其是兼并六国之后,犹"不知反廉愧之节,仁义之厚",最终导致"众掩寡,智欺愚,勇威怯,壮陵衰,其乱至矣"。(《贾谊集·治安策》)

贾谊根据上述认识,认为汉统治者应以秦覆亡为鉴,采取"张四维"的对策。他认为,社会的治乱非一日所致,而是日积月累渐变的结果。"以礼义治之者,积礼义,以刑罚治之者,积刑罚。刑罚积而民怨背,礼义积而民和亲"(《贾谊集·治安策》)。积礼义,就是要"道之以德教",而不要"驱之以法令"。因为德教的内容是礼义,通过德教可以使人立廉耻之心。他分析礼教的作用说:"礼者禁于将然之前,而法者禁于已然之后,是故法之所用易见,而礼之所为生难知也……礼云礼云者,贵绝恶于未萌,而起教于微眇,使民日迁善远罪而不自知也。"(《汉书·贾谊传》)如果臣下树立了廉耻之心,"则主耳忘身,国耳忘家,公耳忘私。利不苟就,害不苟去,唯义所在"(《贾谊集·治安策》)。

贾谊还从家庭伦理与政治统治关系的角度论述了进行德教的必要性。他说:"岂为人子背其父,为人臣因忠于君哉?岂为人弟欺其兄,为人下因信其上哉?"(《贾谊集·俗激》)他认为当时人们"弃礼义,捐廉耻","到大父""贼大母""踝姁""刺兄",都是"四维不张"的表现,会导致亡国的结果,改变这种现状,必须"移风易俗,使天下移心而向道"(《贾谊集·俗激》)。地主经济社会以一夫一妻的个体家庭为基本单位,父子关系是最基本的社会关系,因而"孝"的观念是衡量人们道德的最基本尺度,地主经济国家靠维护家庭中的"孝"来保证政治统治中的"忠"。贾谊从巩固家庭中的伦理观念的目的出发,主张进行道德教化,以"厉廉耻,行礼义"(《贾谊集》),这是对社会现实的正确认识。

在政权巩固后的统治中,礼虽然有引人积极向善的作用,可以预防犯罪,但贾谊并不认为礼教能杜绝犯罪,特别是看到现实中诸侯王造反、地方豪强为乱的犯罪时有发生,认为对这些犯罪,德教无能为力,必须用强有力的刑罚给予镇压。他以解牛为喻,说:屠夫解牛,割肉剔骨需用"芒刃",而截断大的骨头则必须用斤斧。"仁义恩厚,此人主之芒刃也,权势法制,此人主之斤斧也"(《汉书·贾谊传》)。对平民百姓要施以"仁义恩厚",对拥有实力的妄图推翻政权的犯罪者必须用"权势法制",若用仁义德教,则如用芒刃解髋髀,"刃不折则缺"。贾谊这种思想显然包含了先秦法家的思想成分,因此,司马迁说他"明申商"(《史记·太史公自序》),班固的《汉书·艺文志》将《新书》列入杂家类。但是,正因为他思想的"杂",才是冲破了先秦各学派的门户之见、根据地主阶级统治的实际需要融合众家之长的理论,是地主阶级对社会现实的正确认识。

(二)"定经制""兴礼义"

贾谊从政之时,黄老思想已实行了二十余年,而少干涉、放任的"无为"政策带来了双重的社会后果。一方面农民得到"休养生息"的机会,农业生产得到了发展;另一方面,地方势力过分强大,对中央政权造成了威胁:诸侯王的势力长足发展,出现了"一胫之大几如腰,一指之大几如股"的局面,商人势力急剧扩大,他们通过经商获得了大量财富,又用财富购买土地,进行土地兼并,成为豪强地主。他们依仗财产的富有,不再安于政治上"贱"的地位,以"大不敬""亡等""冒上"(《贾谊集·治安策》)等行为破坏社会秩序。地主阶级的土地兼并、竞相奢华,也使一部分农民失去了土地,生活又处于"饥寒切于民之肌肤"(《汉书·贾谊传》)的困境。贾谊认为,当时的社会局面虽呈现安定的状态,但如同烈火之上堆满干柴一样,只是"未及燃"以前的暂时安定,其背后隐藏着极大的危机。因此,他极力反对喧嚣于朝的"天下已安"的赞颂,而为危机的形势"痛惜""流涕""长太息"(《贾谊集·治安策》),主张不能再放任诸侯王、豪强地主的兼并土地、扩充实力的行为了,而必须运用权势"定经制",即明确划分每个社会成员的权利界限,限制他们"出伦逾等""富过其事"(《贾谊集·时变》)的行为。他说:"汉兴至今二十余年,宜定制度,兴礼乐,然后诸侯轨道,百姓素朴,狱讼衰息。"(《贾谊集·论定制度兴礼乐疏》)"经制"是治理国家的有效工具,若经制不定,地主阶级统治就不能实现,"犹渡江河亡维楫,中流而遇风波,船必覆"(《贾谊集·治安策》)。"礼者,所以固国家,定社稷,使君无失其民者也。"(《贾谊集·治安策》)

首先,划定诸侯王的经制。贾谊认为,诸侯造反,不是其性恶,而是具备了强大的势力,"大抵强者先反"(《贾谊集·藩强》),"诸侯势足以专制,力足以行逆,虽令冠处女,勿谓无敢"(《贾谊集·权重》)。因此,应"割地定制"(《贾谊集·治安策》),限制诸侯的土地数量,削弱诸侯的势力。"力少则易使以义,国小则亡邪心",而且"地制一定,宗室子孙莫虑不王"(《贾谊集·

治安策》),则无背叛之心。

当时,诸侯王府的各种制度与皇宫一样,诸侯王的官吏设置及其印信、俸禄也与朝廷无别。贾谊认为,"等级、势力、衣服、号令"是区别尊卑贵贱的外部标志,诸侯王与皇帝在外部标志上一样,人们就会怀疑皇帝的真假。主张"以等上下而差贵贱",明确规定等级界限,则"下不凌等,则上位尊,臣不逾级,则主位安。谨守伦纪,则乱无由生"。(《贾谊集·服疑》)

其次,限定豪强地主的权利。贾谊看到富商地主"竞相侈靡",其服饰与帝王皇后无别,认为这既是"大不敬""冒上"的僭越行为,又是农民为"奸邪""盗贼"的根源。再不能实行放任无为的政策了,而必须"定经制令君君臣臣上下有差,父子六亲各得其宜","此业一定,世世常安"。(《贾谊集·治安策》)

(三)"黥劓之罪不及大夫"

贾谊提出"定经制""张四维"的法律思想,其出发点在于建立"尊君卑臣"的等级严明的社会制度。他说:"主主臣臣,礼之正也。威德在君,礼之分也。尊卑、大小、强弱有位,礼之数也。"(《贾谊集·礼》)为维护君主至高无上的权威和绝对不可侵犯的尊严,贾谊认为应建立严格的等级制度。等级越多,处于其顶端的君主的地位越高,从而越不易被侵犯。他以殿堂的台阶为喻说,如果九级台阶,则殿堂离地六尺;若无台阶,则殿堂离地不过一尺。"高者难攀,卑者易凌,理势然也"(《汉书·贾谊传》)。众庶如地,群臣如台阶,君如殿堂,等级越多,君的地位越高,从而越不易被攀凌。因此,古代圣王设置了众多等级的爵位官职,"等级分明,而天子加焉,故其尊不可及也"(《汉书·贾谊传》)。

从维护君主尊严的目的出发,贾谊提出"黥劓之罪不及大夫"的刑罚观点。他认为,大臣曾在君侧,在贵宠之位,天子都以礼待之。若大臣有过,则"令与众庶同黥、劓、髡、刖、笞、骂、弃市之法",是"堂下无陛",那堂也就不高而易"凌"了。况且大臣曾在贵宠之位,"吏民尝俯伏以敬畏之",今日有过,则"束缚之,系继之,输之司寇,编之徒官,司寇、小吏詈骂而榜笞之",又"令众庶见也",那么众庶会产生这样的观念:"尊贵者之一旦吾亦乃可以加此也。"大臣也就有"徒隶亡耻之心",于是在位的大臣在人们心目中就失去了应有的尊贵地位。根据"投鼠忌器"的道理,对于大臣应以廉耻节礼治之,"今而有过,帝令废之可也,退之可也,赐之死可也,灭之可也","黥劓之罪不及大夫,以其离主上不远也","尊君故也"。(《汉书·贾谊传》)

贾谊这种主张,既是对秦"刑无等级"理论的反动,又是借用法家"威势"的理论强化儒家的礼治观念,为巩固专制君主的独尊地位、建立、完善专制君主制等级制度提供理论依据。汉文帝"深纳其言,养臣下有节。是后大臣有罪,皆自杀,不受刑"。(《汉书·贾谊传》)

三、汉初儒者思想与黄老思想的同异及其斗争

黄老思想与儒者思想在渊源上有相通之处。作为黄老思想渊源的道家思想主张"顺民之性",强调"民"的自化、自富,实际是对"民"的重视。汉初儒者所宗的先秦儒家学派,更是以"重民"为特色。这无疑是汉初儒者思想与黄老思想具有共同点的重要原因。但汉初统治者及其思想家(儒者)更主要地是从秦亡事实中总结教训,提出自己解决现实问题的法律主张的。他们的一个共同认识就是,民不是一个完全被动的力量。因此,他们的法律思想都以民为本。黄老思想"与民休息",汉初儒者也主张以"民本"为出发点。陆贾比较任德和任刑的优劣时,以"民归"还是"民去"为检验标准。"儴道者众归之,恃刑者民畏之;归之则附其侧,畏之则去其域"(《新语·至德》)。贾谊也有同样的比较:"刑罚积而民怨背,礼义积而民和亲";"道之以德教者,则德教洽而民气乐;驱之以法令者,法令极而民风衰。"(《贾谊集·

治安策》)而且他明确提出了"民为本"的思想:"闻之于政也,民无不为本也。国以为本,君以为本,吏以为本。故国以民为安危,君以民为威侮,吏以民为贵贱。"(《贾谊集·大政上》)他告诉统治者说:"与民为仇者,有迟有速,而民必胜之。"(《贾谊集·大政上》)这些思想是地主阶级经受历史的惩罚之后才逐渐接触到的真理性认识,因而成为以后正统的法律思想的重要内容。

这个基本思想体现在具体主张上,就是行"德政仁义",通过行德政来"安民""定民"。黄老思想讲"正信以仁,慈惠以爱人"(《十六经·顺道》),"先德后刑以养生"(《十六经·观》),陆贾、贾谊讲"仁义""德政"。他们"德""仁义"的具体内容都包括"轻徭薄赋""约法省刑"。因此,"德政""仁义"在汉初与"无为而治"是有机结合在一起的,儒者陆贾既讲德政、仁义,又强调"无为",就是明证。汉文帝废肉刑的一个理由就是肉刑"不德"。有人说废肉刑是受儒家思想的影响,有人则把其列为黄老思想的表现,其实,在肉刑问题上,两者的观点是一致的,都是基于对民的"慈爱"而主张废除的。

但是,儒者思想与黄老思想毕竟是两种思想体系,它们之间是有区别的。黄老思想的集中点是"清静无为",其他一切思想都围绕这一点而展开。儒者思想的核心是建立、维护尊君卑臣的严格的社会等级制度,其德政仁义是为保证民能维持生存而不致起来破坏这种等级秩序。如果说在汉政权建立之初社会矛盾尚不尖锐,需要有一个安定环境发展生产,因而德政仁义与"无为"还相一致的话,那么到贾谊时社会矛盾激化,再实行"无为",放任诸侯王、地方豪强僭越、兼并,则不能巩固中央集权的地主阶级政权,对民说来已不是"德政",而是"暴政"了。因此,儒者思想与黄老思想的对立突显出来。

基于各自思想的"德"的含义并不完全相同。黄老思想的"德"是体现"无为"的,即通过减少统治者的举措来减轻民的徭赋；通过约省刑罚来实现"勿扰于民"，使民自化，实即儒家"德政"的内容。儒者的"德"除"德政"外，主要的内容是"德教"，主张通过道德教化，使人们树立起有利于巩固社会等级制度的道德观念，从而收到"禁于将然"的理想效果。儒者认为，黄老思想那种仅靠"民富则有耻"（《经法·君正》）的办法是不行的，如果不"厉廉耻""行礼义"，加强人们的道德观念约束，则会"强者先反""富过其事"，越富越不利于地主阶级统治。贾谊说："今世以侈靡相竞，而上亡制度，弃礼义，捐廉耻，日甚……今其甚者杀父兄矣，盗者剟寝户之帘，搴两庙之器，白昼大都之中剽吏而夺之金。"（《贾谊集·治安策》）解决的办法就是定经制，行德教，而黄老靠民自化的"德政"是无济于事的。

由于思想根本点上的分歧，自汉政权建立始，信奉黄老的当权派与主张"定经制"、行德教的儒者之间就存在着斗争，而且随着形势的发展，斗争日益激烈，儒者的力量在斗争中也不断壮大。刘邦"不喜儒"，曾往儒者冠中溺尿。后来，叔孙通制定礼仪，使朝贺时"无敢讙哗失礼者"，维护了君主的尊严，受到高祖赞赏，以此升为"太常"。文帝时，贾谊提出"定经制""兴礼义"的主张，而当时掌权的是随刘邦打天下、拥立文帝的元老重臣，他们居功自傲，根本不愿放弃既得权力而去无条件地尊文帝，因而群起反对贾谊。在这些重臣的压力下，本好黄老之言的汉文帝也就乐于坚持"无为"政策。在汉初，掌权者都信奉黄老思想，儒者无得重用者。《史记·儒林列传》说："孝惠、吕后时，公卿皆武力有功之臣。孝文时颇征用，然孝文帝本好刑名之言。及至孝景，不任儒者，而窦太后又好黄老之术，故诸博士具官待问，未有进者。"武帝初即位，丞相窦婴、太尉田蚡好儒，推荐儒者赵绾为御史大夫，王臧为郎中令。赵绾等提出建立明堂、改服色、行封禅的建议，并请"无奏事东宫"（《汉书·武帝记》）。窦太后大怒，当面责备汉武帝，将赵绾、王臧下狱，迫其自杀，罢了窦婴和田蚡的职。几次较量儒者虽都失败了,但其思想却越显示出适应巩固中央集权的君主专制政权的需要的优势。至建元六年(前135年)窦太后死了,汉武帝有了自由行政的权利。汉初的功臣几乎都已去世,朝廷的黄老势力大大减弱。于是汉武帝重新启用田蚡为丞相,"绌黄老刑名百家言,延文学儒者数百人"(《史记·儒林列传》),为董仲舒所创立的"德主刑辅"法律思想登上政治历史舞台铺平了道路。

第二节　董仲舒"德主刑辅"法律思想的被接受

董仲舒是儒家学派在汉代的著名代表。在汉武帝举行贤良策问时,他上奏"天人三策",提出了以"德主刑辅"为核心的法律思想。因他向汉武帝提出"罢黜百家,独尊儒术"的建议,儒家思想第一次成为官学。但他的儒学已不再是原始儒学,而是在道德教化为骨干的框架内杂糅了先秦各家思想的综合体。

一、董仲舒思想产生的时代背景

秦亡之后,汉思想家纷纷从秦速亡的历史实践中总结经验。黄老学派认为,秦亡于"举措暴众""繁徭苛赋",于是主张"清静无为""轻徭薄赋",汉初统治者接受黄老思想,70年坚持无为国策,达到"文景之治";陆贾最先意识到:"居马上得之,宁可以马上治之乎?且汤武逆取而以顺守之,文武并用,长久之术也……乡使秦已并天下,行仁义,法先圣,陛下安得而有之?"(《史记·郦生陆贾列传》)汉文帝时的贾谊则更极端地认为:秦亡是由于"灭四维尔不张,故君臣乖乱,六亲殃戮,奸人并起,万民离叛"(《汉书·贾谊传》),强烈地主张治国要"兴礼义""张四维""道之以教化"。

然而,这种儒家礼教思想的抬头,并不是原始儒家的再现,而是在黄老思想的外衣下吸收了道家、法家、儒家思想的新综合。融合各种思想而建立一种对新建立的地主阶级君主专制政权有用的新理论，是当时的社会主流倾向。他们不再相互驳难，而是取得了相当一致的共识：在统治中，要行仁义教化，刑罚固然不可不用，然而不能专任。

这种理论融合的潮流还有一个大背景，就是论证新建立起的地主阶级政权的合理性、合法性，普遍兴起的造神运动。思想家们把君主神化说成受命于天，其在人间的活动是体现天的意志。贾谊在《新书》卷六中说："龙也者，人主之也。"把帝王比为龙，神化了君主。司马迁在《史记·高祖本纪》中记述高祖的出生说："其先刘媪尝息大泽之陂，梦与神遇。是时雷电晦冥，太公往视，则见蛟龙于其上。已而有身，遂产高祖。"虽然感生之说完全是为神化帝王的编造，但时人信之。"常从王媪、武负贳酒，醉卧，武负、王媪见其上常有龙，怪之。高祖每酤留饮，酒雠数倍。及见怪，岁竟，此两家常折券弃责。"（《汉书·高帝纪上》）《封禅书》说："黄帝升封泰山，于是有龙垂胡髯下应黄帝。黄帝上骑，群臣后宫从者七十余人，小臣独不得上，乃悉持龙髯，拔堕黄帝之弓。小臣百姓仰望黄帝不能复，乃抱其弓而号，故世因曰乌号弓。"（《风俗通义·正义》）这显然是神话故事，但其背后的意义在于告诉人们，帝王是跟上天有着紧密联系的，其神化的作用是显然易见的。

把政治统治与天相联系，把政治法律活动纳入阴阳五行框架，已成为当时的思想潮流，容纳道家、法家、儒家思想的"天人感应"阴阳五行学说正在逐渐形成。

董仲舒"德主刑辅"法律思想的产生，不仅有其历史渊源，更主要的是有其现实基础。

战国中期，商鞅学说的出现标志着法家作为一个独立的政治派别已经形成。自此，法家的思想在当时的政治生活中发挥着重要的作用。法家思想的特点是:第一,只相信君主的意志,崇尚君主专制。第二,只依恃法律的威力,主张"一断于法""专任法治"。法家否定道德价值的作用,不主张道德教化,这就为以后秦始皇用严刑保证满足恶性膨胀的私欲提供了理论依据。

法家的主张,在各诸侯国互相兼并、争霸天下的战国时期是有利于"富国强兵"、统一天下的。秦自孝公至始皇帝,始终坚持以法治国,实行耕战,逐渐国富兵强,雄视关东,先后吞灭了六国,建立了中国历史上第一个多民族的统一的专制君主制大帝国。然而秦始皇越来越违背人民要求安定的愿望,重徭繁赋,酷刑滥法,最后导致人民被逼造反,秦王朝十四载就垮台了。

继秦而起的汉初统治者,面对"诸侯并起,民失作业而大饥馑,凡米石五千,人相食,死者过半"(《汉书·食货志》),甚至"自天子不能具醇驷,而将相或秉牛车"(《汉书·食货志》)的局面,认识到若继续实行秦王朝那套急政暴刑的政策,自己也会很快被新的农民起义推翻,只有与民休息,宽政节徭,约法省刑,才能恢复经济,巩固自己的统治。所以,自汉高祖直至文景二帝,把主张"无为而治"的黄老思想作为基本的治国思想。在这种国策的指导下,汉初统治者采取了一系列轻徭薄赋、约简刑法的政策。这种"无为而治"在客观上适应了广大农民在战乱之后要求休养生息的强烈愿望,促进了生产的恢复和发展。"至武帝之初,七十年间,国家亡(无)事,非遇水旱,则民人给家足,都鄙廪尽满,而府库有余财。京师之钱累巨万,贯朽而不可校,大仓之粟陈陈相因,充溢露积于外,腐败不可食。众庶街巷有马,阡陌之间成群,乘牸牝者,摈而不得会聚。守闾阎者食粱肉,为吏者长子孙,居官者以为姓名。"(《汉书·食货志》)政权的巩固,经济的发展,使汉初的"无为而治"的黄老思想已经不适应后来的统治者的需要了。随着经济的不断恢复和发展,豪强间的土地兼并开始加剧。地主经济的发展孕育着阶级分化和阶级对立的尖锐化,地主阶级内部的矛盾进一步加深。即使在汉初休养生息的局面下,农民是得不到多少好处的,土地和社会财富迅速地集中在地主阶级手中。地主阶级手中的财富越多,土地兼并现象就越严重。如身为丞相的田蚡,"治宅甲诸第,田园极膏腴,而市买郡县器物,相属于道","多受四方赂遗,其家金玉、妇女、狗马、声乐、玩好不可胜数。"(《史记·魏其武安侯列传》)土地兼并造成了小农的破产,加剧了阶级对立;同时也使得地主阶级内部矛盾尖锐起来。阶级矛盾的激化,尤其是地方豪族地主势力的强大,造成了对中央集权的威胁,急需汉统治者变"无为"为"有为",维护中央集权。在汉武帝举行贤良策问时,董仲舒以"德主刑辅"为核心的综合思想得到了汉武帝的赏识,成为汉王朝的官方思想。

二、"天人相应"阴阳五行学说的理论基础

汉代以来,天人相应的说法日渐盛行,汉武帝在贤良策问时提出:"盖闻善言天者,有征于人;善言古者,必有验于今。故朕垂问乎天人之应。"董仲舒回答说:"臣闻,天者,群物之祖也。……故圣人法天而立道,亦溥爱而亡私。春者,天之所以生也;仁者,君之所以爱也。夏者,天之所以长也;德者,君之所以养也。霜者,天之所以杀也;刑者,君者所以罚也。由此言之,天人之征,古之道也。"(《汉书·董仲舒传》)君要法天而施政,君,法天之生而仁,法天之长而养,法天之杀而刑。王是天的模拟,按天道安排政事。"天子受命于天。"(《春秋繁露·为人者天》,以下凡引此书只注篇名)"王者配天,谓其道。"(《四时之副》)不仅君主要按天意安排政事,君主的专制制度也是天的意志的反映。"王道之三纲,可求诸天。"(《基义》)

从本节第一部分所述可知,董仲舒并不是第一个讲天人相应和阴阳五行的,他的创新在于,把儒家的德刑、仁义礼智信与

五行固定地联系安排起来,使政治法律的手段也像阴阳五行那样具有了固定的位置和要求,不可违反秩序。他在回答武帝策问时说:"天道之大者在阴阳。阳为德,阴为刑。刑主杀而德主生。是故,阳常居大夏,而以生育养长为事;阴常居大冬,而积于空虚不用之处,以此见天之任德不任刑也……王者承天意以从事,故任德教而不任刑。"(《汉书·董仲舒传》)他还把政事与四时相对应:"天有四时,王有四政,四政若四时,通类也,天人所同有也。庆为春,赏为夏,罚为秋,刑为冬。庆赏罚刑之不可不具也,如春夏秋冬之不可不备也。"(《四时之副》)

董仲舒不仅用五行相生的顺序来说明政治秩序的不可移异性,还用五行相克的秩序来说明各种官职的制约性。"五行之随,各如其序。五行之官,各致其能。"(《五行之义》)"夫木者,农也。农者,民也。不顺如叛,则命司徒诛其率正矣,故曰金胜木。金者,司徒。司徒弱,不能使士众,则司马诛之,故曰火胜金。夫土者,君之官也,君大奢侈,过度失礼,其民叛,其君穷矣,故曰木胜土。"(《五行相胜》)

董仲舒"天人相应"阴阳五行思想的目的在于说明天子之命具有最高权威,臣民不得违抗,国之政治法律措施需按阴阳五行相应安排,不可更改。由于当时人们普遍接受阴阳五行的观念,把政治法律经济制度配以阴阳五行,就对其合理性给予了貌似客观的论证,因之也具有了不可改变的形式要求。

三、"人性论"阐述了礼义教化的必要性

董仲舒的"人性论"基本上继承了荀子的价值外在的思路,把价值根源归诸天。人们的道德理念、道德意识及道德规范都是接受圣王教化才产生的,而这些道德价值是天子受命于天,人只是通过受教育才懂得的。他所说的人性,指的是人的自然之性,也即动物之性。在他看来,"生之自然之资,谓之性。性者,

质也。"(《深察名号》)"性者谓之质","质朴谓之性"(《汉书·董仲舒传》)。这就明白地给他所讲的"性"下了定义:性是天生的本质,是人的自然属性。从这一定义出发,他把性分为"圣人之性""中民之性""斗筲之性"。

关于"圣人之性",遍查董仲舒的全部著作,只见到一句正面论述"圣人之性"的话:"圣人过善。"(《深察名号》)过者,越也,超也。"圣人过善"就是说圣人天生之资超过一般的善,这种"过善"之性是其他人先天不可能有,后天又不可及的,故此种性不需教化。

关于"斗筲之性",董仲舒列之为下品,置而不论。他说:"诸斗筲之民何足数哉,弗系人数而已。"(《玉杯》)既然"斗筲之民"被摒弃于人的行列之外,那么"斗筲之性"当然谈不上有什么善质,而是生来就是恶的,教化也不会从善,必然要犯罪。

"中民之性"在董仲舒的著作里是与"性"等同的。他说:"圣人之性不可以名性,斗筲之性又不可以名性,名性者中民之性。"(《实性》)名是什么意思?《释名》解释说:"名,明也。名实使事分明也。"荀子说:"智者为之分别,制名以指实。"(《深察名号》注引《荀子·正名》)董仲舒自己解释说:"名生于真。非其真,弗以为名。名者圣人所以真物也。名之为言真也。"(《深察名号》)上面诸引文中的"实""真"是一个意思,指的是客观事物。这些解释告诉我们,名就是给客观事物下一个定义,给其一个符合其真实性和本质的抽象的概念。了解了"名"的含义,就不难理解董仲舒的"名性",就是"圣人之性""斗筲之性"都不能给一个"性"的概念,只有"中民之性"才能配称"性",是名副其实的"性"。因此,在董仲舒的著作中"性"和"中民之性"是等同的,一谈到"性"即指"中民之性",而把"圣人之性""斗筲之性"排除在外。"德主刑辅"就是以"中民之性"的理论为依据的。

既然"性"即"中民之性",那么,这种"性"是什么样的呢?董仲舒说:"性有善质而未能善也。"(《实性》)"性比于禾,善比于米,米出禾中,而禾未可全为米也。善出性中,而性未可全为善也。"(《深察名号》)人性"有似目,目卧幽而瞑,待觉而后见。当其未觉,可谓有见质,而不可谓见。今万民之性有其质,而未能觉。譬如瞑者待觉,教之然后善。当其未觉,可谓有善质,而不可谓善。"(《深察名号》)就是说,民性是未善的,但是,有一种成善的可能性,这种可能性要变为现实性,需要一种外界条件,这就是教化。"天生民性,有善质而未能善,于是为之立王以善之,此天意也。民受未能善之性,待外教然后能善,善当于教,不当与性。"(《深察名号》)人之成善是教化的结果,而非性的自觉选择,更不是性自身所具有的价值。"性待渐于教训而后能为善。善,教训之所然也,非质朴之所能至也。"(《实性》)

  董仲舒的"人性论"基本继承荀子对人性的看法,他的"生之自然之资"与荀子的"性者,天之就也。"(《荀子·正名》)均是说性是人的自然之性,并不是如孟子所说的性是内在的超越经验的主体性,也就是说,他不认为人有价值的自觉,认为人是由外在教化才懂得善恶,又由于外部的约束才使自己的行动被迫为善。合乎道德的行为是为符合规范而行善,不是为善而行善。这种善行不是发自主体自觉,而是为达到某种目的(或是为规避惩罚,或是赢得好评)行善。这种行善与法家理论下畏罚趋赏的行为没有什么区别,因为都没有了善的动机。因此,董仲舒在《春秋繁露·深察名号》中责难孟子的性善论说:"性有善端,童之爱父母,善于禽兽,则谓之善。此孟子之善。循三纲五纪,通八端之理,忠信而博爱,敦厚而好礼,乃可谓善。此圣人之善也。"他不懂孟子之善是价值自觉之端绪,是"应然"之法则,而非已然之成善。"爱"之心扩而充之就是"仁",实践"仁"就是成德。董仲舒所认之善是已然之善,他所说的"民受未能善之性于天,而退受成性之教于王……待外教然后能善,善当于教,不当与性"(《春秋繁露·深察名号》),实际是说,性不是主体,善也非主体所具有的自觉的善即不是"应然"的道德自觉,而只是成德的"工夫"。实际上,董仲舒的人性学说在其理论自身,也欠缺逻辑性。他既然认为人性不具道德主体性,是由教化使之成善,那么,人内心没有价值根源,教化怎能使之接受价值而自觉践履?回答只能是服从。这与法家在实质上是殊途同归,而与孔孟大异其趣。董仲舒在荀子之后进一步把孔孟开端的树立道德主体自觉的努力追求传统中断了。

董仲舒认为善成于教而不成与性,不仅缘于性之中有善质,而且有恶质,善质就是"仁",恶质就是"贪"。董仲舒说:"性有贪有仁,仁贪之气两在于身。身之名取诸天,天有阴阳之施,身亦有仁贪之性。"(《深察名号》)如前所述,表现为"仁"的善质,经过教化可以成善,达到德。表现为"贪"的恶质,与外界接触就表现为各种情欲和物欲,这就是董仲舒所说的"情"。性是天生的,性动就是情。董仲舒认为,恶质发展成的情,是反抗地主阶级关系和破坏地主阶级专制秩序的犯罪根源。但是,这些欲望是不能消除的。"天之生人也,使之生义与利。利以养其体,义以养其心。心不得义不能乐,体不得利不能安。"(《身之养重于义》)同时,消除人们这些欲望,使民寡欲,也是不利于地主阶级的统治的。但是,这种欲望太大,不能节制,就必然走向犯罪。因此,要通过教化,使性中"仁"这种向善的因素扩充完善,成为遵守社会秩序的品德;对"贪"这种恶质,先是教化,以礼义进行引导,使其发展而成的"情"限制在合法的范围内。但是,教化那些贪性过大的分子并不是完全有效的,他们有时不顾礼义、度制,肆意满足自己的欲望。当这种情况出现时,就要有法度、刑罚予以制裁。刑罚的作用有二:一是威慑由性中的"贪"发展成的"情欲",使人们不敢放纵贪欲;二是惩罚那些越制者。董仲舒指出:"是故王者上谨于承天意以顺命也;下务明教化民,以成性;正法度之宜,别上下之序,以防欲也;修此三者,而大本举矣。"(《汉书·董仲舒传》)肯定民之好恶从而以赏罚制之的思想几乎与法家一模一样,不同之处仅仅是董仲舒主张要有度而不能过,这也是儒家的"中庸"思想,是高于法家思想之表现。

可见,董仲舒坚持了孔孟主张道德教育的传统,但他的人性论仅仅论证了圣王教化的必要性,而否定了主体的道德自觉,这使法律的实施失去了社会成员内心自觉的心理支持,因而法律的保障力量也就仅仅剩下刑罚的威吓了。

四、"德主刑辅"为核心的法律思想

董仲舒吸取秦专任刑罚激化阶级矛盾而速亡的历史教训,主张实行"礼义教化""前德而后刑"(《阳尊阴卑》)。他认为,礼义教化的作用大于刑罚。他说:"道者,所繇适于治之路也,仁义礼乐皆其具也。故圣王已没,而子孙长久安宁数百岁,此皆礼乐教化之功也。"(《汉书·董仲舒传》)"武王行大义,平贱贼,周公作礼乐以文之,至于成康之隆,囹圄空虚四十余年,此亦教化之渐而仁义之流,非独伤肌膚(肤)之效也。至秦则不然,师申商之法,行韩非之说,憎帝王之道,以贪狼为俗,非有文德以教训于天下也……又好用憯酷之吏,赋敛亡(无)度,竭民财力,百姓散亡,不得从耕织之业,群盗并起,是以刑者甚众,死者相望,而奸不息,俗化使然也。故孔子曰:'导之以政,齐之以刑,民免而无耻',此之谓也。"(《汉书·董仲舒传》)

必须指出,董仲舒所说的"礼"已不再是以血缘为基础的封建制社会的"礼",而是一种地主阶级专制社会的"度制"。他说,圣人"制人道而差上下也,使富者足以示贵而不至于骄,贫者足以养生而不至于忧。以此为度而调均之,是以财不匮而上下相安,故易治也……已有大者,不得有小者,天数也……故明圣者象天所为为制度,使诸有大奉禄亦皆不得兼小利与民争利业,乃天理也……谓之度制,谓之礼节。故贵贱有等,衣服有别,朝廷有位,乡党有序,则民有所让而民不敢争,所以一之也。"(《度制》)这就是说,圣者安排的这种"度制"是有贫富、贵贱之分的,而且这种贫富程度也是适宜的。"富者"在自己的等级内享有特权,不"有大者又兼小",就不会出现"骄暴";"贫者"在自己的等级内安分守己,也就不至于因忧愁生活出路而犯罪。因此,董仲舒认为,只要维持这种"度制",就能保证地主阶级统治的长治久安;如果逾越了这种"度制",天下就大乱了。正如《汉书·食货志》所说:"富者田连仟陌,贫者亡(无)立锥之地。又专山泽之利,管山林之饶,荒淫越制,逾侈以相高;邑有人君之尊,里有公侯之富,小民安得不困?"由于统治阶级的过分剥削与压榨,使人民群众极端困苦,不得不"亡逃山林",聚众对抗地主阶级的残酷剥削与压榨。汉兴七十多年来,日益加剧的土地兼并使"大富则骄,大贫则忧。忧则为盗,骄则为暴"(《春秋繁露·度制》),"大人病不足于上,而小民羸瘠于下,则富者愈贪利而不肯为义,贫者日犯禁而不可得止,是世之所以难治也。"(《春秋繁露·度制》)董仲舒针对这种社会危机,则开出他的普施礼义教化的药方。他认为实行礼义教化,即维持严格的君主专制等级制,使"载高位者"的统治阶级在高于他人的权利范围内享有特权,而不"越制",不放纵贪欲而无限制地对"贫者"掠夺,这样就能既使自己不犯法,又使贫者不犯罪。

礼义教化的作用与刑罚不同,它不是制裁"越制"者和犯罪者,而是防止"越制"和犯罪。因为不管是"骄者为暴"还是"忧者为盗",都有一个由细微到显著,由小到大的渐变过程。礼义教化就是教育人们"守制",当人们还没有犯罪或刚向犯罪的方向发展的时候,起到阻止和预防的作用。他说:"夫万民之从利也,如水之走下,不以教化堤防之,不能止也。是故教化立而奸邪止者,其堤防完也;教化废而奸邪并出,刑罚不能胜者,其堤防坏也。古之王者明于此,是故南面而治天下,莫不以教化为大务。立太学以教于国,设庠序以化于邑,渐民以仁,摩民以义,节民以礼,故其刑罚甚轻而禁不犯者,教化而习俗美也。"(《汉书·董仲舒传》)

董仲舒所说的教化的根本目的,当然是要教化被统治者安于被统治的地位,不要起来反抗。但是不能否认,他的侧重之点,在于对统治阶级的大多数成员进行教化,使他们不要"越制"而无限度地剥削和掠夺劳动人民;而并不是像有些人说的,仅是对劳动人民实行教化,蒙蔽欺骗劳动人民。

从董仲舒所代表的儒家观点来看,既然礼义教化能解决社会的犯罪问题,那么统治者在德刑两手并用的时候,就不能把二者放在同等的地位,而应该把礼义教化放在第一位,把刑罚放在第二位。因此,董仲舒要求当权者"前德而后刑""尊德而卑刑"(《阳尊阴卑》),德为主而刑为辅。"天道之道,一阴一阳,阳者天之德也,阴者天之刑也。"(《阴阳义》)"天之好仁而近,恶戾之变而远,大德小刑之意也……是故天数右阳不右阴,务德而不务刑,刑之不可任以成世也,犹阴之不可任以成岁也。为政而任刑,谓之逆天,非王道也。"(《阳尊阴卑》)自董仲舒之后,中国历代统治者一般采用德刑结合的统治方法。前者通过礼义教化发挥其维护地主阶级秩序的作用,这种作用是比较缓慢的,也是深远的;而后者是通过镇压的手段,制裁那些敢于破坏君主专制秩序的阶级和分子,其作用虽然明显,但是在有些情况下与统治阶级的主观愿望适得其反,会激起人民的更大反抗。两者的地位是变化的,地主阶级有时是"德主刑辅",有时是"刑主德辅"。所谓"德教",都是在政治稳固之后,法制十分强化的情况下才被提出来的。在前一个王朝被推翻,后一个王朝刚刚建立的时候,他们都毫不例外地用严厉的刑罚镇压那些反抗者,从不讲什么"仁政""德治"。政权巩固之后所实行的"德政"也是在暴力的威吓下进行的。政权本身就是暴力，一旦被统治者违反统治阶级的法律，统治者就会用政权这个暴力机器进行镇压。这一点连董仲舒本人也是承认的。他说："天不可以不刚，主上不可以不坚。天不刚则列星乱其行，主不坚则邪臣乱其官。星乱则亡其天，臣乱则亡其君。故为天者务刚其气，为君者务坚其政，刚坚然后阳道制命。"(《天地之行》)尽管统治者高喊"德主刑辅"，但在实践上他们从未放松过刑罚这一手段，而德教只是起着一种辅助作用。就连敕令"罢黜百家，独尊儒术"的汉武帝，在实际上也并未像儒家所说的那样"任德不任刑"，而是倚重武力镇压。他不重用竭力倡导"德主刑辅"的董仲舒，而是重用法家桑弘羊和酷吏张汤就是明证。至于董仲舒本人，他确实认为"德主刑辅"是治国良策，行之既久，国家就能大治。有人说他提出"德主刑辅"完全是为了欺骗劳动人民，其实不然。"德主刑辅"，至少在他本人看来是完全可行的。

五、"天谴"说对君主行为的约束

董仲舒的"天人相应"阴阳五行理论在论证君主专制政权合理性的同时，还在于为君主无限的权力设置一定的思想理论制约。首先，他认为君主受命于天，就应该按天命行事，而不是按自己的意志为所欲为。这个天命当然是地主阶级的伦常。他说："受命之君，天意之所予也。故号为天子者，宜视天如父，事天以孝道也。"(《深察名号》)皇帝作为人间的最高统治者绝不可以随心所欲，而必须按天的意志不折不扣地行事。具体做法就是法律上"大德小刑""德主刑辅"；在对待农民上要"不夺民时，使民不过岁三日。"(《五行顺逆》)如"君大奢侈，过度失礼"(《五行大义》)，就会"民叛矣"，就是民所属之"木"圣"君"所属之"土"(《王道》)。这就是用五行相胜的秩序限制君主的奢侈无礼与过度贪占。

董仲舒把自然灾害说成是天对君主失道的谴责与示警。他说:"臣谨案春秋之中,视前世已行之事,以观天人相与之际,甚可畏也。国家将有失道之败,而天乃出灾害以谴告之,不知自省,又出怪异以警怯之,尚不知变,而伤败乃至。"(《汉书·董仲舒传》)他告诫皇帝:"天之不可不畏敬,犹主上不可不谨事。不谨事主,其祸来至显,不畏敬天,其殃来至暗。"这就是警诫皇帝要按天意办事,不要像秦朝统治者那样"专任刑罚",不听天的警告。

董仲舒的整个思想体系无不是为新建立且刚巩固起来的君主专制政权提供理论支持,但他不再像法家那样支持君主的无限权力,而是像孟子一样,为在制度上享有至高权力的君主设置了一套约束的思想理论。这无疑是在对专制君主无可奈何条件下的无力的美好设想。

虽然董仲舒的"人性论"背离了孔孟的传统,但他吸取秦亡的教训,又回到了肯定道德价值,重视道德教化的传统上来了。"德主刑辅"是他的思想核心,他以与"天"相副的阴阳五行图式论证这一法律思想的合理性及不可违反性。但董仲舒的思想不再是原始儒家的状态,而是以儒家思想为骨干,融合了此前各学派的思想综合体。董仲舒的思想是时代的反映,是适应时代需要而产生的。它在主张道德教化的同时,融合了各家思想。除阴阳五行思想外,道家、法家思想的内容也很明显包含其中。他说:"故为人主者,法天之行,是故内深藏,所以为神;外博观,所以为明也;任群贤所以为受成;汎爱众生不以喜怒赏罚,所以为仁也。故为人主者,以无为为道,以不私为宝。立无为之位而乘备具之官,足不自动而相者导进,口不自言而宾者赞辞,心不自虑而群臣效当,故莫见其为之而功成矣。"(《离合根》)无为之说来自道家,藏形见光、任官受成、赏罚不私等思想与法家一模一样。他对人的好恶的态度也基本上继承了法家的基本立场,而修正了孔孟追求内心价值伦理思想倾向。他说:"民无所好,君无以权也;民无所恶,君无以畏也……有所好然后可得而劝也。故设赏以劝之。有所好必有所恶,有所恶然后可得而畏也,故设法以畏之。"(《保位权》)其态度与韩非的肯定人情之好恶,赏以劝好、罚以禁暴是"治道"的思想也几乎完全相同,所不同的是董仲舒不仅主张使民有欲,而且要使之"有节"。他说:"故圣人之制民,使之有欲,不得过节;使之敦朴,不得无欲,无欲有欲,各得以足。而君道得矣。"(《保位权》)这就是既要使民有欲,又要使其欲保持在一定的范围内。这显然是总结秦统治者私欲膨胀,肆意侵犯农民百姓的生存底线而导致农民造反的教训取得的正确认识,而且发扬了孟子"制民之产"的思想,肯定给予人们必要生活条件的合理性:"天之生人也,使之生义与利。利以养其体,义以养其心。心不得义不能乐,体不得利不能安。"(《身之养重于义》)

董仲舒思想是适应汉武帝建立完善君主专制制度的需要,在思想大融合潮流下形成的包容各家思想的综合体系,确定了两千年君主专制统治的"德主刑辅"基本思想框架和政治法律模式。

第三节 "德主刑辅"思想正统地位的确立

汉武帝即位之时,已远离秦亡 70 余年,这个青年君主对秦亡的教训连听说都不多了,相反,他所面临的是父祖几代"无为而治"创造的雄厚物质基础。这优越的物质条件诱发了这位血气方刚的青年君主的欲望,他要利用现有的强大物质力量"大有作为""内侈宫室、外事四夷"(《资治通鉴》),做一代名副其实的英武君主了。以功利主义为基本特征的法家思想无疑更适应汉武帝的需要,他运用"法"这个有效工具保证了有为政策的实施。

急政暴刑所带来的后果必然是破坏生产力水平所能担负的权利义务界限，引起了连绵不断的农民起义。阶级矛盾的激化给汉武帝敲响了警钟，他在临死前三年（前89）终于悔过，决定改变政策。此后，各代君主在开明思想家的不断建议下，逐渐接受了"德主刑辅"的法律思想，使之成为整个帝制社会立法、司法活动的指导思想。

一、"独尊儒术"与汉武帝的法律实践

史书多处记载汉武帝"方向儒术"（《汉书·汲黯传》）"方向文学"（《汉书·张汤传》），刚即帝位就批准了丞相卫绾罢"申、商、韩非、苏秦、张仪之言"（《汉书·武帝纪》）的奏请。握有实权的窦太后一死，便支持丞相田蚡"绌黄老刑名百家之言，延及文学儒者数百人"（《史记·儒林列传》）。次年举行贤良策问，董仲舒对策中的一个重要内容就是"诸不在六艺之科孔子之术者，皆绝其道，勿使并进"（《无人三策》），而"对既毕，天子以仲舒为江都相"（《汉书·董仲舒传》），说明汉武帝是同意董生主张的，所以后人都说"罢黜百家，独尊儒术"始自汉武帝。《汉书·武帝纪》赞曰："孝武初立，卓然罢黜百家，表章六经。"从上述记载看，汉武帝尊儒是非常明显的。

但是，从史书关于武帝政治与法的活动实践的记载看，他又是实行法家思想的。首先，他虽推崇儒者，但并不委以重任。如对董仲舒，尽管汉武帝非常赞赏他的对策，但并不给他实权以保证其思想付诸实践，而仅给了他一个诸侯王家庭教师和私人秘书的无权职位。对深通经书的兒宽，武帝自称"吾固闻之久矣"，宽"见上，语经学，上说之"（《汉书·兒宽传》），但也仅给他一个"左内史"的中级官职，只是由于他后来治民成绩显著，才升迁为御史大夫。至于公孙弘，虽汉武帝亲自擢为第一，也仅"拜为博士，待诏金马门"（《汉书·公孙弘传》）。后来武帝发现他"习文

法吏事,而又缘饰以儒术"(《史记·平津侯主父列传》),遂"说之",一年内即提为左内史,后迁御史大夫、丞相,位列三公(《汉书·公孙弘传》)。相反,汉武帝对酷吏却倍加重用,如任酷吏张汤为御史大夫,"汤每朝奏事,语国家用,日旰,天子忘食。丞相取充位,天下事皆决汤"(《汉书·张汤传》)。赵禹、义纵、王温舒、杜周等酷吏皆得重用,这与"专任狱吏,狱吏得亲幸,博士虽七十,特备员弗用"(《史记·秦始皇本纪》)的秦始皇几乎没有很大区别。

其次,重利不重义。汉武帝"内侈宫室,外事四夷",需要大量资财作后盾,当文景积满的府库被掏空之后,他必然要采取一系列聚敛办法,而这些办法的指导思想和理论根据就是讲求功利的法家思想。曾得到他重用的理财专家桑弘羊在盐铁会议上[1]毫不隐讳地盛赞商鞅之法。他说:"商君相秦也,内立法度,严刑罚,饰政教,奸伪无所容。外设百倍之利。收山泽之税,国富民强,器械完饰,蓄积有余。是以征敌伐国,攘地斥境,不赋百姓而顺以赡。"(《盐铁论·非鞅》)对汉武帝所制定的盐铁酒官营政策,他认为是为民兴利,有利于国家的对外战争。当文学贤良从"重义轻利"的传统立场批评盐铁官营制度,要求停止实行时,他毫不客气地反驳说:"今议者欲罢之,内空府库之藏,外乏执备之用,使备塞乘城之士饥寒于边,将何以赡之?罢之,不便也。"(《盐铁论·本议》)

最后,重刑轻德。桑弘羊与文学贤良辩论时,公开宣扬刑之可任而德之不可恃的观点。他说:"令严而民慎,法设而奸禁。"(《盐铁论·刑德》)御史也说:"执法者国之辔衔,刑罚者国之维楫也……韩子曰:'疾有国者不能明其法势,御其臣下,富国强兵

---

[1] 盐铁会议是汉昭帝始元六年(前81)汉朝廷召开的一次辩论会。会上以桑弘羊为首的掌权派和地方的贤良文学针对汉武帝以来的政策进行了激烈的辩论。汉宣帝时的桓宽根据记录编辑成《盐铁论》一书。

以制敌御难,或于愚儒之文词以疑贤士之谋,举浮淫之蠹加之功实之上,而欲国之治,犹释阶而欲登高,无衔橛而御捍马也'。今刑罚设备而民犹犯之,况无法乎?其乱必也。"(《盐铁论·刑德》)"无法势,虽贤人不能以为治,无甲兵,虽孙、吴不能以制敌。是以孔子倡以仁义而民(不)从风,伯夷遁首阳而民不从化。"(《盐铁论·申韩》)没有法作保证,道德感化是无济于事的。

法不仅是必要的,而且法越严、刑越重,越能收到禁奸的效果。桑弘羊说:"网疏则兽失,法疏则罪漏。罪漏则民放佚而轻狱禁","千仞之高,人不轻凌,千钧之重,人不轻举。商君刑弃灰于道,而秦民治。"(《盐铁论·刑德》)御史也说:"铄金在炉,庄蹻不顾;钱刀在路,匹妇掇之。非匹妇贪而庄蹻廉也,轻重之制异而利害之分明也。故法令可仰而不可逾,可临而不可入。"(《盐铁论·诏圣》)其重刑主义的腔调与先秦法家非常相似,甚至多处引用韩非、李斯的话作为经典论据。从重刑主义的理论出发,桑弘羊等还主张实行株连,其理由是:"一室之中,父兄之际,若身体相属,一节动而知于心","居家相察,出入相司。父不教子,兄不正弟,舍是谁责乎?"(《盐铁论·周秦》)连坐的目的是利用亲属间的感情,增加人对刑罚的畏惧。"未尝灼而不敢握火者,见其有灼也。未尝伤而不敢握刃者,见其有伤也。彼以知:为非,罪之必加,而戮及父兄,必惧而为善。"(《盐铁论·周秦》)

在这种严法重刑思想支持下,汉武帝时期进行了大量的立法,使法律的内容空前繁杂严酷起来。"武帝即位,……招进张汤、赵禹之属,条定法令,作见知故纵、监临部主之法,缓深故之罪,急纵出之诛。其后奸猾巧法,转相比况,禁网寖密。律令凡三百五十九章,大辟四百九条,千八百八十二事,死罪决事比万三千四百七十二事。文书盈于几阁,典者不能徧睹"(《汉书·刑法志》)。在司法实践中,酷吏法外用刑,极其残酷。如酷吏王温舒,捕"群豪猾相连坐千余家","大者至族,小者乃死","至流血十余里",拷掠犯人,往往使之"尽糜烂狱中"。(《史记·酷吏列传》)酷吏杜周,"内深刺骨","至周为廷尉,诏狱亦益多矣。二千石系者新故相因,不减百余人","廷尉及中都官诏狱逮至六七万人"(《史记·酷吏列传》)。对这些人,汉武帝多"以为能",屡屡提拔重用。

汉武帝究竟是实行董仲舒的儒家的法律思想,还是坚持法家思想?史籍记载的矛盾说明什么?全面分析汉武帝的思想就可以看清:他是宣传上主张崇尚儒教,实际活动中坚持法家主张,所谓"外儒内法"。用法是实,尊儒是虚,只是用儒家经义来装饰法的实践活动,在古义中为现实活动寻找根据。以残酷治狱著称的张汤决大狱,也"欲傅古义,乃请博士弟子治《尚书》《春秋》,补廷尉史,平亭疑法。"(《汉书·张汤传》)张汤这种办法还是受武帝的启发才学会的。"初,张汤为廷尉,廷尉府尽用文史法律之吏",儒生兒宽仅被授以从史。一次,廷尉上奏疏,两次都被退了回来。掾史让兒宽为奏,上之,"奏时即可",日后武帝对汤说:"前奏非俗吏所及。""汤由是向学,以宽为奏谳掾,以古法义决廷狱。"(《汉书·兒宽传》)因武帝的提倡,"经义决狱"遂成风气。淮南狱起,公孙弘任用董仲舒的弟子吕步舒为丞相长史,"使决淮南狱,于诸侯专断不报,以《春秋》之义正之。天子皆以为是"(《史记·儒林列传》)。断狱用法是必然的,甚至断以何法、处以何刑也是既定的,只是寻找一条经义作为理论根据。

汉武帝为什么要采取"外儒内法"的政策呢?其原因固然是多方面的,但从法律思想角度看,主要原因有:

(一)儒家经典能为汉武帝实现"大一统"提供理论根据

汉武帝在政权巩固和物质力量强大的基础上,要大有作为,在政治上就是强化宗法等级、强化皇权,实现"大一统",而儒家经典,尤其是今文经学如《春秋公羊传》[1]正好能为汉武帝实现这一政治宏愿提供理论说明和指导思想。首先,《春秋公羊传》的"受命"说为武帝政权的合法性和神圣性提供了理论说明。公羊学大师董仲舒在回答武帝"三代受命,其符安在"的策问时说:"臣闻天之所大奉使之王者,必有非人力所能致而自至者,此受命之符也。天下之人同心归之,若归父母,故天瑞应诚而至。"(《汉书·董仲舒传》)认为"天"是人世间的主宰,"王"是受"天命"而代表"天"来管理人间的。"天命之君,天意之所予也"(《春秋繁露·深察名号》)。君对臣享有绝对统治权是天意决定的。"王道之三纲,可求于天"《春秋繁露·基义》。这就说明,汉政权是受有天命的,他人不得有觊觎之想。

其次,《春秋》"大一统"说是巩固中央集权的理论武器。经过景帝的平定吴楚七国之乱,初步巩固了汉政权,但诸侯王的势力仍比较强大,他们往往威胁中央政权的巩固。雄心勃勃的汉武帝绝不允许任何分裂势力的存在,他要强化中央集权,而《春秋》"大一统"说恰可作为理论武器。董仲舒在对策时说:"《春秋》大一统者,天地之常经,古今之通谊也。"(《汉书·董仲舒传》)为纠治地方豪民,汉武帝命博士徐偃等循行郡国,徐偃援用《公羊传》的"大夫出疆"说擅许胶东、鲁两国王私营盐铁。廷尉张汤欲治徐偃罪而又"不能屈其义",终于以"《春秋》王者无外"(《汉书·终军传》)的理由驳倒了徐偃,使其服罪。

再次,《春秋》里,"臣事君犹子事父母"之义有利于维护君主的绝对权威。秦始皇虽然建立了新的等级制度,树立了君主的绝对权威,但汉初几代君主在"无为"思想的指导下,在司法实践中往往执行一种通融原则,结果姑息养奸,使地方豪强势力日渐

---

[1] 《春秋公羊传》是今文经学的代表作。它是用儒家经义附会解释《春秋》,所谓阐发"春秋大义"。其主要特点是用天论证"尊君卑臣"的观点。汉代很多人学习传授它,形成了一个强大的公羊学派。汉代人所说的《春秋》,多数指《春秋公羊传》。

强大,严重破坏了专制等级秩序,甚至直接威胁皇权的巩固。早在文帝时贾谊就提出"定经制,兴礼义"的主张,由于当时的历史条件,这一问题没有解决。汉武帝要一变父祖的柔弱传统,要强化皇权,巩固君主专制制度,而《春秋》"臣事君犹子事父母"的经义正好为这种政治雄心提供了理论依据。会稽太守严助自以为地属边郡,"数年不闻问"(《汉书·严助传》)。汉武帝赐书责问,严助上书请罪曰:"《春秋》天王出居于郑,不能事母,故绝之。臣事君,犹子事父母也。臣助当伏诛,陛下不忍加诛,愿奉三年计最。"(《汉书·严助传》)《春秋》之义强调君臣的绝对服从关系,如果臣下图谋危害皇帝的安全,则必须严惩,而《春秋公羊传》有"君亲无将,将而诛焉"的经义可作现实中严惩的根据。淮南王反,朝廷欲治其罪,胶西王刘端奏曰:"《春秋》曰:'臣无将,将而诛。'安罪重于将诛,反形已定。臣端所见其书节印图及其他逆无道,事验明白,甚大逆无道,当伏其法。"(《史记·淮南衡山列传》)

儒家经典既对汉武帝的政治地位和抱负有如此重要的作用,因而他自即位就大张旗鼓地造声势,极力抬高儒家理论的威信。立明堂,行封禅,都在表明汉天子受命于天。太初元年(前104),还根据公羊学的"三统说",进行改正朔,易服色,以表明汉政权的建立是服从天命,符合天道循环的规律。大概出于同样的原因,汉武帝才"罢黜百家""表章六经",还"诏太子受《公羊春秋》"(《汉书·儒林传》)。他对董仲舒对策的内容所能接受的,也主要是天命和尊君的部分,至于"德主刑辅"的内容则是不甚感兴趣的。因此,他做了上述表面文章之后,所剩下的就是用法这个武器来保证欲望的满足了。

(二)法是汉武帝满足欲望的有力保证

汉武帝在政治上握有一切大权的同时,也要在物质上享受人间一切幸福。他在内大肆建造富丽的宫室、苑囿,对外大兴征讨之兵，招获四方珍宝。攻打西域，是要迫使西域各国臣服，以进贡良马。攻打西南夷和两粤，是要打开通往印度的商路。对匈奴的战争，虽然有自卫的性质，但最终的目的仍是获得奢侈品。御史在盐铁会议上也承认："孝武皇帝平百越以为囿圃，却羌胡以为苑囿。"（《盐铁论·未通》）他要通过一切文治武功来满足这些欲望。正如班固在《汉书·西域传》中所赞："孝武之世……遭值文景玄默，养民五世，天下富殷，财力有余，士马强盛。故(为)能睹犀布、瑇瑁则建珠崖七郡，感枸酱、竹杖则开牂柯、越巂，闻天马、蒲陶则通大宛、安息。自是之后，明珠、文甲、通犀、翠羽之珍盈于后宫，蒲梢、龙文、鱼目、汗血之马充于黄门，巨象、狮子、猛犬、大雀之群，食于外囿。殊方异物，四面而至。于是广开上林，穿昆明池，营千门万户之宫，立神明通天之台，兴造甲乙之帐，落以随珠和璧，天子负黼依，袭翠被，冯玉几而处其中。"

连年的对外战争和大规模的兴造，很快耗尽了文景以来蓄积的府库余财，于是采取盐铁官营等经济措施，企图通过国家垄断这些经济部门而解决财政上的困难，又行算缗钱，额外加重赋税。由于这些措施本身的原因和各级官吏的营私舞弊，极大地破坏了当时生产力水平所允许的权利界限，造成了农民的困苦。"军阵数起，用度不足，以訾征赋，常取给现民。田家又被其劳，故不齐出于南亩也。大抵逋流皆在大家，吏正畏惮，不敢笃责，刻急细民，细民不堪，流亡远去。中家为之色出，后亡者为先亡者服事。……是以田地日荒，城郭空虚"（《盐铁论·未通》），引起了连绵不断的农民起义，"大群至数千人，擅自号，攻城邑，取库兵，释死罪，缚辱郡太守、都尉，杀二千石，为檄告县，趣具食。小群盗以百数，掠卤乡里者，不可胜数"（《史记·酷吏列传》）。

在强烈的反抗面前，要继续保证欲望的满足，只有靠强制的手段，这时，"法"就不失为最有效的工具。于是，汉武帝繁法严刑,用高压手段来保证那些不合理的权利义务的实现。班固对这个问题认识得很清楚,他说:"孝武即位,外事四夷之功,内盛耳目之好,征发烦数,百姓贫耗,穷民犯法,酷吏击断,奸宄不胜。于是招进张汤、赵禹之属,条定法令,作见知故纵、监临部主之法,缓深故之罪,急纵出之诛。"(《汉书·刑法志》)汉武帝甚至制定了"沈命法""腹诽罪"来迫使官吏尽力镇压农民的反抗,法律空前繁密,实践中又完全继承了先秦法家的"重刑主义"。

二、思想家对汉武帝法律实践的批评

对汉武帝的法律实践,当时的一些知识分子和有远见的官吏就认识到了对地主阶级长远利益的危害,提出了批评或改革意见。汲黯曾当面向武帝指出:"陛下内多欲而外施仁义,奈何效唐虞之治乎?"(《史记·汲黯列传》)董仲舒提出"盐铁皆归于民","薄赋敛,省徭役,以宽民力"(《汉书·食货志》)的建议。卜式曾反对盐铁官营和算缗钱,司马迁在《史记》中对武帝提出批评。但由于汉武帝"内多欲",而且当时的文治武功暂时掩盖着社会危机,因此他对这些有识之言一点也听不进去。武帝死后,汉昭帝召开盐铁会议,文学贤良对武帝的法律实践进行了全面否定。宣帝、元帝时也有一些思想家联系当时政策对汉武帝提出批评。其内容可归纳为如下几方面:

(一)批评武帝"外攘夷狄,内兴功业"而导致的过分剥削

司马迁在《史记·平准书》中多处讥评武帝为个人享受所造成的对民过分剥削。他说:"招来东瓯、事两越,江淮之间萧然烦费矣";"开路西南夷,凿山通道千余里,以广巴蜀,巴蜀之民罢焉",数征匈奴,"天下苦其劳"。他在结尾批评说:"外攘夷狄,内兴功业,海内之士力耕不足粮饷,女子纺绩不足衣服","竭天下之资财以奉其上,犹自以为不足也"。文学贤良则批评说:武帝为掠夺珍奇,"万里而攻人国","将卒方赤面而事四夷,师旅相

望,郡国并发,黎人困苦,奸伪萌生","百姓元元莫必其命"。他们指出武帝政策的弊端在于:"德惠塞而嗜欲众,君奢侈而上求多,民困于下,怠于公平。"(《盐铁论·取下》)

宣帝时,长信少府夏侯胜在宣帝面前批评武帝说:"竭民财力,奢泰亡度,天下虚耗,百姓流离,物故者半","人民相食,畜积至今未复,亡德泽于民。"(《汉书·夏侯胜传》)元帝时的贡禹也认为,农民转为盗贼的根源在于武帝"纵欲"而增加赋税。他说:"武帝征伐四夷,重赋于民,民产子三岁则出口钱,故民贫困。"建议"令儿七岁去齿乃出口钱,年二十乃算"。(《汉书·贡禹传》)

(二) 对武帝重刑轻德的批评

文学贤良批评汉武帝说:"今废其纪纲而不能振,坏其礼义而不能防。民陷于罔从而猎之以刑,是犹开其阑牢,发以毒矢也"(《盐铁论·后刑》),他认为法越多则民不知所避。"秦法繁于秋荼,而网密于凝脂",但"上下相遁,奸伪萌生",其原因不在于规定得不细致,而在于"礼义废而刑法任也"(《盐铁论·刑德》)。他们批评武帝以来的繁法现象说:"方今律令百有余篇,文章繁,罪名重,郡国用之疑惑,或浅或深,自吏明习者不知所处","此断狱所以滋众,而民犯禁也"(《盐铁论·刑德》)。他们认为当时统治者以重刑止乱的办法是行不通的,秦的刑罚不谓不重,"死者相枕席,刑者相望,百姓侧目重足,不寒而栗",但仍是"父子相背,兄弟相缚,至于骨肉相残,上下相杀",其原因也不是"刑轻而罚不必",而是"令太严而仁恩不施"。(《盐铁论·周秦》)他们尤其反对用重刑保证无限的剥削,认为:"过往(任)之事,父不得于子;无已之求,君不得于臣"。若"百姓不胜其求,黔首不胜其刑",则"俱不聊生"。到那时,人民就会奋起反抗,"不一期而社稷为虚"。(《盐铁论·诏圣》)

文学们还反对"连坐"。一方面认为"连坐"是虐政,是诛及无罪。"今以子诛父,以弟诛兄,亲戚小坐,什伍相连",是"有罪诛及无罪"(《盐铁论·周秦》)。而统治者"专己之残心,文诛假法,以陷不辜,累无罪,以子及父,以弟及兄",致使"一人有罪,州里惊骇,十家奔亡"(《盐铁论·申韩》)。这悖于为民父母之道,"是虐民也"(《盐铁论·周秦》)。另一方面认为连坐有悖父子之义,不利于培养好的道德。他们说:"自首匿相坐之法立,骨肉之恩废,而刑罪多闻。父母之于子,虽有罪犹匿之,岂不欲服罪尔?'子为父隐,父为子隐'。未闻父子之相坐也。闻'兄弟缓追以免贼',未闻兄弟之相坐也。"(《盐铁论·周秦》)

(三)对武帝任用酷吏的批评

对汉武帝任用酷吏的做法,司马迁就提出过批评。他在《史记》中专为酷吏列传,在纪实中加以讥评。如记廷尉杜周"善候伺,上所欲挤者,因而陷之;上所欲纵释者,久系待问而微见其冤状"。王温舒"为人谄,善事有势者;即无势者,视之如奴。有势家,虽有奸如山,弗犯;无势者,贵戚必侵辱。舞文巧诋下户之猾,以焄(熏)大豪"。在《酷吏列传》结尾曰:"至若蜀守冯当暴挫,广汉李贞擅磔人,东郡弥仆锯项,天水骆璧椎咸(意为椎击之以成狱),河东褚广妄杀,京兆无忌、冯翊殷周蝮鸷,水衡阎奉朴击卖请,何足数哉!何足数哉!"其对酷吏之治的批判态度是非常鲜明的。司马迁还把农民起义的爆发直接归因于酷吏的任用。"自温舒等以恶为治,而郡守、都尉、诸侯二千石欲为治者,其治大抵尽放(仿)温舒,而吏民益轻犯法,盗贼滋起"。(《酷吏列传》)

文学贤良们直接指出,任用酷吏的根本原因是"上下兼求,百姓不堪抚(抚,贫也)弊而从法(巧诈以曲从法)。故憯急之臣进,而见知废格之法起。杜周、成宣之属以峻文决理贵,而王温舒之徒以鹰隼击杀显。其欲据仁义以道事君者寡,偷合取容者众"(《盐铁论·刺复》),认为酷吏为治必然导致政权的倾覆。他们说:为治任人,如同驭车选执辔者、行船用执轴者一样,"执辔非其人,则马奔驰;执轴非其人,则船覆伤"(《盐铁论·刑德》)。吴国任宰嚭、秦国用赵高,都导致了失败的结果。他们明确向继位不久的昭帝指出:"今废仁义之术而任刑名之徒,则复吴、秦之事也。"(《盐铁论·刑德》)

宣帝在一定程度上仍继承武帝传统,任用法吏。博士谏大夫王吉上奏,认为"其务在于期会簿书,断狱听讼","非大平之基也"。他说:"今俗吏所以牧民者,非有礼义科指可世世通行者也,独设刑法以守之",而这些人因不知礼义,欲治而不知所由,结果所治之民"户异政,人殊服,诈伪萌生,刑罚亡极,质朴日销,恩爱衰薄"。(《汉书·王吉传》)

正是这些有识之士的批评、呼吁,促使当权者逐渐认清了中国地主经济社会的实际,从而使汉武帝以后的几代君主,逐渐接受了"德主刑辅"的法律思想。

三、统治者对"德主刑辅"法律思想的接受

剥削阶级统治者从不会主动约束自己的欲望,但是当肆意满足私欲的行为激化了社会矛盾,引起了人民的反抗,自己的政权受到威胁时,他们为了长远利益也就不得不暂时丢掉某些眼前的利益。这种为长远利益而约束自己行为的做法就是对客观规律认识的反映。汉武帝在开始不听董仲舒等的劝告,致使农民起义的烈火越烧越炽,西汉王朝面临崩溃的局面。《史记·酷吏列传》记载:农民起义此伏彼起,朝廷使官吏督军镇压,"斩首,大部或至万余级,及以法诛通行饮食,坐连诸郡,甚者数千人。数岁,乃颇得其渠率。散卒失亡,复聚党阻山川者,往往而群居"。真是到了"民不得生则不畏死"的地步了。为迫使官吏更有力地去镇压,汉武帝制定了"沈命法",规定:"群盗起不发觉、发觉而捕弗满品者,二千石以下至小吏,主者皆死。"结果,"小吏畏诛,虽有盗不敢发,恐不能得,坐课累府,府亦使其不言。故盗

贼寝多,上下相为匿,以文辞避法焉"(《史记·酷吏列传》)。农民起义已经镇压不住,汉政权处于"风雨飘摇"之中。汉武帝在现实面前,为保住汉家政权,不得不于征和四年(前89)下罪己诏,即史称的"轮台诏令"。当时桑弘羊等建议遣卒屯田轮台以威西域,汉武帝悔过下诏曰:"益民赋三十助边用,是重困老弱孤独","请远田轮台,欲起亭隧,既扰劳天下,非所以优民也"。"当今务在禁苛暴,止擅赋,力本农,修马复令,以补缺,毋乏武备而已"。自此以后不再出兵征伐,"而封丞相车千秋为富民侯,以明休息,思富养民也"(《汉书·西域传》)。

昭帝即位,多次遣吏问民疾苦。经过盐铁会议上的激烈辩论,宣布罢郡国榷沽、关内铁官。元平元年(前74),接受贡禹的建议,将原来的"民三岁出口赋"改为"七岁出口赋",而且口赋钱减去十分之三。《汉书·昭帝纪》赞曰:"知时务之要,轻徭薄赋,与民休息。"实际上是恢复了被破坏的权利义务界限。

在运用德刑两种工具方面,自宣帝开始日渐重视道德教化的作用。宣帝在民间时就"师受《诗》《论语》《孝经》,操行节俭,慈仁爱人",即位当年就诏"郡国二千石谨收养民而风德化"(《汉书·宣帝纪》)。以后多次赐"孝者"田、爵,"令郡国举孝悌、有行义闻于乡里者"(《汉书·宣帝纪》)。地节四年(前66)诏曰:"导民以孝,则天下顺。今百姓或遭衰绖凶灾,而吏徭事,使不得葬,伤孝子之心,朕甚怜之。自今诸有大父母、父母丧者,勿徭事,使得收敛送终,尽其子道。"(《汉书·宣帝纪》)为使刑罚起到辅助教化的作用,培养人们的孝悌观念,宣帝废除了武帝制定的"重首匿之科",规定"亲亲得相首匿"。当时,有些官吏擅为苛禁,禁止民嫁娶具酒食相贺召。宣帝认为:"婚姻之礼,人伦之大者也;酒食之会,所以行礼乐也",禁民相贺召"非所以导民也",下诏"勿行苛政"(《汉书·宣帝纪》)。为统一思想,他还临制石渠阁会议,亲决五经同异。可见,宣帝已不同于武帝时的宣传上重儒学,而是在实践中开始重视礼义教化。虽然《汉书》称"宣帝不甚从儒术,任用法律"(《汉书·萧望之传》),但实践中他是既重儒术,又重法律,正如他自己所说:"本以霸王道杂之。"(《汉书·元帝纪》)

元帝自幼好儒,为太子时曾向宣帝进言:"陛下持刑太深,宜用儒生。"(《汉书·元帝纪》)即位当年即遣吏循行天下,检查相守二千石能否"宣明教化,以亲万姓"(《汉书·元帝纪》)。他认为,百姓触刑法,是由于佞人在位,"重以周秦之弊,民渐薄俗,去礼义",民是无辜的(《汉书·元帝纪》)。《汉书·元帝纪》赞曰:元帝"少而好儒,及即位,征用儒生,委之以政"。可见,元帝比宣帝进一步摆脱了秦之遗俗而接受了正统的法律思想。

需要指出,任何政权都是有组织的暴力机关,政权的存在,社会的秩序都是靠法律的强制力来维护的。法律的制裁手段是统治者维护社会秩序、实现自己意志的最有效的工具。因此,统治者从来不会轻视法律这个武器。我们说统治者接受了正统法律思想,实行"德主刑辅",并不是说他们不再重视法了,而是说他们开始把教化作为维持统治的积极手段,法律是在教化不起作用时才使用,而且惩罚的目的也是为了进行教化。在本质上,法律从来是主要的;在具体使用上,教化是可以作为主要手段的。

在文学贤良们的"法简网疏"思想的影响下,宣帝下诏:"律令有可蠲除以安百姓者条奏。"元帝又下诏:"法令者,所以抑暴扶弱,欲其难犯而易避也。今律令烦多而不约,自典文者不能分明,而欲罗元元之不逮,斯岂刑中之意哉!其议律令可蠲除轻减者,条奏,唯在便安万姓而已。"成帝也令"中二千石、二千石、博士及明习律令者议减死刑及可蠲除约省者,令较然易知,条奏"。尽管有司"不能因时广宣主德""而徒钩摭微细,毛举数事,以塞诏"(均见《汉书·刑法志》),但统治者接受了君主专制的法律思想则是非常明显的。

在任用官吏方面,自宣帝开始大量任用明经的文学之士。宣帝朝的丞相韦贤、魏相、丙吉,御史大夫萧望之,元帝朝的丞相韦玄成、匡衡,御史大夫贡禹,都是名儒,多是因举孝廉而入仕。三公之官再无法吏残苛之徒。韦贤、韦玄成父子都以明经历位丞相,至有谚语说:"遗子黄金满入籯,不如一经。"(《汉书·韦贤传》)

第四节　君主专制正统法律思想的不断完善

法的思想同其他一切事物一样,当量的积累达到一定程度时就要发生质变,但质变的发生并不意味着新质的完善,而需要继续量变来充实和完善新质。董仲舒集成的君主专制正统法律思想,是此前地主阶级认识的质的飞跃。但董仲舒"德主刑辅"这一主导思想被统治者接受有一个过程,继秦而来的法律制度与儒家重德思想真正做到有机结合也要有一个过程,而使法律真正适应地主经济之上的新的宗法伦理关系则更需要一个不断探索和修订法律的过程。自两汉之际的桓谭开始,后汉、三国、两晋的一些思想家,又提出了"统一法制"、罪刑法定的思想,并在完备法制方面提出了一系列具体主张。

儒法结合的法律思想虽被统治者所接受,但在尚没有积累司法经验时是不可能对原有法律制度进行彻底改造的,而只能在司法实践中执行这一统治思想,从而向原有法律制度中逐渐渗透,而且当取得了丰富司法经验时及时地规定为法的规范。经过魏、晋、南北朝、隋、唐多次立法,终于使君主专制正统的法思想完全体现于法律制度中,取得了法典的外在形式,形成了《唐律》。

审势明法、"守文""正刑"思潮的兴起

董仲舒虽然集先秦、秦汉法律思想之大成,既主张德教,又主张依法办事,创立了君主专制的正统法律思想体系,但是,他毕竟是处于秦亡之后的历史时代,法家"专任刑罚"的法治理论被历史所否认,在总的指导思想上需要"改弦更张",而当时由于上百年的"法治"传统在人们意识中有着较深的印痕,执政掌权者又多好"黄老刑名"之学,因而在法律的思想上要进行这样一个根本性的改变并非易事,需要做出相当的努力。西汉末,阶级矛盾激化,统治阶级内部争权斗争激烈,严重危害了政权统治,而统治者不能恰当运用德刑两手,致使王权衰微、社会秩序遭到严重破坏。特别是为改造秦汉律而创造的"春秋决狱",为人们所利用,兴起"春秋决狱"之风,"奸吏因缘为市,所欲活则傅生议,所欲陷则予死比"(《汉书·刑法志》),造成法制极为混乱的局面。

自两汉之际的桓谭(约前 40—32)开始,东汉、三国、两晋的一些司法官吏和务实的思想家在坚持"德主刑辅"基本原则的前提下,提出了一系列重视法、实行罪刑法定的主张,形成一种审势明法、"守文""正刑"的思潮,使儒法结合的正统法律思想得到完善,从而更有利于地主阶级的长久统治。

(一)"威德更兴、文武迭用"

桓谭等思想家在基本立场上仍主张"德主刑辅",但他们面对西汉末儒者纷起,过分强调经典礼义,导致法制混乱的社会现实,开始摆脱那种对德教的狂热鼓吹的传统,正视其在统治中的地位,重视法的作用。王充(27—约79),批判流行的德化能使无刑的观点说:"尧、舜虽优,不能使一人不刑,文武虽盛,不能使刑不用。言其犯刑者少、用刑希疏,可也;言其一人不刑、刑措不用,增之也"(《论衡·儒增》)。兵、刑都是"全众禁邪"的,"夫德

劣故用兵,犯法故施刑",出兵讨伐,尧舜皆有,为世人公认,而"今称一人不刑,不言一兵不用,褒刑错不用,不言一人不畔"(《论衡·儒增》),那么尧舜也不能算圣了。王符也批评"独任德化"的观点说:"论者必将以为刑杀不用,而德化可独任,此非变通之论也,非叔(叔,当为'救')世者之言也。夫上圣不过尧舜,而放四子;盛德不过文武,而赫斯怒……故有以诛止杀,以刑御残。"(《潜夫论·衰制》)他们都认为刑罚是为政所不可少的,德化不能使所有的人都为善,有"出于礼"者,则"入于刑"(《论衡·谢短》)。

桓谭从历史的发展过程分析治国之道,认为"三皇五帝"的美好政治时代已经过去了,当时盛行的只有王、霸两种治国方法。王道是"先除人害,而足其衣食,然后教以义,使知好恶去就,是故大化四凑,天下安乐"。霸道是"尊君卑臣,权统由一,政不二门,赏罚必信,法令著明,百官修理,威令必行"(《新论·王霸》)。两种治国之术各有自己的优劣,将二者结合起来就能治理好国家。"善政者,视俗而施教,察失而立防,威德更兴,文武迭用,然后政调于时,而躁人可定"(《后汉书·桓谭传》)。如果说董仲舒是打着儒家的旗号在思想内容上吸收了法家思想成分的话,那么桓谭则是公开主张儒法结合,使"德""刑"两种统治方法的地位摆布得更恰当。王充认为"治国之道,当任德也",韩非那种"以为世衰事变,民心靡薄,故作法术、专意于刑"的思想是不合道理的。因为"世不乏于德,犹岁不绝于春也。谓世衰难以德治,可谓岁乱不可以春生乎"(《论衡·非韩》)?但他同时主张治国不能离开刑。"慕德者不战而服,犯德者畏兵而却,徐偃王修行仁义,陆地朝者三十二国,强楚闻之,举兵而灭之。此有德守,无力备者也。夫德不可独任以治国,力不可直任以御敌也。韩子之术不养德,偃王之操不任力,二者偏驳,各有不足。偃王有无力之祸,知韩子必有无德之患。"(《论衡·非韩》)力即兵,而兵与刑是"巧论之人不能别"(《论衡·儒增》)。王充的结论是治国任德和任刑都"各有不足",应"文武张设,德力且足"(《论衡·非韩》)。

王符不仅主张以"法治"作为"德化"的辅助,而且认为,东汉末期处于"乱世","百官乱而奸宄兴,法令苛而徭赋繁,下民困于吏政,仕者穷于典礼,冤民就狱乃得直,烈士交私乃见保,奸臣肆心于上,乱化流行于下"(《潜夫论·爱日》),"刺史、守相,率多怠慢,违背法律,废忽诏令,专情务利,不恤公事。细民冤结,无所控告"(《潜夫论·三式》)。治此乱国,更需要"明罚敕法","法令赏罚者,诚治乱之枢机也,不可不严行也","其行赏罚者也,必使足惊心破胆,民乃易视"(《潜夫论·三式》)。他直接承袭先秦法家"法是御民工具"的理论,说:"法令者,人君之衔辔箠策也;而民者,君之舆马也。若使人臣废君法禁而施己政令,则是夺君之辔策而己独御之也。"君不废弃法令,"布令而必行之,则群臣百吏莫敢不悉心从己令矣"。"政令必行,宪禁必从,而国不治者未尝有也。"(《潜夫论·述赦》)

至战争频仍的三国时期,曹操、诸葛亮等军事家、思想家都非常重视法在治军中的特殊作用,严明赏罚,增强了军队的战斗力。曹操提出了具有辩证法思想的德刑观:"治定之化,以礼为首,拨乱之政,以刑为先。"(《三国志·魏书·高柔传》)在安定的正常社会条件下,则应实行"德主刑辅",而在战争年代,人们连安定的生活条件都没有,德教是没有显著成效的,只有靠武力才能强制人们的行动。这确实是地主阶级经过长期的实践得出的比较切合实际的正确认识。

(二)统一法制,罪刑法定

桓谭等思想家不仅强调法在统治中的重要作用,在总的指导思想上使正统的法律思想更完善,而且进一步提出了加强地主阶级法制的具体主张。这些主张虽在基本思想上承继于先秦法家,但由于他们总结了长期以来的立法、司法实践经验,从具体实践中发现了地主阶级法制中的种种弊端,所以他们提出的主张不再是重复先秦法家在理论、原则上的论述,而是提出改善法制的具体主张。

1. 统一法制

加强法制,前提是有法可依,而且法要整齐划一,前后一致。自董仲舒以后,"春秋决狱"蔚成风气,官吏多以意决狱而托《春秋》之名,于是法网渐密,成例颇多,致使司法官吏不能遍睹,各以己意比附,结果是"罪同而论异"(《汉书·刑法志》)。桓谭曾上疏揭露司法实践中的种种弊端说:"法令决事,轻重不齐,或一事殊法,同罪异论。奸吏得因缘为市,所欲活则出生议,所欲陷则与死比,是为刑开二门也。"(《后汉书·桓谭传》)为扭转法制混乱的局面,首先必须划一法令。桓谭建议:"令通义理明习法律者,校定科比,一其法度,班下郡国,蠲除故条。"(《后汉书·桓谭传》)

律令统一,是东汉以后的思想家的普遍要求。梁统认为西汉末法制混乱的原因是"亏除先帝旧约成律","轻为穿凿"(《后汉书·梁统传》),要改变这种状态,必须"悉举初元、建平之所穿凿,考其轻重,察其化俗,足以知政教所处,择其善者而从之,其不善者而改之,定不易之典"(《晋书·刑法志》)。杜预(222—284)主张"法出一门,然后人知恒禁,吏无淫巧,政明于上,民安于下"(《艺文类聚》卷54)。刘颂也认为:"法多门,令不一,则吏不知所守,下不知所避。奸伪者因法之多门,以售其情,所欲浅深,苟断不一,则居上者难以检下,于是事同议异,狱犴不平,有伤于法。"(《晋书·刑法志》)要求刑法统一成为社会的普遍呼声。

如何才能做到刑法统一?桓谭认为:"设法禁者,非能尽塞天下之奸,皆合众人之所欲也,大抵取便国利事者,则可矣。"

(《后汉书·桓谭传》)法不可能是尽善尽美的,也不一定合乎众人所欲,只要便国利事就可以。杜预也说:"法者,盖绳墨之断例,非穷理尽性之书也。故文约而例直,听省而禁简。"(《晋书·杜预传》)法是断案的依据,不是说教的理论典籍,因而不要为了讲得周延细致而规定得隐晦繁琐,而要简单、明确。"例直易见,禁简难犯;易见则人知所避,难犯则几乎刑厝"(《晋书·杜预传》),能够防止司法官吏任意解释律文,造成执法不统一。刘颂认为,造成法律不一的原因是事求尽善。"上求尽善,则诸下牵文就意,以赴主之所许,是以法不得全……上安曲当,故执平者因文可引,则生二端。"(《晋书·刑法志》)皇帝求法尽善,则立法者顺从主意,立法隐晦繁杂,而执法者因法规定不明确,遂曲解律文,造成法出多门的现象。

2. 守文定罪

实现法制,关键的是依法办事。西汉末以来,由于经义决狱和政治上的其他原因,或随意比附,或法外刑人,严重破坏了法制。尽管桓谭、梁统、郭躬等多次上疏请统一法令,但终汉之世也没有改变法制混乱的局面。三国时期,统一的法律已不存在,各国颁布了自己的法律。魏有《甲子科》《新律》,蜀有《蜀科》。曹操主张"计功授爵""犯而必诛",即按法行赏罚。曹操宠爱的儿子曹植"乘车行驰道中,开司马门出",曹操也处死公车令,"而植宠日衰"(《三国志·魏书·陈思王植传》)。诸葛亮以赏罚严明赢得了时人和后人的钦佩、赞誉。他认为:"赏以兴功,罚以禁奸,赏不可不平,罚不可不均。赏赐之所施,则勇士知其所死;刑罚知其所加,则邪恶知其所畏。故赏不可虚施,罚不可妄加。"(《诸葛亮集·便宜十六策·赏罚》)赏罚依法而行,"尽忠益时者虽仇必赏,犯法怠慢者虽亲必罚"(《三国志·蜀书·诸葛亮传》赞语)。他经常告诫君主和各级官吏:"使法量功,不自度"(《太平御览》卷273),"喜不可纵有罪,怒不可戮无辜"(《诸葛亮集·

便宜十六策·喜怒》)。他自己确实做到了赏罚严明。失街亭之后,他斩了不听将令的马谡,升任了力劝马谡的王平,而且以用人不当自贬三级。

及晋,制定了比较完备的晋律,在形式上实现了法律的统一。因此,晋代的法律思想家多在执行律文上立说。刘颂认为:"看人随时"是立法时的问题,"法轨既定则行之,行之信如四时,执之坚如金石,群吏岂得在成制之内复称随事之宜,傍引看人设教,以乱政典哉!"(《晋书·刑法志》)如果法有不合理之处可以修改,若认为法已经完善,而又准许以"看人随时"为由歪曲或不执行,则是促使司法官吏公然弃法出入人罪了。显然,刘颂这种执行既定法律的思想是在正统的法律思想改造汉律过程基本完成形势下对"经义决狱"的否定。

要做到法"行之信如四时,执之坚如金石",则必须明确规定司法官吏的职权界限。"使主者守文,死生以之,不敢错思于成制之外,以差轻重"(《晋书·刑法志》)。即司法官吏只有执法权,他们断狱,"皆得以法律令正文,若无正文,依附名例断之。其正文名例所不及,皆勿论"(《晋书·刑法志》)。如果适用律条的意见不一致,可以讨论。对于律文本身,则必须奉行。如果对律文有不同理解,可提出自己的见解,"论释法律,以正所断,不得援求诸外,论随时之宜"(《晋书·刑法志》)。至于"事无正据,名例不及"的案件,应由最高司法"大臣论当,以释不滞"(《晋书·刑法志》),司法的法吏无权随意处断法无规定的案件。把法律的解释权和补充权限于最高司法官吏所有,解决了"经义决狱"那种随意解释法律、罪刑擅断而造成法制混乱的问题。

刘颂毕竟是地主阶级专制下的司法官吏,他不可能冲破专制的藩篱而提出近代意义的罪刑法定主义,与其他所有主张地主阶级法制的有远见的法律思想家一样,无论多么坚决地主张

"一断于法",都不会排除帝王的以权废法、以言代法的罪刑擅断权力,这是由地主阶级制度最终决定的。刘颂要求不得"错思于成制之外"的仅限于具体司法官吏,"至如非常之断,出法赏罚,若汉祖戮楚臣之私己、封赵氏之无功,唯人主专之,非奉职之臣所得拟议"(《晋书·刑法志》)。但是,刘颂并不是主张帝王可以随便以己意废法的,而是认为:"人君所与天下共者,法也。已令四海,不可以不信以为教,方求天下之不慢,不可绳以不信之法。"(《晋书·刑法志》)君主要与天下人取信,则应守法,只有统治阶级根本利益需要时,才可"随事之宜",废常法而权断,"不近似此类,不得出以意妄议"(《晋书·刑法志》)。这就在理论上限制了帝王擅断的范围。他要求君主,"忍曲当之近适,以全简直之大准。不牵于凡听之所安,必守征文以正例。每临其事,恒御此心以决断,此又法之大概也。"(《晋书·刑法志》)

总之,守文定罪,则"情求傍请之迹绝,似是而非之奏塞",保证法律统一。按法断狱,有时"虽不允人心",违众人之情,但却能使法得到遵守,对地主阶级统治利多弊少。相反,"出法权制,指施一事,厌情合听,可适耳目,诚有临时当意之快,胜于征文不允人心也。然起为经制,终年施用,恒得一而失十"(《晋书·刑法志》)。

基于罪刑法定思想,他们还反对"赦赎"。王符认为,"刑法"的作用是"威奸惩恶除民害"的,执法应做到"政令必行,宪禁必从",而"赦"则是纵奸害民。犯罪者多是"性恶之民",这些人"虽得放宥之泽,终无改悔之心,且脱重梏,夕还囹圄,严明令尹,不能使其断绝"。因此他说:"今日贼良民之甚者,莫大于数赦赎,数赦赎,则恶人昌而善人伤矣。"若主张赦赎,就是"未昭政乱之本源,不察祸福之所生也。"(《潜夫论·述赦》)诸葛亮认为,赦免罪人是"小惠",为政应施"大德",即赏罚严明,为民除害。刘颂从刑罚作用的角度,认为"赦"是"刑不制罪,法不胜奸",会使"下知法之不胜,相聚而谋为不轨",结果"赦愈数而狱愈塞",主张"犯罪则必刑而无赦"(《晋书·刑法志》)。

经过思想家们五六百年的论证、提倡,至隋唐时代,守文定罪已成为正统的法律思想的重要组成部分,成为司法官吏的共同信念。隋时,大理少卿赵绰曾多次力阻隋文帝法外用刑,坚持以法断案。有一次,刑部侍郎辛亶尝衣绯裈,"上以为厌蛊,将斩之。绰曰:'法不当死,臣不敢奉诏。'上怒甚,曰:'卿惜辛亶而不自惜也!'命引绰斩之。绰曰:'陛下宁杀臣,不可杀辛亶。'至朝堂,解衣当斩,上使人谓绰曰:'竟何如?'对曰:'执法一心,不敢惜死。'上拂衣而入,良久,乃释之。明日谢绰,劳勉之,赐物三百段。"(《资治通鉴·隋纪二》)为了保证用法准确,还产生了死刑复核制度。"(隋文)帝以天下用律多踳驳,罪同论异。八月,甲戌,制:'诸州死罪,不得辄决,悉移大理按复。事尽,然后上省奏裁。'"(《资治通鉴·隋纪二》)

(三)明确刑法概念,划分罪与罪的界限

张斐等继承汉代以来的"以经注律"的传统,用儒家经义阐释律文所依据的原理和原则,形成了西晋律学派。他们不仅有了专门的律学论著,使律学从儒家的经学中分离出来,而且刑法理论也达到了成熟的程度,为完备的地主阶级法典的产生奠定了牢固的理论基础。

张斐等虽仍以经释律,但他们并不与加强地主阶级法制的思潮相抵触,而是这一思潮的参与者。张斐主张,地主阶级法制的总原则是"理直刑正"。"理直"就是立法要符合地主阶级伦理纲常。"刑正"就是罪刑相应,有罪必罚,把向汉律中注入礼义内容的思想与罪刑法定思想有机结合起来了。在制定了较完备的法律条件下,能否准确地执行法律,在很大程度上取决于法官对法条的理解和事实的认定。西晋时,地主阶级经历了较长时期的立法、司法实践,对各种行为对社会秩序的危害程度有了较清楚的认识。张斐为使司法官吏准确地依法断罪,做到"理直刑正",对《晋律》作了如下理论阐述。

第一,明确阐释了20个刑法概念的含义。"知而犯之谓之故(故意),意以为然谓之失(包括错误和过于自信过失),违忠欺上谓之谩(欺谩,包括奏对不实和诋欺),背信藏巧谓之诈(诈伪),亏礼废节谓之不敬,两讼相趣谓之斗,两和相害谓之戏,无变斩击谓之贼,不意误犯谓之过失(疏忽大意过失),逆节绝理谓之不道,陵上僭贵谓之恶逆,将害未发谓之戕(谋害人虽不行,仍为谋首),唱首先言谓之造意,二人对议谓之谋,制众建计谓之率,不和谓之强,攻恶谓之略,三人谓之群。取非其物谓之盗,货财之利谓之赃"(《晋书·刑法志》)。除去"不敬""不道""恶逆"几种犯罪涉及伦理礼义,仍有较大伸缩性外,其他概念的解释都明确了含义,划清了相关概念的界限。如"失"与"过失"的区别在于主观心理状态,"谩"与"诈"的区别在于侵害客体,"斗"与"戏""贼"的区别在于主观心理状态。罪名含义的明确,为司法官吏正确理解律文、准确定罪量刑提供了条件,防止了他们由于理解不一致而造成的司法上的不统一,同时也堵塞了奸吏舞文弄法、任意出入人罪的道路。

第二,区分相似案件,准确定罪。张斐注意分析复杂的犯罪事实,区分形相类而实相异的犯罪。"若不承用诏书,无故失之刑,当从赎。谋反之同伍,实不知情,当从刑。此故失之变也。卑与尊斗,皆为贼。斗之加兵刃水火中,不得为戏,戏之重也。向人庐道径射,不得为过,失之禁也。都城人众中走马杀人,当为贼,贼之似也。过失似贼,戏似斗,斗而杀伤傍人又似误。盗伤缚守似强盗,呵人取财似受赇,囚辞所连似告劾,诸勿听理似故纵,持质似恐猲。"(《晋书·刑法志》)上述有些犯罪与律文规定的罪的一部分要件相同,但因根本要件已不同,故应定为其他犯罪。如:向人室庐道径射、都城人众中走马杀人,在主观上可能没有杀人故意,在客观要件上与一般过失相同,但侵犯的是公共安全,而且应该预见到会产生杀人后果,故应定为故意杀人罪。斗之加兵刃水火中,主观动机和行为都与"戏"相同,但行为的条件不同,有造成死亡的可能,故应定为"斗"或"贼"。张斐这种区分,是以更完备的犯罪构成理论为依据,因而为司法官吏断狱更准确提供了依据。

第三,对类推的限制。张斐主张实行类推。"若'八十,非杀伤人,他皆勿论',即诬告谋反者反坐。'十岁,不得告言人',即奴婢捍主,主得谒杀之。'贼燔人庐舍积聚,盗赃五匹以上,弃市',即燔官府积聚盗,亦当与同。'殴人,教令者与同罪',即令人殴其父母,不可与行者同得重也。"(《晋书·刑法志》)从上举数例可以看出,张斐的类推是有明确要求的,即所断案例必须与所比附的条文要件最相类似。"八十,非杀伤人,他皆勿论"(《晋书·刑法志》),而诬告人谋反,虽不手刃,实与杀人同,故八十者诬告谋反,也要反坐。"燔官府积聚、盗"与"燔人庐舍积聚、盗"(《晋书·刑法志》),非常相似,只是律文规定的是侵犯私人所有权,而所举案例是侵犯国家所有权。国家所有权较私人所有权更重要,应根据"举轻以明重"的原则适用该条律文。这种有明确要求的类推比汉代以来的任意比附在很大程度上减少了主观随意性,是向罪刑法定前进了一大步。

当然,张斐还有执法者可以"临时观衅""除削轻重之变"的思想,这是主张司法者可以在一定范围内自由裁量。但应当注意到,张斐思想的基调是按法办事的,"自始及终,往而不穷,变动无常,周流四极,上下无方,不离于法律之中也",认为"奉圣典者若操刀执绳,刀妄加则伤物,绳妄弹则侵直"(《晋书·刑法志》)。他提出擅断主张,是为达到"理直刑正"的目的。"用法执诠者幽于未制之中,采其根芽之微,致之于机格之上,称轻重于豪铢,考辈类于参伍"(《晋书·刑法志》),即认真分析犯罪的一切情节，与其他同类犯罪比较验证，用法律来仔细衡量轻重，做到准确量刑，以最有力地维护统治阶级利益，这较完全没有客观标准的"以义决狱"无疑是进步，而且他主张根据"理"来变通适用《晋律》，也是《晋律》尚未完全体现君主专制正统法律思想，需要进一步改造的反映。

第四章
君主专制正统法律思想的法典化

"德主刑辅"的正统法律思想确立之后,统治者除自觉地采取一系列的政治措施来贯彻这一正统思想(如汉代的奖励"孝、弟、力、田")外,更重要的是体现于法律制度之中。承秦而来的法律制度是在法家思想指导下建立,而法家思想否定道德作用的基本立场与"德主"思想是根本不容的。要把"德教"提到重于法律的主导地位,则必须在法律内容上充分肯定道德价值,对侵害伦理道德的行为给予惩罚。通过司法对侵害伦理关系的行为给予明确的否定,即是辅助了"德教"。旧法律制度面临着正统法律思想的根本改造,这一改造是通过"春秋决狱"(按《春秋》大义审决案件)、"春秋决事比"(把《春秋》决狱的案例作为有法律效力的判例)、"引经注律"(以经义解释法律)等多种形式把宗法伦理道德逐渐注入法律之中,经过七八百年的立法实践,通过汉统治者修订或颁布、整理"律、令、科、比"的多次立法活动和《新律》《晋律》《北齐律》《大业律》《武德律》等制律,至《唐律疏议》,不仅君主专制刑法典的体系更完善、科学合理,更重要的是地主阶级伦理道德充分贯彻在了法典之中,维护"三纲"成为法典的基本原则,对地主阶级伦理关系的危害程度成了确定行为人刑事责任的依据,更以"疏"的形式对律文作了注释,准确阐述了立法的依据、立法的意义、法条的适用对象、适用范围、规定的界限等,并赋予这些解释以法律效力,从而使法典更全面、细致、准确地体现了维护宗法伦理关系的内容。《唐律疏议》是完全体现君主专制政权官方正统法律思想的法典,是中华法系的典型代表。

第一节 君主专制正统法律思想的法学基础理论

法学基础理论研究的内容包括法的产生、法的本质、法的特征、法的作用、法与其他社会规范的关系及确立各种权利义务界限的最基本的原则和原理等,其中最后一项是其最主要、最基本的内容,是各部门法立法、司法活动的理论指导和依据。任何统治阶级对法这一社会现象进行理论研究时,最直接的目的都在于寻找确定社会成员权利义务界限的基本原则和原理,以在其指导下理性地划定各种权利义务界限,从而建立自己所需要的社会秩序。对统治阶级说来,这一项内容较其他各项内容更有实际意义,因而对其也更重视。

君主专制社会的法学基础理论,早在春秋战国时诸子就开始探索研究,对各项内容,各学派在各自的侧面取得了较高的认识,进行了较深刻的理论论述,并在相互批判的过程中相互吸收,确立了君主专制正统法律思想的法学基础理论基本框架。秦的实践证明法家的法学基础理论在很大程度上是不符合君主专制社会统治需要的,因而汉统治者以秦为鉴,集中精力考虑治国的大政方针的问题,即重点解决"德"与"刑"在政治中的地位等问题,而无暇顾及法律制度中各种权利义务规定是否合理的问题,这可能就是汉律沿袭秦律的主要原因。当"德""刑"的问题在理论上解决之后,法定权利义务合理化的问题自然提到日程上来,于是较系统的法学基础理论产生了。其标志是《礼记》的问世。

《礼记》有两部,一是《大戴礼记》,共八十五篇,现存四十篇;

二是《小戴礼记》,简称《礼记》,共四十九篇,后被收入《十三经》中。《礼记》的作者和成书年代,多不可考。史学界通行的观点是:《礼记》各篇,不是出自一人之手,也不是一时所作,而是自战国至汉初儒家的论文集,文集的编纂者是汉宣帝时戴德和其从弟戴圣。戴德编纂的称《大戴礼记》,戴圣编纂的称《小戴礼记》。但是,据史书记载,汉初传授的有关礼的论文约214篇,戴德、戴圣进行了删减与合并,各自编纂成书,成为现有的几十篇。众所周知,编纂过程中的取舍,不同时代、不同人有不同的标准。按各自标准择取素材而编纂的文集,则不能不带有编纂者的观点倾向。同时,纂辑文集也是时代的要求,对同一批原始资料进行选编,不同时代也有不同的取舍,文集也必然带有时代的思想色彩。因此,就汉宣帝时问世的《礼记》一书来说,它是适应西汉后期完善君主专制社会制度(包括法律制度)的需要而形成的系统理论,带有确立了"独尊儒术"基本国策之后需要完善法律思想理论和法律制度的时代特色。

当然,《礼记》的基本素材是战国至汉代(尤其是汉初)儒者的思想成果,说明汉初曾形成了一股为君主专制制度合理化探索规律、提供理论依据的强大思潮,参与其中的既有受到统治者支持的官方思想家叔孙通、陆贾、贾谊、董仲舒等,也有民间的经学大师们。汉初儒者德刑关系理论的阐发,就是以这一思潮为背景,以当时人们对确立地主阶级等级权利义务的基本原理和原则的认识为理论基础的。从时代需要的角度看,《礼记》编纂成于宣帝时并非偶然,从君主专制正统法律思想的关系看,《礼记》中的法学基础理论与君主专制正统法律思想的其他内容是同步产生和发展的,它是君主专制正统法思想的最基本部分。很多思想家都有关于法学基础理论的阐述,但论述最集中、最系统的还是《礼记》。于此做一总括性的系统研究。

一、确立君主制社会等级权利义务的基本原理

地主阶级统治者及思想家从来都明确承认他们的社会是等级的社会。荀子曾说:"先王案为之礼义以分之,使有贵贱之等,长幼之差,知愚能不能之分,皆使人载其事而各得其宜,然后使愨禄多少厚薄之称,是夫群居和一之道也。"(《荀子·荣辱》)《礼记》继承这种认识,明确提出礼的作用在于别异,认为如同房屋有堂阶、坐席有上下、乘车有左右、行走有前后一样,社会也必须有一个等级的秩序。"昔圣帝明王诸侯,辨贵贱长幼远近男女外内,莫敢相踰越,皆由此途出也。"(《礼记·仲尼燕居》)等级的权利义务界限的制定,《礼记》也毫不掩饰地承认是皇帝的行为:"先王有上有下,有先有后,然后可以有制于天下也"。《礼记正义》疏曰:"先王因其先后使尊卑得分,然后乃可制礼作乐为法,以班天下,如周公六年乃制礼乐也。"就是说王有权力根据人们的尊卑地位规定权利义务界限,颁行天下,作为人们的行为规范。制定法规范的权力只归皇帝所有,他人不得擅用。《中庸》:"非天子不议礼,不制度,不考文。""虽有其德,苟无其位,亦不敢作礼乐焉。"这种思想是儒家的法思想融合了法家关于君主专制的思想,认识到法是国家制定的,较先秦儒家"圣人制礼"的思想前进了一步。王者有权制礼乐,但只有政权稳固之后才能进行。"王者功成作乐,治定制礼。"(《礼记·乐记》)这可能是汉代地主阶级政权巩固后统治阶级要求变革继秦而来的法律制度的思想表现。

圣王制定君主制社会等级的法,划分"合理"的权利义务界限的根据是什么?就实质上讲,是根据人们对生产资料不平等占有的社会关系。在自然农业经济形态下,土地是最基本的社会财富,土地的有无和多少,决定了人们的等级地位,即土地的不平等占有决定了君主制社会的等级特征。君主制社会的法是

地主阶级的意志体现,是占有土地的地主阶级维护自己利益的工具,其所规定的不平等权利义务反映了这个阶级不平等占有的要求。等级的权利义务规定是由地主阶级的总代表——皇帝作出的。根据马克思主义的法理学,这就是君主制社会法的基本原理。但是,一切剥削阶级为了掩盖社会制度的不平等,为使不平等的法取得一体遵行的效力,总是要把法说成是全社会意志的体现,是为全体社会成员的利益服务的。中国的地主阶级也不例外,他们在一开始就极力把法说成是协调社会关系的工具。无论是商鞅的"定分止争",还是荀子的"度量分界",都是用法的表面作用掩盖了法的本质,也掩盖了君主制社会法之所以规定等级的权利义务的基本原理。《礼记》集前人之精华,集中系统地阐述了地主阶级等级的权利义务存在的根据,论证了其存在的合理性。

(一)等级"本于天道"

《礼记》虽承认等级的权利义务是现实社会中的天子规定的,但它并不认为或没有认识到皇帝的行为基于阶级的物质利益,而认为是根据"天道"制定的。《礼运》说:"夫礼,必本于天,殽于地,列于鬼神。"殽,效也。等级规范本于天道,效法地形,取法于祖先。如何本天法地呢?《乐记》详细论述了其中的道理:"天高地下,万物散殊,而礼制行矣。""以天高地下不同,故人伦尊卑有异,其间万物各散殊途,礼者别尊卑、定万物,是礼之法制行矣。"就是说天地有高下,人间的礼也是本天之道而有尊卑等级的。《乐记》还说:"天尊地卑,君臣定矣。卑高已陈,贵践位矣。动静有常,大小殊矣。方以类聚,物以群分,则性命不同矣。"在天成象,在地成形,如此,则礼者天地之别也。法天有君,效地有臣之位,若天地悬殊固定。在地有山泽,在臣有贵贱。宇宙间的万物各有其本性和运动规律,同类相聚,不得混杂。圣王顺物之性,从天地之别,划分出贵贱不同的等级,制定礼义制度。

圣王划分权利义务界限,为什么要根据"天道",《礼记》结合当时自然科学知识从社会现实生活的角度进行了论述。《孔子闲居》说:"天有四时,春秋冬夏。风雨霜露,无非教也。地载神气,神气风霆,风霆流行,庶物露生,无非教也。"天地的一切行为都是生长万物的,人君统治天下也应以保护人们的生存为使命,故应效法天地之为以为教。《郊特性》说:"乐由阳来者也,礼由阴作者也,阴阳和而万物得。"在天道,阴阳和则万物生长。在人道,乐的本质是仁、是爱,来自天之阳;礼的本质是义、是别,来自地之阴。乐与礼相配合,则阴阳和,社会秩序得到安治。天子规定人间的等级秩序是效法天而施恩泽于民。"天子者,与天地参。故德配天地,兼利万物,与日月并明,明照四海而不遗微小"(《礼记·经解》)。

显然,《礼记》表达的是一种"天人合一"的思想,在哲学上较荀子的"天人之分"是一个退步。但应该看到,在统一的地主阶级政权建立之后,统治阶级不仅需要一套指导现实统治活动的政治和法的理论,而且为了使全社会乐于接受那些由统治阶级的物质利益所决定的不平等的权利义务,又不能不需要宗教的力量来神化已经建立起来的等级制度。《礼记》就是适应地主阶级统治者的双重需要,按着人间的等级制度和伦理关系塑造了天地自然形象,同时又用被塑造了的天地自然为人间的等级作论证,使其取得一件神化的外衣,其以神道设教的目的是非常明显的。《中庸》说:"宗庙之礼,所以序昭穆也;序爵,所以辨贵贱也,序事,所以辨贤也;旅酬下为上,所以逮贱也,燕毛,所以序齿也……郊社之礼,所以事上帝也;宗庙之礼,所以祀乎其先也。明乎郊社之礼,禘尝之义,治国如示诸掌乎。"宗庙祭祀,除思想感情上的尊祖外,更为直接的目的是序尊卑贵贱,体亲亲之义。行宗庙祭祀之礼时,按昭穆辈分、爵级高低排次,体现尊尊之义。祭末旅酬时,使卑者二人举觯于长者,卑者先饮,是恩亲及下,燕饮时,以发色为序,所以序年齿,体亲亲之义。若掌握了祭天地、祖先的礼义,并用其义于治国中,则国家秩序井然。可见,《礼记》把"天道"说成是人间确定尊卑贵贱不同权利义务的根据,意不在说明天的神圣,而在论证人间秩序的神圣。其实,《礼记》早已用世俗的理论把人间秩序说成了万古不变的规则。《礼记·大传》说:"圣人南面而治天下,必自人道始矣……亲亲也,尊尊也,长长也,男女有别,此其不可得与民变革者也。"

(二) 礼义"基于人情"

《礼记》为论证地主阶级法的规范和道德规范的合理性,还从人性上寻找到了礼义存在的根据,说圣王制定礼义这些法的规范和道德规范不仅仿效于天,更直接的是基于人情的需要。《礼运》说:"夫礼,先王以承天之道,以治人之情。"《礼记》中的"人情"与"人性"没有明确的界限,二者经常混合使用。"何谓人情?喜怒哀惧爱恶欲,七者弗学而能"(《礼记·礼运》)。"民有五性,喜怒欲惧忧也……五气诚于中,发形于外,民情不隐也。"(《大戴礼记·文王官人》)人性、人情就是天生而然的自然本质。"天命之谓性"(《礼记·中庸》)。先秦思想家多以对人性的分析作为建筑自己法律理论体系的基础,而且出于自己思想体系的需要,多用后天的社会规范评价先天的自然属性的善恶,其结果往往使自己的理论陷入矛盾之中。《礼记》冲破了人性善恶的束缚,从人的欲望与社会规范的关系上论证规范的必要。它对人性没有笼统地指出善恶,而是认为人受到外界环境的引诱,便产生种种欲望。"人生而静,天之性也;感于物而动,性之欲也。物至知知,然后好恶形焉","民有血气心知之性,而无哀乐喜怒之情常,应感起物而动,然后心术形焉"(《礼记·乐记》)。人与外界接触,由于外物的刺激而产生了各种欲望,表现为喜、怒、哀、惧、爱、恶、欲七情。这些欲望本无善恶,因为人情的正当抒发,会表现为正当的欲望,这是符合天道的。"饮食男女,人之大欲存焉。死亡贫苦,人之大恶存焉。故欲恶者,心之大端也。人藏其心,不可测度也。美恶皆在其心,不见其色也。欲一以穷之,舍礼何以哉?"(《礼记·礼运》)人的欲望只要符合礼,就是美的、好的。相反,毫无节制地任情欲自然流露,则必然破坏社会生产力所能承担的权利义务界限,破坏社会秩序。"好恶无节于内,知诱于外,不能反躬,天理灭矣。夫物之感人无穷,而人之好恶无节,则是物至而人化物也。人化物也者,灭天理而穷人欲者也"(《礼记·礼运》)。外物是无穷无尽的,感物而起的欲望也是永无止境的,能否使自己的行动符合社会的要求,关键在"节"。能"节",则"欲"为善,不能"节",则"欲"为恶。

《礼记》既认为人情是无善恶的,关键在引导节制,因而主张圣王既不要抹杀人欲,也不要放纵,而要为之划定界限,对其予以正当疏导。"圣王修义之柄、礼之序,以治人情。故人情者,圣王之田也。修礼以耕之,陈义以种之,讲学以耨之,本仁以聚之,播乐以安之。"(《礼记·礼运》)田地本无好坏,只要耕种耨耘就能有好的收成。人情是圣王统治的基础,只要示民以礼义则人情正、循善道,经常教化就能使人存是去非、永行善道。圣王对人情就是取其精华去其瑕秽。因此,《礼记》认为,统治者划定权利义务界限不是消灭人欲,而是适应人情的正当流露的需要。"先王本之情性,稽之度数,制之礼义。合生气之和,道五常之行,使之阳而不散,阴而不密,刚气不怒,柔气不慑。四畅交于中,而发作于外,皆安其位而不相夺也。"(《礼记·乐记》)先王按情性的要求制定礼义,使七情流露都符合阴阳五行之道,无过无不及。礼的规范既适应了人情正当抒发的要求,又保证了人欲不超过必要的限度。正如《乐记》所说:"先王之制乐也,非以极口腹耳目之欲也,将以教民平好恶而反人道之正也。"

《礼记》虽然认为礼义既顺民情,又节民欲,但其侧重点在于后者。它认为:"义胜欲者从,欲胜义者凶。"(《大戴礼记·武王践阼》)郑玄曰:"从者,求吉得吉之言。"(《仪礼·少牢馈食》)就是说,若以义战胜欲望则吉;若以欲望战胜义则凶;任欲望尽情满足,则侵犯他人的权利,造成争夺,"争夺相杀谓之人患"(《礼记·礼运》),"凡民之为奸邪窃盗历(干)法妄行者,生于不足,不足生于无度量也"(《大戴礼记·盛德》)。防止争夺的办法,就是制定权利义务界限以节制民欲。"礼者,因人之情而为之节文,以为民坊者也"(《礼记·坊记》)。至此,《礼记》终于透露出了礼的本质所在:"夫礼,禁乱之所由生,犹防止水之所自来。"(《礼记·哀公问》)"礼者,君之大柄也。"(《礼记·礼运》)由君主制定的反映统治阶级物质利益的法是地主阶级统治的工具,是维持地主阶级社会秩序的规范。

《礼记》认为人性本无善恶,人只有接触外界才产生欲望。从这个哲学观点出发,它不再从人的自然属性去寻找政治与法的理论的根据,而是从人的社会实践——欲望变为行动的角度去论证礼义制度存在的必然性和合理性,这是人类思想史上的又一进步。对于它的礼义节欲的观点,抛开其规范的本质不论,应该说是反映了人类社会的一般规律。因为,人与社会接触必然会产生各种欲望,而且人的欲望是永无止境,而社会所能提供的物质条件在任何时候都不能满足全部成员的所有欲望。物与欲之间的矛盾永远存在,人只能适应外界条件,节制自己的欲望。人是有理性的,能够接受社会的规范,分析自己的欲望哪些是自己权利范围内的,哪些是权利范围外的,从而节制不合理欲望。这样,才能有安定的社会秩序。相反,有人放纵贪欲,将自己权利范围外的欲望也付诸追求行动,则必然侵犯他人的合法权利,破坏社会秩序。

二、规定等级权利义务的基本原则

法是统治阶级制定的,法定权利义务是统治者根据本阶级经济利益需要规定的。制定法是统治阶级的主观行为,而一切剥削阶级统治者都是私有制的化身,其本性是贪得无厌的,就其主观愿望来讲,他们想极天下之物据为己有,想享有一切权利而毫不承担义务。但是,"任何一个人的愿望,都会受到任何另一个人的妨碍",在统治阶级内部,"有无数互相交错的力量,有无数的平行四边形,而由此就产生出一个合力即历史的结果"[1],在全社会要受其他阶级,包括同盟阶级和敌对阶级的制约。因此,以国家意志的面目出现的统治阶级意志,最终在大体上是符合与生产力水平相适应的生产关系的要求的。"国家愿望总的说来是市民社会的不断变化的需要,是由某个阶级的优势地位,归根到底是由生产力和交换关系的发展规定的"[2]。法反映客观规律是必然的;而具体的统治者制定法律时能否反映客观规律则是偶然的,取决于统治者认识客观规律的程度。中国地主阶级统治者经过秦亡的实践,逐渐认识了中国地主阶级社会的客观现实,形成了确定地主阶级等级权利义务界限应遵守如下原则的思想:

(一)经济方面"富不骄,贫不忧"的原则

汉代统治者及思想家认识到:要维持社会的正常秩序,就必须保证自己赖以生存的人数众多的民的起码生活条件,只有让他们能生存,他们才能安定地从事农业生产,从而为统治者提供大量的消费资料。而秦统治者和汉代的地方豪强地主为了满足自己的一时私欲,过分剥削百姓,结果使其"穷极愁苦"而不得不转为盗贼,直接威胁政权的安全。因此,汉代法律思想家极力主张统治者要爱民。《礼记》把"子庶民"作为治国之经。所谓"子庶民",《礼记正义》疏:"谓爱庶民也",具体内容就是"时使薄敛"(《礼记·中庸》)。《礼记》还把爱民与政权的存亡联系在一起,

---

[1]《马克思恩格斯文集》第10卷,人民出版社2009年版,第592页。
[2]《马克思恩格斯选集》第4卷,人民出版社2012年版,第247页。

"古之为政,爱人为大。不能爱人,不能有其身。不能有其身,不能安土"(《礼记·哀公问》)。为政的根本是"爱人",若违背爱人之道,则其身及祸,其权难保。

汉代法律思想家认为,当时群盗层出不穷的原因就是法定权利义务不合理导致贫者不能生存,因而不得不为盗贼。《坊记》说:"小人贫斯约,富斯骄。约斯盗,骄斯乱。"意思是说,超过合理界限的贫和富都会导致犯罪。《大戴礼记·盛德》说:"民之为奸邪窃盗历(干)法妄行者,生于不足,不足生于无度量也。无度量则小者偷堕,大者侈靡而不知足。"因权利义务界限的不合理、不明确,富者、大者贪得无厌,生活奢侈,过分剥削,而贫者、小者则因无生活出路被迫盗窃而苟且为生。《礼记》的意思在于当时的权利义务规定本来就不合理,而富者仍不知足,结果逼得民转为盗贼。其解决办法就是使法定权利义务合理化,明确界限。

法定权利义务怎样才算合理呢?《坊记》认为:"圣人之制富贵也,使民富不足以骄,贫不至于约,贵不慊于上。故乱益亡。"由于权利义务是有等级差别的,所以"富不足以骄"(《礼记》)是以"足以示贵"(《春秋繁露》)为前提的。就是说,在物质分配上的权利,富者下以"示贵"为限,上以"不骄"为限;贫者上以"不僭"为限,下以"不约而忧生"为限。富者权利的下限和贫者权利的上限是保证等级差别的,富者权利的上限和贫者权利的下限是保证社会秩序安定的。没有前者地主阶级制度不能建立,没有后者则会造成社会混乱。按这一原则划定的权利义务界限才是最合理的。

(二)政治上的"齐家治国"原则

在君主专制社会,人们相互间的关系主要有君臣、父子、夫妇、兄弟、朋友五种关系,君臣是政治关系,父子、夫妇、兄弟是亲族关系,朋友是一般社会关系。但中国农业社会自然经济的特点决定了以家庭为本位的社会结构,社会统治的对象与近代社会不同,它不是人的个体,而是人的血缘集合体——家。于是"家",就不再仅是一个组织生产和消费的血缘集合单位,而是具有了政治的职能,每个家庭都俨然是一级政权机构。因此,一切社会关系都具有了政治的色彩。《中庸》说:"天下之达道五,……君民也,父子也,夫妇也,昆弟也,朋友之交也。"

"家"固然担负着向国家交纳租税、出徭役等经济义务,但其重要性尤其在于加强家庭内部的思想统治。家长在家庭中占有特殊的地位,他基于对土地等财产的所有权,也对子女享有主宰权。子女对家长在物质上存在着依赖关系,在感情上有着一种自然爱敬心理,于是形成了服从的法意识,在他们看来,自己的身体都是为父母保存的。"身也者,父母之遗体也。行父母之遗体,敢不敬乎?""父母全而生之,子全而归之,可谓孝。不亏其体,不辱其身,可谓全矣。故君子顷步而弗敢忘孝也。"(《礼记·祭义》)其身都是为父母所有,行为自然应毫无疑问地绝对服从家长的意志,这就是"孝"。家庭成员基于"孝"的感情对家长绝对地服从,而家长的意志统一于皇帝的意志,因此,皇帝的意志通过家长的中间环节统一了全社会的意志。同时,家庭通过对其成员的教育,培养他们绝对服从家长的观念,造成"绝对服从"的动力定型,则他们在任何情况下都有内心的"堤防",而不会"犯上作乱"。孔子弟子有若曾明确地说:"其为人也孝悌,而好犯上者鲜矣;不好犯上而好作乱者未之有也。"(《论语·学而》)因此,"孝"扩而大之,就是对君的"忠";"悌"扩而大之,就是对长、上的顺。《礼记》说:"资于事父以事君而敬同。"(《礼记·丧服四制》)"未有君而忠臣可知者,孝子之谓也;未有长而顺下可知者,弟弟之谓也……故曰孝子善事君,弟弟善事长。"(《大戴礼记·曾子立孝》)"孝以事君,悌以事上,示民不贰也"。(《礼记·坊记》)《礼记》还从敬爱父母的感情上为"忠君"找到了根据。《祭义》说:"父母既没,慎行其身,不遗父母恶名,可谓终矣。"不仅善事父母终身,而且要慎行己之终身,不为父母留恶名,不伤残己之身,最后全而归之,才是完全的"孝"。而"居处不庄""事君不忠""莅官不敬""朋友不信""战阵无勇"要"灾及于亲"(《礼记·祭义》),为不祸及父母,不给父母留恶名,则必须"居处庄""事君忠""莅官敬""朋友信""战阵勇"。"忠君"与"孝亲"在思想感情上达到了完全的一致。

家在地主阶级统治中担负着如此重要的角色,所以地主阶级的法律思想家一开始就非常重视"家"的作用。孟轲曾说:"天下之本在国,国之本在家。"(《孟子·离娄上》)《礼记》则提出了"修、齐、治、平"的治国总方针,以"齐家治国"为确定权利义务的基本原则。《礼记·大学》说:"欲治其国者,先齐其家;……家齐而后国治。"国家的治乱系于家是否"齐",尤其是统治者的家能否做到"齐"。"所谓治国必先齐其家者,其家不可教而能教人者,无之。故君子不出家而成教于国。孝者所以事君也,弟者所以事长也,慈者所以使众也……一家仁,一国兴仁,一家让,一国兴让,一人贪戾,一国作乱"(《礼记·大学》),家"齐"的关键就是巩固家长在家庭中的绝对统治。荀况曾说:"君者,国之隆也;父者,家之隆也。隆一而治,二而乱,自古及今,未有二隆争重而能长久者。"(《荀子·致士》)君主制社会的基础是宗族家庭,宗族家庭的宗法伦理扩而至国家即政治伦理,宗法伦理是政治伦理的基础,宗法伦理"孝"在国家层面就是政治伦理的"忠",故《礼记》明确把"齐家"和"治国"联系起来。

"齐家"既是"治国"的根本,因而《礼记》的作者们主张,规定社会成员政治权利义务应以是否有利于"齐家"为基本原则,一切维护父权、强化孝悌观念的行为都是对"齐家"有利的,尊老敬长是卑幼的义务,管下训幼是尊长的权利。相反,一切侵害父权、淡化孝悌观念的行为,都是有害于"齐家"的,因而有害于"治国",应予以惩罚。同时,男女有别,长幼有序也与"齐家"有着密切关系,因此也是确立君主制社会权利义务界限所遵循的标准。甚至在断狱时,也依这一基本原则衡量罪之轻重。"凡听五刑之讼,必原父子之亲,立君臣之义,以权之意论轻重之序,慎测浅深之量以别之。"(《礼记·王制》)维护宗法伦理关系及其道德与维护国家政治关系及法律关系紧紧联系在一起。正是基于对这一原则的认识,董仲舒等法律思想家们确立了君主专制正统法律思想的"德主刑辅"基本框架,汉以后统治者逐渐改造汉律,加大侵犯父权及伦理观念的刑事责任,用法的手段保证宗法的"家齐",最终发展为《唐律》的根据对"齐家治国"基本国策的侵害程度确定行为人的刑事责任。

第二节 "肉刑废复"之争阐发的刑罚理论

先秦儒家相信道德的感化作用,认为刑罚是辅助教化的,至于其如何发挥这种作用,就其思想体系来说,是主张通过刑罚,使人心服从而自觉向善。而先秦法家基于对人性的认识,不相信人有好的道德,而只迷信刑罚的威吓作用,认为刑罚的唯一目的就是造成一种使人不敢为非的社会恐怖气氛。自汉文帝废除肉刑制度之后,地主阶级统治者及思想家围绕"肉刑废复"的问题展开多次辩论,对刑罚的目的及性质做了进一步研究和论述。东汉光武帝时就有人提出恢复肉刑,班固作《汉书·刑法志》时主张以肉刑作为死刑和徒刑的中间刑,东汉末展开了第一次大辩论。曹魏时御史中丞陈群、相国钟繇又提出恢复肉刑的主张,王修、王郎予以反对。魏末李胜与夏侯玄,晋初刘颂、卫展、王导与周颛,晋末桓玄与众人曾多次辩论。双方对于"肉刑废复"的意见虽截然对立,但他们都是从统治者应行德政、刑罚应体现统治者的"仁德"的基本立场出发而阐述自己关于肉刑"废"或"复"的主张。因此,他们对刑罚目的的认识在很多基本点上是一致的,他们阐发的刑罚理论都对君主专制正统法律思想的发展作出了贡献,为君主制社会刑罚制度的确立和法典的完善提供了理论指导。

一、刑罚的一般预防作用

刑罚的一般预防作用,在先秦法家的理论中是通过惩处犯罪者来威吓其他社会成员,从而达到阻止其犯罪的目的,即威吓刑主义。西汉时,由于对秦的忌讳态度,很少有人公开举起法家的旗帜,详细论述刑罚的作用,更无人愿意赤裸裸地宣讲刑罚的威吓作用,而仅是原则上讲"德主刑辅","庆赏罚刑不可不具也,如春夏秋冬不可不备也"(《汉书·董仲舒传》)。至东汉,法制混乱的社会现实诱发了"加强法制"的思潮,同时也使一些务实的法律思想家开始注重刑罚对犯罪的预防作用,尤其是对社会大多数未犯罪者的一般预防作用。

东汉光武帝时,"群臣上言:古者肉刑严重,则人畏法令。今宪律疏薄,故奸宄不胜。宜增科禁,以防其源"(《后汉书·杜林传》)。刑重则人畏,故能阻止人们犯罪,"宪律疏薄",则犯罪增多,社会秩序混乱。对刑罚作用的这种认识继承于先秦法家,只是不明言所自而已。晋代大律学家刘颂力主恢复肉刑,一个重要理由就是肉刑可以发挥威吓作用,使其他社会成员触目而畏,警惧于心,从而不敢犯罪。他说:"残体为戮,终身作诫,人见其痛,畏而不犯,必数倍于今。"(《晋书·刑法志》)晋元帝时骠骑将军王导等还对死刑和肉刑的威吓力进行了比较,认为人是至愚的,"虽加斩戮,忽为灰土,死事日往,生欲日存,未以为改。若刑诸市朝,朝夕鉴戒,刑者咏为恶之永痛,恶者睹残刖之长废,故足惧也。然后知先王之轻刑以御物,显诫以惩愚,其理远矣"(《晋书·刑法志》)。主张恢复肉刑,以受肉刑的残体时时威吓、警惧众人,从而收到一般预防的效果。为了发挥刑罚的威吓作用,他

们甚至不考虑犯罪者的悔改问题。魏末河南尹李胜说:"刑一人而戒千万人,何取一人之能改哉?"(《通典》卷168)

有些反对复肉刑的论者也以威吓主义作为根据。晋尚书周顗等驳难王导等时说:"刑罚轻重,随时而作。时人少罪而易威,则从轻而宽之;时人多罪而难威,则宜化刑而济之"(《晋书·刑法志》),认为死刑重而肉刑轻,而当时"习恶之徒为非未已,截头绞颈尚不能禁,而乃更断足劓鼻,轻其刑罚"(《晋书·刑法志》),就会使恶者不畏惧而轻犯法,犯罪者势必增多。以死刑代肉刑,人畏死而不犯法,是使人皆为"善人"。若复肉刑,则人皆轻视刑罚而犯罪,最终招致残害肢体的灾难,这实际上是以轻刑诱人犯罪。本来由于畏惧重刑而不犯法的常人,现在却因刑轻而受到残截肢体,这就等于断刵常人。因此,恢复肉刑是"徒有轻刑之名,实开长恶之源,不如以杀止杀"(《晋书·刑法志》),等到社会安定了再普遍减轻刑罚。

用今天的刑罚观念来看,刘颂等以威吓主义为理论依据而主张恢复肉刑的观点固不可取,但不可否认,刑罚从来就具有惩罚的作用,对犯罪者来说是一种痛苦,对未犯罪的不稳定者来说则是一种警诫,即通过对罪犯施用刑罚向社会宣告:犯罪是要受惩罚的,犯罪的法律后果是刑罚的痛苦,这无疑具有威吓的意义。刘颂等的理论在这一点上是符合实际的,他们对刑罚目的的认识,指导了地主阶级法律制度的完善。当然,刑罚的一般预防作用,还包括向大多数社会成员宣明权利义务界限、进行法制教育的意义。地主阶级正统的法思想占据统治地位之后,刑罚的教育作用更为统治者所重视。地主阶级正统的法律思想对秦汉律改造更主要的是基于刑罚的这种意义,其目的主要是强化社会成员的道德义务观念。不过,刑罚一般预防作用中的威吓主义和教育主义只有就具体对象来说才能区分开来,若对整个社会来说,则是二者不可分,也是不可少的。

二、刑罚的特殊预防作用

刑罚的特殊预防作用是指对犯罪者重新犯罪的预防或阻止作用。对刑罚的这种作用,争论"肉刑废复"的双方从两个对立的角度阐发了自己的认识。主废肉刑一方认为,刑罚的作用在于使犯罪者自新返善,从而不愿再犯罪;主复肉刑一方认为,刑罚的作用在于去掉犯罪者的为恶之具,从而使其不能再犯罪。

汉文帝废肉刑的一个主要理由是:"今人有过,教未施而刑加焉。或欲改行为善,而道无由也。"(《汉书·刑法志》)肉刑残人肢体,虽欲改过自新,却因"刑者不可复属"而不能了。因此,汉文帝以"笞"与"髡钳城旦舂"代替了肉刑。"笞"的目的是教育。"笞者,击也,又训为耻。言人有小愆,法须惩诫,故加捶挞以耻之……故《书》云'朴作教刑',即其义也。"(《唐律·名例》疏议)髡钳城旦舂即徒刑,"徒"是"任之以事而收教之",通过加明刑示之耻辱,使其"内愧于心",最终"能改"(《唐律·名例》疏议),自新返善。可见,汉文帝废肉刑是受教育刑思想支配的。

反对恢复肉刑的思想家都坚持教育刑思想。汉末的孔融曾反驳崔寔等说:若复肉刑,则"被刑之人虑不念生,志在思死,类多趋恶,莫复归正",往往"为世大患"。肉刑"绝人还为善耳",即使像孙膑、司马迁那样有才智的人,也是"一罹刀锯,没世不齿"(《后汉书·孔融传》),也不能再施展才能。夏侯玄也从教育刑的立场出发,反对复肉刑。他说:"圣贤之治世也,能使民迁善而自新,故《易》曰:'小惩大戒。'陷夫死者,不戒者也。能惩戒则无刻截,刻截则不得返善矣。"(《通典》卷168)他认为刑罚的主要目的在于使犯罪者能改,若伤人者不改,也就类同妖逆,故"杀之可也,而能改悔,则岂须肉刑而后止哉?"(《通典》卷168)

由于他们的刑罚理论符合正统的法律思想的基本原则,故被统治者所接受,尽管不断有人主张复肉刑,甚至理由似乎很充分,也未能如愿。相反,流刑、徒刑的作用越来越被重视,至隋唐,终于确立了完善的地主阶级国家刑罚制度。

主张恢复肉刑的陈群、李胜、刘颂等也都注意到了刑罚的特殊预防作用,但他们的预防方法不是教育,而是去为恶之具,使受刑者不能再犯罪。刘颂说:"肉刑非徒惩其畏剥割之痛而不为也,乃去其为恶之具,使夫奸人无用复肆其志。"(《晋书·刑法志》)即逃亡者刖其足,使其不能再逃亡;盗窃者截其手,使其不能复盗;奸淫者割去生殖器,使其不能再犯此类罪。这样,"已刑者"永不能再犯罪,故"皆为良士"。他认为这是"除恶塞源""止奸绝本"(《晋书·刑法志》)。相反,服徒刑者"去家悬远,作役山谷,饥寒切身,志不聊生",即使是品质很好的人,只要不死,也会逃亡或重为盗贼,何况服刑者多是本性奸凶无赖之徒?尽管当时法律规定:逃亡一日,"加作一岁"。但往往使罪犯加至终身徒刑,这些人想到"反善无期",而服徒刑生活又是"灾困逼身",结果更会迫使他们下决心逃亡成为盗贼。同时,"诸重犯亡者,发过三寸辄重髡之"的法律会使"以刑生刑";"加作一岁"的规定会使"以徒生徒"(《晋书·刑法志》)。徒刑制度不仅不能达到"以刑止刑"的目的,而且会促使服刑者重新犯罪,究其原因就是"肉刑不用之所致也"。若"今行肉刑,非徒不积,且为恶无具则奸息,去此二端狱不得繁,故无取于数赦,于政体胜矣。"(《晋书·刑法志》)

刘颂对"徒刑"的认识,显然是只看到了强制劳役的痛苦,而忽略了这种痛苦对罪犯的心理改造或教育作用。至于当时出现的"刑不制罪,法不胜奸"(《御览》)的现象,主要是他所指出的法制松弛所引起的,原因并不在徒刑制度。他们对肉刑可以除具止奸的认识,仍是继承了先秦法家的恐怖主义,不仅违背了事物的辩证的对立统一规律,而且也违背了人类由野蛮向文明的基本发展规律,因而未被地主阶级正统的法律思想所吸收。

三、刑罚应体现君主的"仁德"

地主阶级正统的法律思想的主要内容是德治,其中包括君主要行"德政",表现在刑罚方面就是刑罚要"仁德",不残暴。汉文帝以"刑至断肢体,刻肌肤,终身不息,何其刑之痛而不德也"(《汉书·刑法志》)的理由废除了肉刑。地主阶级正统的法律思想占据统治地位后,几乎所有法律思想家都以这一标准衡量、评论现行的刑罚制度,参加肉刑废复之争的人基本上也都是从这一立场出发,只是见仁见智,各不相同,因而得出的肉刑或复或废的结论也各异罢了。

主张恢复肉刑者的一个论据是:汉文帝将斩右趾改为死刑,加重了刑罚,不合"仁德"之义,应将这类犯罪恢复为斩右趾。班固、荀悦都曾提出过这种主张,曹魏时的钟繇进行了详细说明:"使如孝景之令,其当弃市,欲斩右趾者,许之;其黥劓、左趾、宫刑者,自如孝文易以髡笞,能有奸者,率年二十至四五十,虽斩其足,犹任生育。"(《三国志·魏书·钟繇传》)他认为,减死为斩右趾,不仅能使受刑者全命,还能增殖人口,是实行仁政。反对恢复肉刑的王朗同样基于"刑罚仁德"的立场,认为:"前世仁者,不忍肉刑之惨酷,是已废而不用",如果要减轻死刑而又嫌减为髡钳城旦舂太轻,则"可倍其居作之岁数,内有以生易死不訾之恩,外无以刖易钛骇耳之声"(《三国志·魏书·钟繇传》)。他既认为死刑太多不仁德,又认为恢复肉刑太残酷,试图用加长居作年数来代替死刑。

魏末夏侯玄与李胜争论的焦点在于,究竟什么刑罚"仁德"。夏侯玄认为,肉刑刻截人体,使人目不忍睹是最不"仁德"的。他说:"满堂聚饮而有一人向隅而泣者,则一堂为之不乐","而必以肉刑施之,是仁于当杀而忍于断割,惧于易死而安于为暴"(《通典》卷168),如此,堂上怎能无哀泣,堂上之人焉得安泰?他认为,妖逆的人理所当然应给予死刑,而且死刑比肉刑要仁慈,因此他说:"舍死折骸,又何辜邪?"(《通典》卷168)李胜却认为,肉刑比死刑仁慈。他说:"诸议者惟以断截为虐,岂不轻于死亡邪?"(《通典》卷168)他还举例予以论证:假设一个"弱子"有罪当死刑,如果问他父亲愿意如何处置,他父亲必然请求以肉刑代替死刑。"慈父犹施之于弱子,况君加之百姓哉?"(《通典》卷168)他还举例说,一个人被毒蛇咬了手,他为了保全生命而宁可断其腕。因此他批评反对肉刑者是"哀刑而不悼死也"(《通典》卷168)。

刘颂也认为,反对肉刑者是"拘孝文之小仁,而轻违圣王之典刑"。若行肉刑,受刑之后"使各归家,父母妻子共相养恤,不流离于途路"(《晋书·刑法志》),而且伤好之后还可生产劳动、生育繁衍后代,这不是更大的仁慈吗?王导等也认为,对盗窃、奸淫、逃亡等犯罪不加肉刑而"加之斩戮",是"戮过其罪",而"死不可生,纵虐于此,岁以巨计,此乃仁人君子所不忍闻,而况行之于政乎?"(《晋书·刑法志》)

由于刑罪应"仁德"的思想在社会上已居于支配地位,所以不仅未恢复肉刑,而且刑罚制度在争论中不断向着文明发展。汉文帝改制,不仅将斩右趾改为弃市,死刑也还有枭首、腰斩、弃市,髡钳城旦舂还要加笞。景帝时为减少死刑,曾下令"死罪欲腐者,许之",实际上恢复了"宫刑"。魏、晋刑罚制度大体沿汉。北魏开始有流刑。北齐、北周徒刑五等各加鞭一百,除一岁刑外又分别加笞。隋则正式确立了笞、杖、徒、流、死的君主制国家五刑制度,而且每种刑罚都比以前大大减轻。死刑改为斩、绞两种;流刑由六年改为三年,由既加鞭又加笞改为仅加杖;徒刑最长期由五年改为三年,不再加鞭笞。唐又将流刑的附加刑减去,将原来的居作二至三年改为居作一年。至于认为以肉刑代替死刑是"仁德"之举的看法则日渐被否认。唐太宗曾相信此说,将

绞刑五十条改为斩右趾,后来感到"恻怆不能忘怀","极所不忍",于是定制改为加役流。(《旧唐书·刑法志》)

四、刑罚轻重程度应与犯罪社会危害程度相当

汉文帝改制之后,刑罚体系中取消了肉刑,死刑之下便是髡钳城旦舂。后汉的班固针对废肉刑以来的问题提出了批评,认为改制之后"罪刑不当",是"死刑既重,生刑又轻"(《汉书·刑法志》)。他说,髡钳(髡钳城旦舂)以上便是死刑,因而死刑犯人"岁以万数",这是"以死罔民",而且对"穿逾之盗、忿怒伤人、男女淫佚、吏为奸赃"等犯罪,仅给于"髡钳之罚又不足以惩",因而民不畏惧,于是轻易犯之,结果受罚者"岁十万数"。他提出:"于古当生,今触死者,皆可募行肉刑"(《汉书·刑法志》),以肉刑作为死刑与髡钳刑的中间刑,实现"轻重当罪"。

东汉末的仲长统也认为,新刑罚体系不合"刑当罪"的目的,明确提出制"中刑"的主张。他说:"肉刑之废,轻重无品。下死则得髡钳,下髡钳则得鞭笞。"(《后汉书·仲长统传》)鞭笞又不足以惩中罪(轻于死罪而重于一般犯罪的罪),往往使人轻易犯罪,结果陷于死刑。对于盗窃、奸淫、行贿、过失伤害等犯罪,"杀之则甚重,髡之则甚轻",应"制中刑以称其罪"(《后汉书·仲长统传》)。曹魏时的陈群主张恢复肉刑的理由也是无与中罪相适应的刑罚,主张恢复肉刑以治中罪,实现罪刑相当。夏侯玄虽深论复肉刑之非,但他的理论根据之一就是断截肢体与所犯之罪轻重不相等。他说:"刖趾不可以报施,而髡不足以偿伤。伤人一寸而断其肢体,为罚已重,不厌众心也。"(《通典》卷168)王朗反对钟繇的复肉刑的主张,但他也认为从死刑到髡钳城旦舂距离太大,不能治中罪。为做到罪刑相当,他主张,可减轻一部分死刑,但不是减为髡钳城旦舂的五岁刑,而是加倍其居作岁数。

可见,尽管两派在复废肉刑上的观点是对立的,但他们的出发点却是一致的:以中刑治中罪,完善君主制国家刑罚体系,实现罪刑相当。在这种思潮的推动下,地主阶级统治者至北魏终于找到了流刑这一刑种作为死刑与徒刑的中间刑,既消除了废肉刑以来"刑不称罪"的弊端,又坚持了废肉刑、使刑罚向文明发展的大方向,为确立君主制国家的五刑制度奠定了基础。

第三节　君主专制正统法律思想对旧法律制度的改造

汉律基本沿秦律之旧,虽然萧何定律经过删减,但至武帝时刑罚又繁密起来。"德主刑辅"的法律思想与法家思想指导下制定的秦汉律相矛盾,统治者需要按正统法律思想改造继秦朝而来的法律制度。改造的途径有二:一是通过"春秋决狱"的形式,对一些具体的法的规定变通执行,创制判例,弥补原法律制度之不足,在取得丰富司法经验时规定为法律条文;二是通过"经义注律",对律文进行"扩张解释",从而向法律制度中渗入更多的宗法伦理内容。改造过程自董仲舒始,经过东汉、三国、两晋、南北朝、隋、唐初,至《唐律》颁行始告完成。其间,除皇帝以诏令的形式作为平时立法外,对法律制度有较大改变的立法活动有曹魏的《新律》、晋的《泰始律》和《北魏律》《北齐律》等。由于这些法典已经亡佚,我们已不能详细知道这个过程的具体情况,只能从现有的零星史料中窥其概略。

一、孝悌与服丧

君主专制社会的法律是建立在一家一户的小农经济基础上的,这种经济要求父权,因而法必然维护以父权为核心的地主阶级宗法伦理关系,秦律、汉律都有维护父权的规定。但是,法家思想否认道德的作用,在其指导下制定的秦律是"客观归罪",即只根据行为的客观结果规定刑罚,而根本不考虑行为人的主观动机。"德主刑辅"法律思想既注意法的外部强制作用,更强调道德信念的内心约束作用,主张通过刑罚的惩罚强化人们的宗法伦理观念。因此,地主阶级统治者接受"德主刑辅"法律思想后就意识到原法律制度的缺陷,提出"以孝治天下",注意培养、鼓励人们树立"孝悌"观念。汉武帝采纳董仲舒的建议,"初令郡国举孝廉各一人"(《汉书·武帝记》)。此后,以孝为本的察举制遂成定制,还把礼的规范逐渐规定为法的内容。如《礼记·内则》:"孝子之养老也,乐其心不违其志;乐其耳目,安其寝处,以其饮食忠养也。""凡三王养老,皆引年。八十者,一子不从政;九十者,其家不从政。"晋制律,将这一礼的规范原样规定在律中:"八十者,一子不从政;九十者,其家不从政。"(《晋书·庾纯传》)子若不能养亲或有丝毫违背父母的意志即为"不孝",君主制时期的正统法律思想为维护父权,主张对"不孝"的行为给予惩罚。于是,"不孝"的罪名逐渐规定在律中,而且惩罚渐趋加重。晋律规定:"子不孝母,弃市。"(《宋书·顾觊之传》)所谓"不孝",多指"不逊父母"之类的行为。北魏孝文帝曾下诏:"三千之罪,莫大于不孝,而律,'不逊父母'罪止髡刑。于理未衷,可更详改。"(《魏书·刑罚志》)另外,"诈言父母死",因其"情事悖逆,忍所不当",也属"不孝"(《晋书·殷仲文传》)。妻无子而不娶妾,会使祖先之灵无以血食,也是"不孝之罪"。(《魏书·太武五王传》)

　　子孙对父祖人身的侵犯,则是严重侵害父权,往往作为"大逆罪"处以重刑。汉律仅有"殴父枭首"的规定,至晋时,"骂詈"也处"弃市"之刑。(《南史·孔靖传》)对母亲的侵犯,汉代基于传统的"母卑于父"的观念,处罚较侵犯父祖为轻。东汉时子殴母尚不至死刑。晋统治者接受地主阶级正统的法律思想,认识到母权是父权的延伸,尊母是为尊父,于是将犯母与犯父同等处罚。晋律规定:"子贼杀、伤、殴父母,枭首。"(《南史·孔靖传》)

父权也延及到兄姊,对他们侵犯,也要受到重于常人的惩罚。魏律将"殴兄姊加至五岁刑"。(《晋书·刑法志》)

与上相反,基于维护父权,加强"尊父卑子"的法律意识,对尊长侵犯卑幼的处罚不断减轻。秦汉律中杀子与杀常人同罪(《后汉书·贾彪传》),《后魏律》明显减轻了尊长的刑事责任,规定:"祖父母、父母忿怒以兵刃杀子孙者,五岁刑;殴杀者,四岁刑。"(《魏书·刑罚志》)至《唐律》则规定:"若子孙违犯教令,而祖父母、父母殴杀者徒一年半;以刃杀者,徒二年;故杀者,各加一等。"(《唐律·斗讼》)

与培养"孝悌"观念相关的有"三年丧"问题。按当时正统的法律思想的观念,人死之后,子孙具有"孝悌"的感情,哀痛至极,故需"称情立文",以一定的时间的服丧来抒发"孝悌"之情。敬死是为了事生,服丧的目的是培养、陶冶人们的孝悌情感,以便更好地遵守宗法秩序。汉初无"三年丧"制度,至汉宣帝,在"德主刑辅"法律思想作用下,初下诏:"自今诸有大父母、父母丧者,勿徭事,使得收敛送终,尽其子道。"(《汉书·宣帝纪》)允许百姓服丧。至于大臣,因其身负管理国家事务的重任,秦、西汉统治者为国家现实利益,不准其行"三年丧",直至东汉元初三年(116年)才"初听大臣两千石刺史三年丧"(《后汉书·安帝纪》)。邓太后诏长吏以下不为亲行服者,不得典城选举。司徒刘恺向邓太后建议:牧守也应执行这一规定,因为"刺史一州之表,两千石千里之师,职在辨章百姓,宣美风俗,尤宜尊重典礼,以身先之"。(《后汉书·刘恺传》)若牧守不守此规定,"是犹浊其源而望流清,曲其形而欲影直"。(《后汉书·刘恺传》)邓太后从其议,开始用法来保护三年丧制度。

三国时战争连年,各国政务繁杂,因而不准官吏行"三年丧"。西晋一开始就标榜"以孝治天下",晋武帝在其父死后,虽依魏旧制"既葬除丧",但又下诏说:"吾本诸生家,传礼来久,何心一旦便易此情于所天?"于是"以疏(食)素(冠)终三年",行了所谓"心丧"。(《晋书·礼志》)泰始元年(265年)又诏曰:"诸将史遭三年丧者,遣宁终丧。百姓复其徭役。"(《晋书·武帝纪》)允许一般将吏终三年丧,百姓遭父母丧也可免其徭役,甚至在伍士卒遭父母丧,"非在疆场,皆得奔赴"(《晋书·武帝纪》)。因未许两千石终丧,故不断有人为大臣终丧造舆论:"自天子至于庶人,身体发肤受之父母,其理既均,其情亦等,生则养,死则哀,故曰三年之丧,天下之达礼者也。"(《晋书·礼志》)太康七年(286年)"大鸿胪郑默母丧,既葬,当依旧摄职,固陈不起,于是始制大臣得终丧三年"(《晋书·礼志》)。至此,"德主刑辅"的法律思想战胜了秦以来的传统,改造了"既葬即除"的制度,使"三年丧"成为全社会共同遵守的法律制度。

随着统治者对服丧意义认识的加深,对丧制的维护日趋严格。汉安帝时规定不为亲行服不得选举,同时开始惩罚服丧违礼者。赵公刘乾以"居父丧私聘小妻"而削县(《后汉书·赵孝王良传》)。晋的惩罚有所加重。庐江太守梁龛未除服而请客奏伎,被"免官削爵"(《晋书·刘隗传》)。《北魏律》开始有"居三年之丧而冒哀求仕,五岁刑"的规定(《魏书·礼志》)。沿此方向发展,形成了《唐律》对服丧违礼的一系列限制规定。

二、"亲亲相隐"与复仇

地主阶级政权的正统法律思想为使法发挥鼓励社会树立地主阶级道德观念的作用,主张断罪既看行为后果,更应重视主观动机,所谓"原心定罪"。这种思想对秦汉律的改造突出表现在下面两个问题上。

(一) 亲亲相隐

秦有"告奸"之法,"不告奸者腰斩",汉武帝"重首匿之科"(《后汉书·梁统传》)。这固然可以揭发犯罪,但用法的手段强迫亲属间相互揭发举告,只能离间相互感情,不利于培养社会的"父慈子孝,兄友弟恭"的道德观念。董仲舒以"春秋之义,父为子隐"为根据,变通执行了法律(《通典》卷 69),但并未对现存法的规定提出理论上的批判。汉昭帝时文学贤良在盐铁会议上直接抨击"首匿相坐"制度说:"自首匿相坐之法立,骨肉之恩废而刑罪多。闻父母之于子,虽有罪犹匿之,岂不欲服罪尔。'子为父隐,父为子隐',未闻父子之相坐也。"(《盐铁论·周秦》)在这种思想影响下,汉宣帝于地节四年(前 66 年)终于宣布废除了"首匿"制度,下诏:"自今子首匿父母、妻匿夫、孙匿大父母,皆勿坐。其父母匿子、夫匿妻、大父母匿孙,殊死,皆上请廷尉以闻。"(《汉书·宣帝纪》)对于亲亲相告者,在很长一段时间内是采取放任态度,直到《北魏律》才规定:"子孙告父母、祖父母者死。"(《魏书·窦瑗传》)《唐律》则规定了"亲亲相隐"的原则,对告发亲属者给予重刑惩罚。

北魏时围绕"母杀父,子当不当告"的问题展开过一场激烈争论。《北魏律》规定:"母杀其父,子不得告,告者死。"窦瑗对此规定提出异议,认为:父尊于母,母杀父而子不告,就是杀父的共犯。司法机关认为:"母杀其父,子复告母,母由告死,便是子杀,天下未有无母之国。"况且,"身体发肤,受之父母,生我劳悴,续莫大焉。子与父母,同气异息,终天莫报,在情一也。今忽欲论其尊卑,辩其优劣,推心未忍,访古无据"。窦瑗反驳说:"父者子之天,被杀事重,宜附父。""父杀母,乃是夫杀妻,母卑于父,此子不告是也"。"今母杀父而子不告,便是知母而不知父,识比野人,义近禽兽。且母之于父,作合移天。既杀己之天,复杀子之天,二天顿毁,岂容顿默。此母之罪,义在不赦,下手之日,母恩即离,仍以母道不告",实是"尊母卑父"(《魏书·窦瑗传》)。虽没能修改律的规定,但经过这场辩论,"尊父卑母"的思想更明确了,对《唐律》产生了重大影响。《唐律·斗讼》规定:"告祖父母、父母者,绞。即嫡、继、慈母杀其父……听告。"

与亲属相告有关的还有一个"亲属证罪"问题。东晋以前通行的是"拷子正父死刑"的诉讼制度,随着"亲亲相隐"思想的制度化,东晋时有人提出反对意见,认为"子证父罪"是"伤顺破教",会使"相隐之道离",而"相隐之道离,则君臣之义废;君臣之义废,则犯上之奸生矣"(《晋书·刑法志》)。从地主阶级法学基础理论的角度论述了这种诉讼制度的弊端。刘宋时蔡廓指出:"鞫狱不宜令子孙下辞,明言父祖之罪,亏教伤情,莫此为大。"(《南史·蔡廓传》)朝议赞同,遂修改法律。梁时则用刑禁止子证母罪。有一女子犯死罪,其子对鞫曰:"母实行此。"法官虞僧虬认为:"子以事亲,有隐无犯",此子"陷亲极刑,伤和损俗","宜加罪辟"。于是诏处流刑。(《隋书·刑法志》)

(二) 复仇

复仇是原始社会遗留下来的习惯,在统一的地主阶级政权建立之前,复仇很盛行。秦建立政权以来,把刑罚权牢牢掌握在国家手中,尤其是在"不崇尚道德"的思想指导下,坚决反对私相复仇,不惜用刑来禁止人们私斗。"德主刑辅"法律思想倡导"孝悌",而为亲属复仇正是出自孝亲的动机。于是地主阶级正统法律思想与继秦而来的法律制度产生了尖锐的矛盾。如何解决这一矛盾,地主阶级统治者经历了一个长期摸索过程。

西汉后期统治阶级对复仇往往采取放任态度,结果社会上出现了"私结怨仇,子孙相报,后忿深前,乃至灭户殄业"(《后汉书·桓谭传》)的不良后果。针对这种现象,桓谭建议:"若已伏官诛而私相杀伤者,虽一身逃亡,皆徙家属于边;其相伤者,加常二等,不得顾山赎罪。"(《后汉书·桓谭传》)试图通过增加复仇的限制,维护国家法的尊严,达到既不惩罚孝悌的行为,又能防止无休止的复仇而造成社会混乱的目的。魏初天下未定,故明令:"敢有私复仇者,皆族之。"(《三国志·魏书·文帝纪》)但这一规定与通行的地主阶级正统的法律思想是相抵触的,因此魏明帝定《新律》时便改为:"贼斗杀人以劾而亡,许依古义听子弟得追杀之。会赦及过误相杀,不得复仇。"(《晋书·刑法志》)虽准许复仇,但限制已比桓谭的建议增多,不仅"已伏官诛"不准复仇,而且过失杀人和遇赦也不准复仇。

晋律沿袭魏律的规定,但晋时地主阶级正统的法律思想已占绝对统治地位,礼义伦理思想支配着人们的行动,因而不守法而私相复仇的现象屡有发生。为进一步限制人们复仇,晋统治者按《周礼·地官·调人》关于"避仇"的精神,规定:"杀人父母,(遇赦)徙之二千里之外。"(《南史·傅隆传》)

《唐律》对复仇无明确规定,只是在《贼盗》篇规定:"诸杀人应死会赦者,移乡千里外……若死家无期以上亲……并不在限。""移乡"的规定说明,对于官府已赦或未捕的杀人犯,唐统治者是放任复仇的,但复仇者仅限于被杀者期以上亲。

三、"八议"与恤刑

君主制社会不仅法的内容具有明显的等级性,而且要求在执行上据等级特权而左右。西汉前期的贾谊曾作为秦"刑无等级"的反动提出过"黥劓之刑不上大夫"的主张。地主阶级接受"德主刑辅"的法律思想之后,就在司法实践中维护地主阶级贵族、官僚的特权,减免他们的刑事责任,而且为了鼓励人们效忠于地主阶级统治,还引用了"善善及子孙,恶恶止其身"(《汉书·宣帝纪》)的春秋大义作为扩大他们特权的理论依据。汉宣帝"诏吏六百石、位大夫有罪,请之",开"请"之先例。此后,享有"请"的特权的范围逐渐扩大。光武帝时,"诏吏不满六百石下至墨绶长、相有罪,先请"(《后汉书·光武帝纪》)。东汉末的郑玄注《周礼·秋官》曰:"议亲,若今时宗室有罪先请;议贤,若今时廉吏有罪先请;议贵,若今时吏墨绶有罪先请。"可知,东汉末,皇帝宗室、三百石以上官吏以及有廉行的小吏均享有了"请"的特权。

东汉末,"三礼"传授者日多,注"三礼"的大儒辈出,使儒家所设计的理想制度在社会意识形态领域产生了越来越大的影响。《周礼·秋官》中的"八辟"制度即其中之一。当时,主张兴"八议"的舆论盛行起来。乐成靖王刘苌犯"不道"罪,安帝诏曰:"朕览八辟之议,不忍致于理。"(《后汉书·孝明八王传》)武威太守黄隽被征失期,因盖勋讲情而得免,黄隽备礼谢盖勋,盖勋答曰:"吾以子罪在八议,故为子言,吾岂卖评哉!"(《后汉书·盖勋传》)

在司法经验积累到一定程度的时候,"八议"制度终于规定进魏《新律》中。魏明帝时袁侃坐职事罪,许允谓之曰:"卿功臣之子,法应八议,不忧也。"(《三国志·魏书·夏侯尚传》)中山恭王曹衮犯京师禁,明帝诏曰:"王素恭慎,邂逅至此,其以议亲之典议之。"(《三国志·魏书·中山恭王传》)"八议"已成为法的规定,再不像东汉以前法外请减了。《唐六典》注:"八议,自魏、晋……皆载于律,是八议入律,始于魏也。"

魏以后,地主阶级司法经验不断丰富,日渐准确地把握保护贵族、官僚特权与其长远利益的关系,从而使"八议"制度不断完善。在减轻处罚方面,魏律虽有"八议"规定,但对处罚应减轻多少却没有明确规定。上引中山恭王犯禁一例,魏明帝主张免于处罚,有司固执要罚,最终削其二县七百五十户。晋时律仍无规定,但在司法实践中却是只减而不免了。赵王伦犯罪,有司议不坐,谏议大夫刘毅驳曰:"王法赏罚,不阿贵贱……当以亲贵议减,不得阙而不论。"(《晋书·赵王伦传》)隋律严格规定了减轻的程度:"其在八议之科及官品第七以上犯罪,皆例减一等;其品第九以上犯者,听赎。"(《隋书·刑法志》)《唐律》分别死罪和流以下两种情况:死罪有司议定,皇帝奏裁;流以下例减一等。在享有"八议"特权的主体方面,魏晋律仅规定了"议亲、议贵"等八种,但各类所涉及的范围没有明确规定。《北魏律》规定了"议亲"的范围,"国家议亲之律,指取天子之玄孙"(《魏书·礼志》),"律云议亲者,非惟当世之属亲,历谓先帝之五世"(《魏书·景穆十二王传》)。隋唐时对享有这一特权的主体范围有了明确规定,"八议"制度达到完善。

"德主刑辅"的法律思想主张"德政",其具体内容除轻徭薄赋、宽简刑法外,还有对老、幼、妇的减刑或免刑,即所谓"恤刑"。统治者认为老、幼、妇女的活动能力弱,即使减轻或免予处罚也不会对统治秩序再造成危害,因而为标榜"德政",宁肯对这些人"恤刑"。但在理论上,"德主刑辅"的法律思想家们却说这是"推恩"于民。敬人之老,慈人之幼,其目的就是为了引导社会"敬老慈幼"、"孝悌父母"。汉景帝时著令:"年八十以上,八岁以下及孕者未乳、师、侏儒,当鞠系者,颂(松)系之。"理由就是"高年老长,人所尊敬也;鳏寡不属逮者,人所哀怜也"(《汉书·刑法志》)。汉宣帝首开免刑之例,规定:"诸年八十,非诬告杀伤人,他皆不坐。"(《汉书·刑法志》)成帝时定令:"年未满七岁,贼斗杀人及犯殊死者,上请廷尉以闻,得减死。"(《汉书·刑法志》)老者除犯诬告、杀伤人罪外,其他犯罪均免予处罚;幼者犯死罪,可通过上请程序,减轻处罚。此外,孕妇当刑,也须产后再行刑。(《汉书·王莽传》)

东汉时免刑范围扩大。"年未满八岁,八十以上,非手杀人,他皆不坐"。(《周礼·秋官·司刺》)主体既包括老,又包括幼;免刑的犯罪种类包括亲手杀人之外的一切犯罪。北魏时"恤刑"制度趋向完备,定律:"妇人当刑而孕,产后百日乃决。年十四以下,降刑之半。八十及九十岁,非杀人不坐。"(《魏书·刑罚志》)《唐律》则根据不同年龄、不同残废程度规定了不同的减免刑罚制度。

此外,在"恤刑"思想的指导下,还逐渐形成了一套对狱囚的悯恤制度。

第四节　君主制社会法典的基本原则

"德主刑辅"法律思想经过西汉后期至唐初的漫长历史时期，终于改造了原有的秦汉法律制度，使自己获得了社会成员必须遵守的外在形式，即体现于《唐律》之中了。[1]《唐律》以"德主刑辅"为宗旨，以"度制""齐家治国"为基本旨归，不仅修正了秦汉法律制度中那些经济方面的不合理的权利义务界限，而且力图用法律这个武器强迫社会成员树立并坚持等级的权利义务观念。"德主刑辅"法思想认为，建立、巩固"忠孝"的宗法伦理观念，是巩固社会等级秩序的根本。侵犯现存等级秩序的行为具有社会危害性，危害程度的大小往往取决于人们对伦理观念的冲决程度。因此，《唐律》更注意根据"齐家治国"的基本旨归去规定人们在伦理关系方面的权利义务，以对"齐家治国"目标的危害程度确定各种犯罪的刑事责任。所谓：唐律"一准乎礼，以为出入"。（《四库全书总目·唐律疏议提要》）唐律为代表的君主专制国家法典的基本原则主要有如下内容。

一、"父为子纲"与"夫为妻纲"

君主专制正统法律思想的法学基础理论认为，只有"家齐"才能"国治"，而"齐家"的根本就是使人们树立起以"孝悌"为核心的义务本位的法律意识。这一基础理论体现于法律制度中就是维护父权等宗法伦理关系，对侵犯父权的行为，根据其对"齐家"的危害程度确定其刑事责任。

父权，是以父家长为核心的一个权力系列，其强弱以血缘关

---

[1]　现存《唐律》为《永徽律》，系在《贞观律》基础上修改而成，对比《唐书·刑法志》可知，唐初对法律制度仍在进行改造。

系为依据。血缘关系越近,伦理关系越亲,卑幼与尊长之间服从与被服从的权利义务关系越强,卑幼犯尊长的社会危害性就越大,尊长犯卑幼的社会危害性就越小。

最亲者为直系亲属,包括父子、祖孙、曾祖曾孙、高祖玄孙。直系亲属血缘最近,伦理关系最密切。父家长不仅对家庭的财产有完全支配权,而且对直系卑幼的人身也有支配权。行使这种权力有利于培养尊卑观念,巩固家长在家庭中的统治地位,对维护统治秩序起着积极作用。家长对卑幼人身侵犯是行使自己的教育权、惩罚权,不具有社会危害性,即使超出一定限度,其社会危害性与卑幼犯尊长相比要小得多。如杀人,中国古代的传统是"杀人者死",但唐律从维护伦常的立场出发,认为尊长杀卑幼的社会危害性较常人小,规定:"若子孙违反教令,而祖父母、父母殴杀者,徒一年半;以刃杀者,徒二年;故杀者,各加一等……过失杀者,各勿论。"(《唐律·斗讼》)卑幼只有绝对服从家长的义务,不得违抗。子孙侵犯父祖,《唐律·名例》疏:"父母之恩,昊天罔极。嗣续妣祖,承奉不轻。枭镜其心,爱敬同尽,五服至亲,自相屠戮,穷恶尽逆,绝弃人伦。"侵犯父权,社会危害性较常人相犯严重得多。如詈,在一般人来说,仅仅是道德问题,而卑幼詈尊长直接侵犯尊长的权威,是反抗家长统治的表现,严重阻碍"家齐",因而具有极大的社会危害性,其法律后果是绞刑。

其次是期亲,即服丧期(音 jī,解作"一年")的亲属。正服期亲有兄弟,加服期亲有伯叔父及兄弟之子(本为大功亲)。其血缘关系较直系亲属远了一层,伦理关系也疏松了一层,尊长对卑幼的统治也减弱一些,尊长的权力范围也相对缩小。期亲尊长是直系尊长所出,父家长的权力也延及到期亲尊长,因而他们与卑幼间仍有较强的统治关系,对卑幼的统治仍是为了"齐家",同时也培养卑幼的"孝悌"观念。期亲尊长犯卑幼虽比直系尊长危害性大,但较常人要小得多。反过来,期亲卑幼犯尊长的危害性比直系卑幼犯尊长小而较常人要大。

依次是大功亲、小功亲、缌麻亲,血缘关系递远,伦理关系递疏,尊长的权力依次减小,相犯的社会危害性渐次接近凡人。同一类犯罪,随着主体与客体的伦理关系的逐步密切,尊长作为主体所负刑事责任较常人渐次减小;而卑幼作为主体则较常人渐次增大,直至尊长不坐,卑幼处斩。其意义就在于利用法来强化社会的绝对服从的法律意识,巩固现实中的家长统治,从而维护地主阶级社会秩序。

不仅侵犯尊长的人身权利是危害统治的行为,而且不履行对尊长应尽的义务,也同样具有社会危害性,应负刑事责任。唐律规定的此类犯罪有父母在别籍异财、供养有阙、服丧违礼、冒哀求仕、亲属相告等。

父权反映在夫妻关系上就是"夫为妻纲"。据礼,"男女之别,男尊女卑,以男为贵"(《晏子春秋·天瑞》),"夫者,妻之天也"(《仪礼·丧服》)。《名例》疏议也说:"依礼,'夫者,妇之天也'。"妻在家庭中处于被统治的地位。《户婚》疏议说:"妇人从夫,无自专之道。"夫妻在服制上与父子同,妻为夫服斩衰,夫为妻只服齐衰杖期。在伦理上尊卑不同,相互侵犯的刑事责任也不一样。妻杀夫入"十恶"之"恶逆",殴、告夫入"十恶"之"不睦",闻夫丧匿不举哀等入"十恶"之"不义";而夫只有谋杀妻才入"不睦"。妻殴夫便处徒一年,夫只有殴伤妻才处罚,而且比凡人减轻二等。妻过失伤夫也加凡人殴伤一等,夫即使过失杀妻也不算犯罪。其夫妻地位之悬殊一目了然。

夫妻的尊卑地位决定了他们其他方面的法定权利义务也极为不平等。如服丧问题,夫死,妻必须"哀类父母",服斩衰三年;而妻死,夫只需服齐衰杖期。妻闻夫丧匿不举哀、丧制未终释服从吉、忘哀作乐、遇乐而听、参与吉席及居丧嫁娶,其刑事责任均同父母丧违礼；而夫服丧违礼，因"妻既非尊长，又殊卑幼，在《礼》及《诗》，比为兄弟，即是妻同于幼"（《唐律·职制》疏议），刑事责任按期亲卑幼丧定。有些权利只归夫所有，妻完全没有权利，只有义务。如夫可以"七出""义绝"为由，任意休妻，而妻则无权提出离婚，妻妾擅去，徒二年。（《唐律·户婚》）

二、"君为臣纲"与等级特权

君主是地主阶级国家的主宰，处于至高无上的地位，具有绝对不可侵犯的权威。对君主的侵犯就是对地主阶级统治的侵犯。但是，在当时正统的法律思想理论中，国是扩大了的家，君是全国臣民的父，君权是父权的扩大。社会成员在家有"孝父"的义务，在外则有"忠君"的义务，提倡"孝父"的目的是为"忠君"。《唐律》把这种思想落实到法律制度中，用严刑维护这个扩大了的父权——君权。《名例》疏议说："王者居宸极之至尊，奉上天之宝命，同二仪之覆载，作兆庶之父母。为子为臣，惟忠惟孝。"不孝父者刑事责任重大，不忠君者，刑事责任更大。

《唐律》开篇规定了刑名之后，就明确规定了"十恶"的罪名，作为惩罚的重点。"五刑之中，十恶尤切，亏损名教，毁裂冠冕，特标篇首，以为明诫。"（《唐律·名例》疏议）"十恶"之中有四条是对君主的犯罪，其中"谋反、谋大逆、谋叛"三种犯罪冠于十恶之首，属恶中之恶。"谋反"是图谋侵犯皇帝人身、推翻帝位的犯罪。此条疏议曰："为子为臣，惟忠惟孝。乃敢包藏凶慝，将起逆心，规反天常，悖逆人理，故曰'谋反'。""谋大逆"是谋毁宗庙、山陵及宫阙的犯罪。此条疏议曰："此条之人，干纪犯顺，违逆悖常，逆莫大焉，故曰'大逆'。""谋叛"是图谋、背叛投敌。《唐律》明确把这三种犯罪与"十恶"中其他犯罪区分为两个层次，作了种种特殊处罚的规定。第一，不仅犯罪者本人要处极刑，还要缘坐家属。第二，不分首从。第三，谋反罪不分既遂未遂。只要有

"谋"的行为,不管是否有造成危害后果的可能,都要严厉惩罚。疏议解释说:"人君者,与天地合德,与日月齐明,上祇宝命,下临率土,而有狡竖凶徒,谋危社稷,始兴狂计,其事未行,将而必诛,即同真反。"(《唐律·贼盗》)完全是"春秋公羊学"的"君亲无将,将而必诛"的理论。谋大逆、谋叛的未遂也仅比既遂减轻一等,处以绞刑。第四,谋反、谋大逆虽会赦犹流两千里,因缘坐而流者不得减赎,虽会赦犹除名。而十恶中其他犯罪除恶逆、不睦及造畜蛊毒外,会赦均只除名。第五,人人负有告发的义务。对"三谋"犯罪,不适用"同居相隐"的原则,即使是父祖也得告发,不告发处绞或流。

各级官长是皇帝的代表,其对于辖区内的臣民也是君父,他们具有绝对统治其臣民的权力,而臣民负有对他们"敬""顺"的服从义务,若不敬而犯之,其刑事责任重于凡人相犯。《斗讼》规定:"诸殴制使、本属府主刺史、县令及官吏殴本部五品以上官长,徒三年;伤者,流二千里;折伤者绞。若殴六品以下官长,各减三等;减罪轻者,加凡斗一等;死者,斩;詈者,各减殴罪三等。"与凡人殴罪相比,吏卒殴五品以上官长重十一等,殴六品以下官长重八等。

皇帝、官长的这种绝对不可侵犯的权威也延及到他们的亲属,而且官品越高,其威严延及范围越广。对他们的亲属的侵犯,实际上是对他们权威的侵犯,是不忠不顺的表现。《斗讼》规定:"诸殴本属府主、刺史、县令之祖父母、父母及妻、子者,徒一年;伤重者,加凡斗伤一等。诸皇家袒免亲而殴之者,徒一年;伤者,徒二年;伤重者,加凡斗二等。缌麻以上各递加一等,死者斩。"

皇帝、官长的亲属由于君权的延及,也处于尊贵地位,享有种种特权,"八议"就是《唐律》赋予他们的特权之一。《唐律》立法者们认为,皇帝、官长的亲属也是尊者,他们对臣民也有统治权、支配权,因而侵犯臣民的权利的行为对伦理纲常的危害性较常人小,故规定他们除犯"十恶"及其他几种特定罪[1]外,其他罪可以通过议、请、减的方法,减轻刑事责任。"八议"制度的确立,有利于维护地主阶级官吏的尊严,从而有利于巩固君权、维护地主阶级统治。

三、教育刑与罪刑法定

君主专制的正统法律思想认为,刑罚的首要作用在于一般预防,即通过惩罚犯罪者教育其他人不去破坏宗法伦理关系,刑罚的目的也是为了教化。《唐律》正是基于对刑罚的这种认识,才以破坏宗法伦理关系为刑事责任的依据,把刑罚作为维护宗法伦理观念的重要手段。《唐律疏议》卷首曰:"德礼为政教之本,刑罚为政教之用,犹昏晓阳秋相须而成者也。"同时,地主阶级正统的法律思想也非常重视刑罚的特殊预防作用,认为刑罚对犯罪者来说,不是为了报复,而是为了惩戒,即通过刑罚的惩罚,使犯罪者受到教育,自新返善。这种思想落实在《唐律》中表现为:

第一,废除肉刑,完善君主专制国家的"五刑"制度。经过西汉以来的多次肉刑废复的争论,刑罚使人自新返善的目的越来越明确,至《隋律》建立了"笞、杖、徒、流、死"的君主制社会刑罚制度。《唐律》承袭隋之"五刑"制度,明确指出,刑罚的目的是为了教育犯罪者本人。《名例》"徒刑"条疏曰:"徒者,奴也,盖奴辱之。《周礼》云:'其奴男子入于罪隶,又任之以事,置以圜土而收教之。'"徒刑是通过"奴辱"和令其劳动给予一定身体的痛苦,迫使其悔过,达到"教之"的目的。《唐律》在《隋律》减轻刑罚的基础上又两次减轻,完善了君主专制国家的"五刑"制度。

---

[1] 《唐律名例》规定:十恶罪不得议、请,反逆缘坐、杀人、监守内奸、盗、受财枉法不准请,五流罪不得减。

第二,自首免刑制度。《唐律》制定者认为,刑罚的目的既是为教育犯人自新,那么当犯人在已犯罪而未被发觉之时就能悔过,则没有必要再给予刑罚。《名例》规定:"诸犯罪未发而自首者,原其罪。"疏议曰:"过而不改,斯成过矣。今能改过,来首其罪,皆得合原。"犯罪事发,罪犯一起逃跑,如果轻罪犯能逮捕重罪犯,或轻重相等的罪犯能捕获一起逃跑者的一半,这也是悔罪的表现,所以《唐律》规定"皆除其罪"。但是,如果犯罪已实施终了,而危害后果又无法挽救,如伤人、损害宝印符节等不可赔偿之物、事发逃亡、越度关及奸等,则虽自首不免刑。这看起来不符合教育刑的精神。可能由于《唐律》中的自首只有免刑而无减刑的规定,如果这些犯罪自首准许免刑,则是放纵了犯罪,易开罪犯规避法律之途径,所以立法者本着严立防的精神,不准其适用自首的规定。

第三,取囚服辩的诉讼制度。犯人"自新"是道德结构、信念的恢复,其前提应是对自己罪过的悔认。《唐律》把犯人服罪作为审判的直接目的。《断狱》:"诸狱结竟,徒以上,各呼囚及其家属,具告罪名,仍取囚服辩;若不服者,听其自理,更为审详。""服辩"就是心服则画押曰服,不服则辩解。犯人辩解之后,官司必须"依不服之状,更为详审"。为使断罪实现罪犯心服的效果,《唐律》对刑讯作了严格限制,规定刑讯前要"先察其情,审其理,反复案状,参验是非",若仍不能决断,必须刑讯者方准刑讯。对须刑讯者,应立案,由长官同判批准才得拷讯,而且"拷囚不得过三度,数总不得过二百,杖罪以下不得过所犯之数。拷满不承,取保放之"(《唐律·断狱》)。这一规定,一方面具有保证断罪准确的意义,另一方面也有防止使人受冤从而使刑失去教育犯人改过的意义。

地主阶级正统的法律思想在不断改造旧的法制度的同时,也不断使自身完善起来,突出表现为在强调以伦理观念指导立法、司法实践的同时,日益认识到,把统治阶级意志上升为法律,取得全社会统一遵守的效力,比任何个人(包括皇帝)擅断更有利于维护统治阶级的根本利益。因此,罪刑法定思想成为地主阶级正统的法律思想一个不可缺少的重要内容。《唐律》坚持这一思想,规定了每种犯罪的"绝对法定刑",不为司法机关留有丝毫自由裁量的余地。《唐律》还把按法断罪规定为律文,而且规定了不按律文断罪的刑事责任。《断狱》:"诸断罪皆须具引律、令、式正文,违者笞三十。"法官断狱必须以律、令、式正文为依据,而且必须在司法文书上具引原条文。如果事实上已按法断罪,只是司法文书上未"具引"条文,则"笞三十"。如果未按法的规定断狱,则以"故""失"论处:故入人罪,以其罪罪之;故出人罪,坐减轻之罪。失入人罪,减三等;失出人罪,减五等。

《唐律》仍准许皇帝临时擅断裁决,但皇帝权断的制敕未经过立法程序而规定为"永格"者,不具有法的规范的意义,司法机关断狱不得以之作为根据。"若辄引,致罪有出入者,以故失论。"(《唐律·断狱》)

长孙无忌等为《唐律》作的《疏议》不仅阐述了立法原理,而且详细解释了律文,并通过问答的方式对律文规定的不细、不明之处进行了补充,而且宣布了《疏议》具有法的效力,使《唐律》的规定更明确缜密,为司法官吏依法办事提供了依据。

第五节　君主制社会法典的刑事责任依据

自西方法律大量传入中国的上世纪初,就有一些明哲志士开始注意总结中华法系的特点。我们宣扬民族传统文化,作为法史研究者,就不能不明确什么是中华法系的特点。所谓特点,就是此事物区别于其他事物的独特之点,中华法系的特点就是其他法系没有的而中华法系所独具之点。有的学者把中华法系的特点归纳为:"法自君出""诸法合体""刑罚繁重"等,这似乎不是中华法系的特点,而是一切前资本主义国家法律的共同点。笔者认为,以违礼为其刑事责任的依据,才是中华法系的特点。

一、唐律的思想基础

在中国的君主制社会,自然经济决定了以家庭为本位的社会结构。社会统治的对象与近代社会不同,它不是人的个体,而是人的血缘集合体——家。为地主阶级建立、维护社会秩序提供思想理论武器的儒家,深得其中之奥秘,他们牢牢抓住"家"大做文章。孟子曾说:"天下之本在国、国之本在家……"(《孟子·离娄上》)《大学》也说:"古之欲明明德于天下者,先治其国;欲治其国者,先齐其家……家齐而后国治,国治而后天下平。"如何才能使家"齐"呢?家长是一家的主宰,实现家长在家中的绝对统治,则全体成员的行动、意志齐一于家长。家是血缘的团体,成员之间存在着伦理的"情",卑对尊、幼对长有一种自然的"敬"。儒家把这种自然之情纳入社会规范之内,赋予了阶级的意志,这就是"孝""悌"的伦理观念。他们认为,卑幼牢固地树立"孝""悌"观念,在思想上"绝对"地敬,在行动上才能做到"无违"(《论语·为政》),绝对服从。可以想象,自内心到外在达到那样一种绝对的统治,家长的意志就是全体成员的意志,这个小团体何能不秩序井然呢?因此,儒家把"孝"看作"天之经也,地之义也,民之行也"(《孝经·三才章》)。人们不可须臾离开它。如果"不孝"就是元恶大憝。《孝经》记孔子曰:"五刑之属三千,而罪莫大于不孝。"

为什么儒者把维护家长的权威看得如此重要呢?就我们今天的观点看来,他们不外乎为了利用家长在家庭的特殊地位加强统治。社会每个细胞内部的运动方向一致了,由众多细胞组成的社会整体结构就减少了分力的抵消,它们将排列整齐地做规则运动。但是,儒家并未这样明了地揭露其底蕴,而是从集权制的角度作了理论的阐述。他们提出:"君者,国之隆也;父者,家之隆也,隆一而治,二而乱,自古及今,未有二隆争重而能长久者。"(《荀子·致士》)由家延及国,国是扩大了的家。在家,父为主;在国,君为主;君在国这个大"家"中的地位是至高无上的。臣民要像孝父那样忠君,"忠"是扩大了的"孝"。"资于事父以事君而敬同。……故以孝事君则忠。"(《孝经·士章》)"孝以事君,悌以事上,示民不贰也"(《礼记·坊记》)。"事君不忠非孝也"(《礼记·祭义》)。在家"孝",在朝才能"忠";在家"悌",在外才能"顺"。所谓:"君子之事亲孝,故忠可移于君。事兄悌,故顺可移于长。"(《孝经·广扬名章》)在家"孝",一方面是发挥了家长在家的统治职能,起到了地主阶级官吏所起不到的作用。更重要的是,加强了"孝"的伦理观念,在人们内心树起了"防"。人们形成了"服从"的动力定型,成了驯顺的思想奴隶,则忠君顺长在势所必然。孔子曾明确地说:"其为人也孝悌,而好犯上者鲜矣;不好犯上而好作乱者未之有也。"(《论语·学而》)修身、齐家、治国的关系是:"欲治其国者,先齐其家;欲齐其家者,先修其身;……身修而后家齐,家齐而后国治。"(《礼记·大学》)"所谓治国必先齐其家者,其家不可教而能教人者,无之。故君子不出家而成教于国。孝者所以事君也,弟者所以事长也,慈者所以使众也……一家仁,一国兴仁,一家让,一国兴让。一人贪戾,一国作乱。"(《礼记·大学》)如此,"忠君"与建立在血缘基础上的"孝父"有机地结合起来,在整个礼学体系中珠联璧合、天衣无缝。实质上,"忠君"就是要求官民遵守地主阶级统治秩序。在君主制社会里,皇帝是国家的化身,皇帝的意志就是国家意志,这种意志包括社会的各个方面。总之,皇帝所要求的社会秩序通常就是整个统治阶级所要求的,"忠君"就是严格遵守这种社会秩序的代名词。

相反,如果蔑视礼义的伦理纲常,废弛了内心的"堤防",在家不能"孝""悌",在外就不能"忠顺",就要冲击地主阶级统治秩序,违背统治阶级的意志,最终发展为犯罪。因此,他们认为:"婚姻之礼废,则夫妇之道苦而淫辟之罪多矣。乡饮酒之礼废,则长幼之序失而争斗之狱繁矣。聘射之礼废,则诸侯之行恶而盈溢之败起矣。丧祭之礼废,则臣子之恩薄而倍死忘生之礼('礼'当为'举')众矣。"(《大戴礼·礼察》)

唐统治者通过历史这面镜子看到,儒家"修齐治平"的理论是最适合地主阶级统治的。在中国,伦理观念有其牢固的自然基础和社会基础,因势利导,利用这种伦理观念进行统治,充分发挥家庭、伦理观念在遏止犯罪上的积极作用,较秦的"专任刑罚"优越百倍。忽视在这个古老国度里存在了数千年的伦理观念,把法律这个统治手段与道德教育绝对脱离,搞什么"一断于法",势必瞬息而亡。唐统治者面对社会现实,权衡利弊,确立了他们以儒家思想为核心的正统思想的基本立场。天下初定,"太宗尝与群臣语及教化,帝曰:'今乘大乱之后,恐斯民未易化也。'魏征对曰:'不然,久安之民骄佚,骄佚则难教;经乱之民愁苦,愁苦则易化;譬犹饥者易为食,渴者易为饮之。'帝深然之,封德彝非之曰:'三代以还,人渐浇讹,故秦任法律,汉杂霸道,盖欲化而不能,岂能之而不欲耶? 魏征书生未识时务,若信其虚论,必败国家。'征曰:'五帝三王不易民而化,昔黄帝征蚩尤,高阳征九黎,汤放桀,武王伐纣;皆能身致太平,岂非承大乱之邪? 若谓古人淳朴,渐致浇讹,则至于今日,当悉化为鬼魅矣,人主安得而治之?'帝卒从征言。"(《无刑录·刑本下》)他们把儒家"修齐治平"的思想应用于大乱之后。《唐律疏议》卷首曰:"德礼为政教之本,刑罚为政教之用。"他们评价一切行为都以礼为标准,根据行为对于"修、齐、治、平"这个总战略的作用决定予以褒贬赏罚。唐律就是在这个思想基础上制定的,确定刑事责任的一个主要依据就是行为的违礼程度。

二、唐律的刑事责任依据

马克思主义的刑法理论认为,刑事责任的依据是犯罪行为的社会危害性。但这种社会危害性不是抽象的,也不是对社会的共同法益的危害,而是对统治阶级所需要的社会秩序的侵害。君主制社会是等级森严的社会,反映这种等级的社会秩序是地主阶级最理想的、最需要的秩序。唐立法者以"修齐治平"为总战略方针,认为维护这种社会秩序的根本办法,是巩固"忠孝"的伦理观念。人人内心有了"孝父忠君"的指南和约束,则家无逆子、朝无叛臣。因此,他们制定的唐律不仅维护物质上的等级,而且竭力维护思想上的等级,要求社会成员坚持等级的权利义务观念,企图用法律这个武器创造一个物质与思想完全一致的等级秩序。唐律不仅认为侵犯现存的物质关系的行为具有社会危害性,而且认为破坏伦理观念的行为也具有社会危害性。因为这种行为不单是某人的道德问题,它必然会引起家不齐、国不治的后果,会由于不孝悌导致犯上作乱。因此,二者的主体都要负刑事责任。

负不负刑事责任仅仅解决了罪与非罪的原则问题,而罪轻罪重则是更具有实际意义的立法和司法问题。刑事责任的大小取决于社会危害性的严重程度。由于在唐立法者的法律意识中,对现存社会秩序的危害程度往往取决于对伦理关系的破坏程度,所以,他们把破坏伦理关系的严重程度作为确定刑事责任大小的主要依据。以下从几个方面来剖析:

(一)亲属相犯

从现代刑法立场而言,侵犯他人的人身权利,不论被害人是谁,都是侵犯现存的统治秩序,其社会危害性都是同样严重,因而刑事责任也相同。但唐律中的情形就迥然不同了。唐律维护的是等级制度,同一种侵犯行为,由于行为的主体不同,侵犯的客体有别,其刑事责任有的可能就有,有的可能就无,有的可能就大,有的可能就小。亲属间相互侵犯,其主体与客体具有一定的伦理关系。基于主体与客体在伦理关系中的地位不同,这些侵犯行为对"齐家""治国"的影响性质和程度有着很大差别,因而对社会秩序的巩固也有着不同作用。原则上说来,血缘关系越近、亲属关系越亲,尊长犯卑幼的刑事责任越小,卑幼犯尊长的刑事责任越大。卑幼与尊长实行了同一种相犯行为,血缘关系越近、亲属关系越亲,刑事责任的大小越悬殊。

最亲者为直系亲属,包括父子、祖孙、曾祖曾孙、高祖玄孙。直系亲属血缘最近,伦理关系最密切。父家长不仅对家庭的财产有完全支配权,而且对直系卑幼的人身具有支配权。卑幼必须绝对服从尊长,不得违抗,此所谓"父为子纲"。子孙侵犯父祖,《唐律疏议·名例》说:"父母之恩,昊天罔极。嗣续妣祖,承奉不轻。枭镜其心,爱敬同尽,五服至亲,自相屠戮,穷恶尽逆,绝弃人理。"严重侵犯伦理关系,破坏"孝"的伦常,社会危害性较常人相犯严重得多。如詈,在一般人来说,仅仅是道德问题,根本构不成犯罪。尊长詈卑幼,连道德问题都够不上,是行使权利的合法行为。卑幼詈尊长,情形就大不相同了,它直接侵犯伦理关系,侵犯尊长的权威,是反抗尊长统治的表现,因而具有很大的社会危害性,其法律后果是给予绞的惩罚。

相反,尊长对卑幼有绝对统治权,有权惩罚、教育卑幼。行使这种权利有利于培养尊卑观念,巩固家长在家庭中的统治地位,对维护统治秩序起着积极的作用。因此,尊长犯卑幼一般不具有社会危害性,即使超出一定的限度,其社会危害性与卑幼犯尊长相比也极为悬殊。如杀人,中国古代的传统是"杀人者死",但唐律从维护伦常的立场出发,认为尊长杀卑幼的危害性较常人小,规定:"若子孙违反教令,而祖父母、父母殴杀者,徒一年

半;以刃杀者,徒二年;故杀者,各加一等……过失杀者,各勿论。"(《唐律·斗讼》)

其次是期亲,正服期亲有兄弟,加服期亲有伯叔父及兄弟之子(本为大功亲)。其血缘关系较直系亲远了一层,伦理关系也疏松了一层,尊长对卑幼的统治也减弱一层,尊长的权利范围也相对缩小。所以,卑幼侵犯尊长的社会危害性也小一些,尊长侵犯卑幼的社会危害性也相应地大一些。期亲尊长是直系尊长所出,父家长的权利延及到期亲尊长,因而他们与卑幼间仍有着较强的统治关系,对卑幼的统治仍是为了"齐家",同时也培养卑幼的"孝悌"观念。"教以孝,所以敬天下之为人父者也,教以悌,所以敬天下之为人兄者也。"(《孝经·广志德章》)最终达到"事亲孝,故忠可移于君;事兄悌,故顺可移于长"(《孝经·广扬名章》)的治国目的。因此期亲尊长犯卑幼较凡人犯危害性小,而卑幼犯尊长较凡人犯危害性大。

再次是大功亲,指从兄弟。复次是小功亲,包括祖之兄弟、父之从兄弟、己之再从兄弟。边缘是缌麻亲,包括曾祖之兄弟、祖之从兄弟、父之再从兄弟、己之三从兄弟。超出此范围,则无服。血缘越远,伦理关系越疏,尊长对卑幼的统治依次减弱,相犯的社会危害性也渐次接近凡人。为说明问题,把唐律关于斗、杀、伤的规定列表如下(见下页)。

从该表的对比我们可以看出,同一种行为,随着主体与客体的伦理关系的逐步密切,尊长作为主体与卑幼作为主体所负刑事责任的差距渐次增大,直至尊长不坐,卑幼处斩,其主要依据就是对伦理关系的侵犯程度。

不仅侵犯尊长的人身权利是违礼悖常,应负刑事责任,就是不履行礼所规定的对尊长应尽的义务,也同样具有社会危害性,应负刑事责任。唐律规定的此类犯罪有以下几类:

1. 父母在别籍异财。此条《疏议》曰:"祖父母、父母在,子

唐律关于斗、杀、伤的规定

处罚 行为	主客体地位	凡人	缌麻亲				小功亲				大功亲 (无尊属)		期亲				祖父 母父母	
			兄姊		尊属		兄姊		尊属				兄姊		尊属			
		主客体同	主体	客体	主体	客体	主体	客体	主体	客体	主体	客体	主体	客体	主体	客体	主体	客体
骂		×	×	×	×	×	×	×	×	×	×	×	×	×	×	×	×	绞
殴		笞四十	×	杖一百	×	徒一年	×	徒一年	×	徒一年半	×	徒一年半	×	杖一百	×	×	×	斩
伤		杖一百	×	徒一年	×	徒一年半	×	徒一年半	×	徒二年	×	徒二年	×	徒二年半	×	徒三年	×	斩
折伤		因伤程度 徒一年至 流三千里	折伤 始坐 减凡 一等	加凡 一等	折伤 始坐 减凡 一等	加凡 一等	折伤 始坐 减凡 二等	加凡 二等	减凡 二等	加凡 二等	减凡 三等	加凡 三等	减凡 三等	加凡 三等	×	流三 千里	×	斩

（续表）

主客体地位　处罚　行为	凡人	缌麻亲				小功亲				大功亲（无尊属）		期亲				祖父母、父母	
	主客体同	兄姊		尊属		兄姊		尊属				兄姊		尊属			
		主体	客体	主体	客体	主体	客体	主体	客体	主体	客体	主体	客体	主体	客体	主体	客体
致死	绞	绞	斩	绞	斩	绞	斩	绞	斩	流三千里	斩	徒三年	斩	徒三年	斩	子女违反教令徒一年半。	斩
过失伤										大功以下同凡人，准赎		×	二年半	×	二年半	×	三年
过失杀											同伤	×	三年	×	三年	×	流三千里

注：客体栏内所列刑事责任均指行为人应负之责任。

孙就养无方,出告反面,无自专之道。而有异财,别籍,情无至孝之心,名义以之俱沦,情节于兹弃,稽之典礼,罪奚难容。"别籍异财是弃父子之情,违孝悌之道,企图摆脱家长的统治,直接侵犯家长的统治权。对于家庭关系的稳定极为不利,大悖"齐家"之义,为礼典不容。唐律以之为不孝之一,处徒三年的重刑。(《唐律·户婚》)

2. 供养有阙。《唐律疏议·名例》:"礼云:'孝子之养亲也,乐其心,不违其志,以其饮食而忠养之。'"礼以孝为本,孝最起码的内容是养,孔荀先儒曾讥只养不敬无别于禽兽。此连孝的起码内容都不具备,岂不是大"不孝",唐律处徒二年。(《唐律·斗讼》)

3. 服丧违礼,包括居丧身自嫁娶、释服从吉、匿不举哀、忘哀作乐。丧礼历来为儒家所提倡。服丧的目的,不在于表面的仪式,而在于培养"孝悌"观念。服丧表现为敬死,实际关系到事生。能否遵守丧制,做到表里一致,是有没有孝悌观念,坚持不坚持伦理纲常的问题,最终决定能否"相与群居而无乱"的大问题。《唐律疏议·职制》曰:"父母之恩,昊天莫报,荼毒之极,岂若闻丧,……闻丧即须哭泣,岂得择日待时。"唐律规定,闻父母丧,匿不举哀流二千里,丧服未终,释服从吉,若忘衰作乐,徒三年。遇乐而听及参与吉席者,各杖一百。服制低一级,情感疏一层,为这些尊长服丧违礼,对伦理秩序的侵害随之减弱。《唐律疏议·职制》解释说:"依《礼》:'斩衰之哭,往而不返。齐衰之哭,苦往而返。大功之哭,三曲而偯。小功、缌麻,哀容可也。'准斯礼制,轻重有殊,闻丧虽同,情有降杀。"唐律根据侵害程度规定:"闻期亲尊长丧,匿不举哀者,徒一年;丧制未终,释服从吉,杖一百。大功以下尊长,各递减二等。"(《唐律·职制》)"父母之丧,终身忧戚,三年从吉,自为达礼。"(《唐律·户婚》疏议)在此期间,从事一切喜庆娱乐的活动,都是对死者不孝悌,悖于伦常,唐律认为都应负刑事责任,规定:"诸居父母及夫丧而嫁娶者,徒三年","若居期丧而嫁娶者,杖一百,卑幼减二等","诸居父母丧,与应嫁娶人主婚者杖一百。"(《唐律·户婚》)居丧嫁娶实与释服从吉同,但由于嫁娶是统治阶级所需要,涉及传宗继嗣的问题,如居丧期间一律禁止似有实际困难,不像居丧不从吉仅是个人感情上的问题。唐律认为对伦常侵害不大的,则采取放任态度。居丧嫁娶仅限于期亲以上要治罪,大功以下则不负刑事责任。

需注意,服丧违礼的刑事责任与其他亲属相犯行为有着不同之处。一般亲属相犯的刑事责任是双向加减,即亲属关系越近,作为主体或作为客体所负刑事责任越悬殊,卑者较凡人加,尊者较凡人减。而服丧违礼的刑事责任是都较凡人加,即随着亲属关系的亲近,其刑事责任,不论尊长卑幼,都只加无减,只是尊长较卑幼轻一等。这是由服丧的意义决定的。服丧是为了慎终追远,陶冶人们的性情,培养伦常观念。亲属越近,感情越深,服丧的义务也就越大。相反,服丧违礼,不论尊长卑幼,亲属关系越近,越违背感情,越损于伦常。

与此相类似的是祖父母、父母被囚禁而嫁娶的问题。祖父母、父母被囚禁本是痛苦的事情,作为孝子贤孙,理应为之忧戚。如在此期间嫁娶,即是忘哀。子乐父之忧,是不孝的举动。《唐律疏议·户婚》说:"祖父母、父母既被囚禁,固身图圄,子孙嫁娶,名教不容。"唐律规定:"诸祖父母、父母被囚禁而嫁娶者,死罪,徒一年;流罪,减一等;徒罪,杖一百。"(《唐律·户婚》)但是如果祖父母、父母命之,即表明父母认为嫁娶事重,"从命为孝",在此情况下嫁娶是符合伦理要求的,不负刑事责任。

4. 府号官称犯父祖名而冒荣居之、委亲之官、冒哀求仕。

在礼,子不言父讳,如府号、官称犯父祖之讳而冒荣居之,就是对父祖不敬;祖父母、父母老疾无侍,委亲之官,理同"供养有阙",

均处徒一年。冒哀求仕是指在父母丧的二十五月外二十七月这一"谭制未除"期间释谭服求仕,实与"释服从吉"义同,但因服丧已过二十五月正丧期,哀伤之情据礼应减,此时服丧违礼,对伦常关系侵害稍小,唐律规定处徒一年,较"释服从吉"减四等。

5. 亲属相告。告发犯罪本是有利于统治的,秦代曾有赏告奸的规定,现代社会也认为是同犯罪作斗争、有利于统治阶级维护社会秩序的行为。但是,从礼的立场看,亲属相告不符合"孝悌"的精神,不利于维护伦理关系,有害于伦理观念的培养。孔子首创"父子相隐"的理论。自汉以后,儒家思想指导地主阶级的立法和司法,亲属相为容隐便成为地主阶级法律的一条原则,而且容隐的范围渐趋广泛。《唐律·名例》规定:"诸同居,若大功以上亲及外祖父母、外孙,若孙之妇,夫之兄弟及兄弟妻,有罪相为隐;部曲、奴婢为主隐,皆勿论。"统治阶级认为,"亲属相隐"有益于礼义教化,笃厚风俗,关系到治国的根本。破坏这一原则比某些具体的犯罪对统治秩序的危害大得多。因此,告发犯罪的亲属不仅不是有益的行为,相反却成为具有社会危害性的行为,应负刑事责任。《唐律·斗讼》规定:"诸告祖父母、父母者,绞。"《疏议》阐述这一规定的根据说:"父为子天,有隐无犯。如有违失,理须谏争,起敬起孝,无令陷罪。若有忘情弃礼而告者,绞。"又规定,告期亲尊长,外祖父母、夫、夫之祖父母,虽得实,徒二年;其告事重者,减所告罪一等;告大功尊长减一等,小功、缌麻减二等。尊长告卑幼,也不合和睦家庭、维护伦常、笃厚风俗、修身齐家之意,除父祖告子孙外,均有刑事责任。但是,尊长对卑幼毕竟具有一定的统治权和支配权,而且亲等越近,这种权力越大。因此,尊长告卑幼的刑事责任远小于卑幼告尊长。"诸告缌麻、小功卑幼,虽得实,杖八十;大功以上,递减一等。"(《唐律·斗讼》)

例外的是,亲属犯谋反、谋大逆、谋叛三种重罪,告也无罪。

传统的观点是说,这是为了维护国家政权,是国家利益高于一切的表现。其实,在唐统治者的理念中,这仍然是基于礼。忠孝一体,忠高于孝。三纲以"君为臣纲"居首,马融的《忠经》也说:"善莫大于作忠,恶莫大于不忠"。提倡"孝"的目的是做到"忠",当忠与孝发生矛盾,即"忠孝不能两全"时,自应服从"忠",以忠这个大孝来牺牲对尊长的小孝。《唐律疏议》的解释也说明这种例外是基于礼。"谋反"条疏曰:"为子为臣,惟忠惟孝。乃敢包藏凶慝,将起逆心,规反天常,悖逆人理,故曰'谋反'"。"谋大逆"条疏曰:"此条之人,干纪犯顺,违道悖德,逆莫大焉,故曰'大逆'。"以君为君父,"谋反""大逆"都是对君父不忠不孝,"违道悖德","悖逆人理",是对宗法伦常最大的侵犯,不能以小孝而隐藏大不忠,所以告也无罪。

与上述情形完全相反的是亲属相盗问题。前述亲属之间侵犯人身权利的行为的刑事责任是亲等越近,双方的刑事责任越悬殊。亲属相盗与此相反,不分尊卑,其刑事责任与亲等成反比,亲等越近,刑事责任越小。《唐律·贼盗》:"诸盗缌麻、小功亲财物者,减凡人一等;大功,减二等;期亲,减三等"。"诸同居卑幼,将人盗己家财物者,以私辄用财物论加二等。"唐律如此确定刑事责任,其根据依然是礼。礼所谓"父慈子孝"中的"慈",就包括养育卑幼的意思,在地主阶级社会,每个家长都把抚养子女作为自己的责任,故同居卑幼将人盗己家财物,只以私用财加二等论,而不以盗论。至于盗非同居的服内亲财物,礼的出发点是和睦家族,《礼记·大传》又云:"敬宗故收族。"收族不仅要以序列等级来和睦家族,而且有义务供给、帮助族人生活资料。这种义务随着亲属关系的亲近逐级增大。盗这些亲属的财物虽是侵犯了财产所有权,由于亲属间有相助的义务,所以对伦理的社会秩序侵害较小,而且亲属关系越近,危害程度越轻,刑事责任就逐级减轻。

（二）夫妻相犯

据礼，"男女之别，男尊女卑，以男为贵。"（《晏子春秋·天瑞》）《仪礼·丧服》说："夫者，妻之天也。"《唐律疏议·名例》也说："依礼：'夫者，妇之天也。'"妻在家庭中处于被统治的地位。《唐律疏议·户婚》说："妇人从夫，无自专之道。"夫妻在伦理上尊卑不同，相互侵犯的刑事责任也不一样。但这种尊卑关系毕竟不是以血缘为基础，而是以义相合。因此，在立法上就不能不考虑"义"的各种存在状态，确定各种情况下的刑事责任，而不能像血缘亲属那样，一律依某种服制而定。

服丧问题。夫妻一方死亡，另一方为之服丧。由于死亡的一方不再存在弃义的问题，生的一方为"志意思慕之情"（《荀子·礼论》），必须为之服丧。夫死，妻应"哀类父母"（《唐律·职制》疏议），服斩衰三年。妻死，夫服齐衰杖期。妻闻夫丧匿不举哀，丧制未终释服从吉，忘哀作乐，遇乐而听、参与吉席或居丧嫁娶，其刑事责任均同父母丧。夫服丧违礼，因"妻既非尊长，又殊卑幼，在《礼》及《诗》，比为兄弟，即是妻同于幼"（《唐律·职制》疏议），其刑事责任只按期亲卑幼丧定。

基于夫妻地位悬殊，有些行为妻犯夫则负刑事责任，夫犯妻则不负。如：夫犯死罪被囚禁，妻作乐徒一年半；妻妾擅去，徒二年（《唐律·户婚》）。当然，夫若利用自己的统治地位，违礼处理妻，实属弃义，也是对伦常的侵犯，也须负刑事责任。如夫"以妻为妾，以婢为妻"，《疏议·户婚》认为："以妻为妾，以婢为妻，违别议约，便亏夫妇之正道，黩人伦之彝则，颠倒冠履，紊乱礼经，犯此之人，即合二年徒罪。"

唐律基于"夫妻义和，义绝则离"（《唐律·户婚》）的观点，考虑到夫妻之间"义"的诸种不稳定情况，对夫妻相犯不按本服规定刑事责任。唐律虽未明确说明按何服制，但将其具体的规定与亲属相犯的规定相比较，夫犯妻大致按小功兄姊犯弟妹，妻犯夫按大功弟妹犯兄姊，较本服降低了两级。《斗讼》规定："诸殴伤妻者，减凡人二等，死者以凡人论……过失杀者，各勿论。""诸妻殴夫，徒一年；若殴伤者，加凡斗伤三等。死者，斩……过失杀伤者，各减二等。"

（三）荫庇与缘坐

"齐家"是为"治国"，"孝父"为"忠君"。唐统治者用法律保证父家长的绝对统治，目的在于维护君主的统治，包括君主的代表——各级官长的统治。不孝父者，刑事责任重大；不忠君者，刑事责任更大。唐律对于侵犯最高统治者——皇帝权威的谋反、谋大逆、谋叛的犯罪规定了最重的刑事责任，而且列于十恶之首，常赦所不原。对于侵犯各级官长的行为也规定了较重的刑事处罚。"诸殴制使、本属府主刺史、县令及吏卒殴本部五品以上官长，徒三年；伤者，流二千里；折伤者绞。若殴六品以下官长，各减三等；减罪轻者，加凡斗一等；死者，斩。詈者，各减殴罪三等。"(《唐律·斗讼》)皇帝、官长的这种绝对不可侵犯的权威也延及他们的亲属，而且官品越高，其威严延及范围越广。对他们的亲属的侵犯，实质上是对他们权威的侵犯，是不忠不顺的表现。《唐律·斗讼》规定："诸殴本属府主、刺史、县令之祖父母、父母及妻、子者，徒一年，伤重者，加凡斗伤一等。诸皇家袒免亲而殴之者，徒一年；伤，徒二年；伤重者，加凡斗二等。缌麻以上各递加一等，死者斩。"

官长、皇帝的亲属由于官长、皇帝权威的延及，也处于尊贵的地位。他们是尊者，对于臣民有着支配权。他们除犯"十恶"外，其他犯罪对宗法伦常的侵犯较常人小，可以通过议、请、减的方法，减轻刑事责任。议，"犯死罪者，皆条录所犯应死之坐及录亲、故、贤、能、功、勤、宾、贵等应议之状，先奏请议。依令。都堂集议，议定奏裁"(《唐律·名例》疏议)。准议者有八，由荫庇而得议者有：皇帝袒免亲，太皇太后、皇太后缌麻以上亲，皇后小功亲。请,犯死罪,"条其所犯及应请之状,正其刑名,别奏请。"(《唐律·名例》)准请者有:皇太子妃大功以上亲、应议者期以上亲及孙,官爵五品以上者。减,犯流罪以下,例减一等。得减者有:应议请者,五品以上官之祖父母、父母、兄弟、姊妹、妻、子孙及七品以上官。

与荫庇相对应的是缘坐。缘坐是本人并未犯罪,仅由于与犯罪人具有一定的亲属关系而承担连带的刑事责任。在前资本主义社会,刑罚都带有严重的"报应刑主义"色彩,对于严重侵犯社会秩序的犯罪,报以极重的惩罚,甚至诛及罪犯的亲属,这就是缘坐。当然,统治者施用缘坐的更直接目的是,利用存在于家庭成员间的感情,发挥刑罚的更大威吓的威力,使"家"起到主动阻止犯罪的作用。缘坐者的刑事责任当然不是依据本人对社会秩序的侵犯,但儒家也为之找到了伦理上的依据。据礼,詈殴父祖、供养有阙都是"不孝"。如果因本人的行为,使父祖遭受刑戮,则是更大的"不孝"。行为人想到自己的行为将给亲属带来不幸,是不孝之举,从而会主动地放弃犯罪的念头,于是伦理观念发挥了内心的约束作用。假如犯罪者依然实行上述犯罪,说明他已经抛弃了"孝悌"的观念,不惜给父祖带来杀身之祸。既不忠又不孝,严重侵犯宗法伦理关系。诛及亲属,有"孝悌"观念者因惧怕自己的行为带来不孝后果而不敢犯此类罪,刑罚充分发挥了一般预防作用。

唐律中规定的适用缘坐的犯罪有两种:第一,侵犯君主权威与国家利益的犯罪。《贼盗》:"诸谋反及大逆者,皆斩;父子年十六以上皆绞,十五以下及母女、妻妾、祖孙、兄弟、姊妹若部曲、资财、田宅并没官……伯叔父、兄弟之子皆流三千里,不限籍之同异。"谋叛"已上道者皆斩,妻、子流二千里;若率部众百人以上,父母、妻、子流三千里。"第二,危害公共安全、严重侵犯人身权利的"不道"罪。《贼盗》:"诸造畜蛊毒及教令者,绞;造畜者同居家口虽不知情……流三千里。""诸杀一家非死罪三人及支解人者,皆斩;妻子流二千里。"

三、中华法系特点形成的政治经济根源

以违礼为刑事责任的依据,这是中华法系的特点。整个中国地主阶级社会的立法、司法都以伦理思想为基础,受伦理观念所左右。法律是社会经济基础之上的上层建筑,中华法系所以具有这一特点,并不是由于某个帝王的爱好,也不是由于某个理论家(如孔子、孟子)凭空创造的理论所导致,而是由中国地主阶级社会特有的社会经济结构所决定的。

在中国,整个地主阶级社会小农经济一直占据主要地位。以一家一户为单位、从事个体生产、具有农业与家庭手工业相结合的自给自足的自然经济性质的无数小农,构成了中国君主制社会的坚固基石。小农经济包括有少量土地的自耕农、土地甚少需要租种一部分土地的半自耕农和完全佃田耕种的佃农。自耕农、半自耕农占人口的绝大多数。中国的佃农也不同西欧的农奴。他们有独立的经济,租种地主的土地也是以家庭为单位进行生产。只需按"分成制"或"定额制"向地主缴租就够了,与地主较少甚至没有人身依附关系。对租来的土地有较灵活的使用权,在土地上的种植虽受国家和地主征收租税有关品种规定的制约,但种植什么和怎样种植耕作一般由农民自己计划,而不需请示地主。毛泽东同志在《中国社会各阶级分析》一文中说,"贫农无土地,每年耕种只得收获之一半或不足一半",但他们"有比较充足的农具和相当数量的资金。此种农民,每年劳动结果,自己可得一半。不足部分,可以种杂粮、捞鱼虾、饲鸡豕,或出卖一部分劳动力勉强维持生活。"[1]即使"无充足的农具,又无资金"者,虽然要出卖大部分劳动力,但在风调雨顺之年还是

---

[1]《毛泽东选集》合订本,人民出版社1967年版,第7页。

可以勉强糊口的。可见他们是有独立经济和人身自由的,在土地上的种植、资金和劳动力的使用并不受地主的支配。即使南北朝隋唐时期的农户等,虽然具有一定的人身依附关系,但他们仍然以家庭为生产单位和经济消费单位,荫庇者与被荫庇户的代表——家长发生权利义务关系,而不直接与各家庭成员发生关系。

生产关系最终决定于生产力,中国与西欧在生产关系上的区别,决定于生产力上的不同。在西欧的古希腊罗马,早在野蛮时代的高级阶段就有了铁制农具和牛耕,劳动者已具有了较强的生产独立性,又由于地处地中海岸以及境内多样性的地理环境,使得他们较早地"发生了农业和手工业之间的分工,从而发生了直接为了交换的、日益增加的一部分劳动产品的生产,从而使单个生产者之间的交换成了社会的迫切需要"[1],创造了商人阶级,较早地挣脱了氏族的脐带。农业、手工业、商业分工的出现,使西欧的奴隶制容纳众多奴隶参加直接生产成为可能,"许多奴隶在监工的监督下在房屋很大的手工工场内一起工作"[2]。奴隶的数量远远超过自由民,处于氏族制末期的日耳曼人征服罗马帝国后,虽然产生了小农经济,但这种小农经济是短命的,时间不长它就转化为农奴经济了。

我们祖先生活于黄河流域,这里土地肥沃、气候温湿,非常有利于农业生产。他们不需要高级的生产工具——铁制农具,仅靠原始的木石工具、通过集体协作就能生产出剩余的产品。当他们跨入文明社会大门时,在生产工具极其粗劣和劳动者个人的独立性还极其微弱的条件下,还不得不依靠集体协作,而脱离不了"氏族或公社的脐带"[3]。因此,由血缘关系联结起来的

---

[1]《马克思恩格斯全集》第21卷,人民出版社2003年版,第189页。
[2]《马克思恩格斯选集》第4卷,人民出版社2012年版,第115页。
[3]《马克思恩格斯文集》第23卷,人民出版社1967年版,第371页。

氏族残余在中国的封建制社会还发挥着重要的作用。夏、商、周三代都是以氏族的形式进行统治的,生活资料的直接生产也是以家庭公社的集体协作形式进行的。家庭公社成员是直接生产者,以井田制为表现形式的家长制家庭公社土地占有形式是封建制社会的生产关系。同时,我国西有高山峻岭阻隔,与西亚、南亚难有往来;东临大海,而尚无力量进行海外交通,故而没有海外贸易。在内部,不存在因自然条件多样性和差异性而引起的社会分工,各地都是以农业为主,兼营自需的手工业品的生产,不依赖产品交流,因而国内市场不够活跃。贸易的稀少,必然带来商品货币不发达、农业与手工业长期不分工的结果。统治氏族内部除少数犯罪者之外,很少有沦为奴隶的。这就决定了中国奴隶始终没有成为直接生产的负担者,其数量也较作为直接生产者的公社成员少得多。

到春秋战国时,铁制工具和牛耕的问世,使原来的公社成员的独立生产能力有所增强,他们挣脱以井田制为形式的家庭公社的束缚的愿望日益强烈。从封建主阶级分化出来的地主阶级统治者看到原来的剥削形式已无利可图,于是改为按户授田,按地亩、人丁征取赋税和劳役的剥削形式。受田户不仅对所得土地有了实际的占有权,而且具有一定意义的所有权。很快地出现了土地可以自由转让的现象,从而产生了土地的私有制,并日益在经济生活中发挥重要作用。原来人数众多的井田制公社家庭演变为具有独立经济的自给自足的农业与手工业结合的自耕农户,造就了小农经济的汪洋大海。

中国长期存在小农经济的汪洋大海,决定了中国地主阶级统治必须以小农经济的存在形式"家"为着眼点来制定具有中国特色的法律制度的客观必然性。但是,把这种客观的必然性变为现实,还需要通过人们的社会实践特别是还取决于统治者对客观规律的认识。中国的中央集权君主专制建立较早,而且统治时间远较西欧的封建王权为长,地主阶级统治者有机会从统治实践中总结经验,摸索规律。由于小农经济是由宗法制下的井田公社家庭经济演变而来,因此地主阶级统治与封建制社会的宗法统治有着共同点。早在西周时期,作为血缘上的大家长、政治上的共主的周天子就逐渐认识到如何运用家长在家庭中的特殊地位进行统治的客观规律,把不服从家长统治、不敬长上者作为"不孝不友"的元恶大憝进行惩处。(《尚书·康诰》)第一次登上历史舞台、建立统一的秦王朝的地主阶级统治者,制定了"亲族株连""什伍连坐"等制度,从反面利用"家庭关系"进行统治。但这种办法毕竟是消极的,其结果只能是严刑峻法、囹圄成市,成了秦二世而亡的导火索。经过这一血的教训,汉统治者有了较清醒的头脑,开始进行了冷静的思索。他们总结历史上成功、失败的经验教训,对中国的国情有了比较正确的认识。于是,他们一方面通过"举孝廉"等措施进行伦理道德教化,另一方面恰当地协调法律与伦理道德的关系,用法律手段维护、加强人们的伦理观念。对客观规律的正确认识,使中国地主阶级统治者能够适应客观需要,从而建立自己的法律体系,铸成独具一格的中华法系。

中华法系特点的存在,除了政治经济的原因外,地主阶级意识形态的作用也是不可忽视的。欧洲中世纪是黑暗的、野蛮的,因而在思想上也是肤浅的、苍白的。其思想意识形态是宗教神学,宣扬蒙昧主义和禁欲主义,要求人们用信仰上帝、禁欲、忏悔等忍受一切苦难,因而它是粗疏、浅陋的。经济上"家"的名存实亡,反映到意识形态上是不重视伦理道德。在基督教的教义中,"家"是没有地位的,所着眼的实体是单独存在的个人。无论是领主还是农奴,无论是父亲还是儿子,在上帝面前是一律平等的,他们都是罪人,是上帝的奴隶。在中国,由于封建制时代,长期实行宗法分封制,在意识形态上很早就产生了"孝""悌"的宗法伦理观念。春秋战国之际,地主阶级产生,诸子各家都立足于小农经济这一基础上提出了自己的地主阶级统治理论。尤其是儒家继承封建制社会的传统宗法观念,基于维护小农经济客观需要提出了一整套以"孝""悌"等伦理思想为核心的政治法律理论。这种理论着眼于"家",旨在维护家长在家庭中的独尊地位。后经过荀况、董仲舒等思想大师的不断补充完善,终于形成了细致、精密的理论形态。由于这种理论符合中国的经济结构,适应地主阶级统治者的政治需要,在汉武帝以后,则占据统治地位。地主阶级政权采取各种措施进行礼仪教化,在广大农民心中加强了伦理观念,树起了"孝""悌"的堤防,为利用伦理观念进行统治提供了思想条件。同时,正是由于这种意识形态适应地主阶级统治的需要,所以它就作为地主阶级的整体意志,成为地主阶级法律的指导思想,形成了中华法系以违礼为刑事责任依据的特点。

第五章
新儒学的法律思想及其法律实践

　　唐宋之交是中国政治法律思想史的一个关键转折点,此前的思想家基本沿袭先秦诸子,为新兴的地主阶级政权服务,论证地主阶级政权的合理性、合法性,为专制君主维护政权长治久安出计献策。至宋代,经历了魏晋释老兴盛,思想界开始关注人的价值,宋儒要重振式微数百年的儒学,不仅要承继原典儒学重视道德作用的基本立场和提倡完善社会成员道德的理论方向,而且要吸收释老强调人的价值的思辨理论成果。经过北宋的儒学复苏、理学产生的二百多年发展过程,到朱熹形成了成熟的理学思想,历史学界为区别于先秦的原典儒学而称之为"新儒学"。新儒学家不再甘心做专制君主的附庸,而是勇于承担社会责任,要"与君共治天下"。他们既谋求治下以"泽万民",又反对甚至谋求限制极端的"君权"。他们虽承接原典儒家和汉儒的经典,但给经典以新的解释。不再像原典儒家那样仅为专制君主维护政权、巩固秩序献策、论证其合理性,而是把理论对象转向参政的士大夫,甚至是平民百姓,通过士大夫(庶人)在内心建立合乎宗法伦理道德的意识来保证社会伦理秩序的稳固。他们把现实的法说成是超验天理的体现,使现实社会的法律秩序成为神圣的、先验的、永恒不变的规则,对君主、大臣和百姓具有了宗教意义的约束。朱熹的《四书集注》在元朝开始作为科举考试的蓝本和答案标准,从事举业的士子莫不细读记诵这一当代道德教化的教科书。宋明以后官吏的主要来源是科举及第的士子,这些熟谙经义的官吏通过自身的范举和司法活动,在社会上有效地宣扬了儒家经典和文化精神,促进了社会成员的道德意识的建立和提高,最终收到维护社会秩序的效果。现代人了解的中国古代文化主要是宋以后的新儒学文化,留在当代的传统文化影响也主要是新儒学影响。

第一节 宋代理学家的法律思想

理学是儒学在宋明时代的一种新理论形态,是传统儒学的新发展。在以往的中国历史研究中,理学似乎是中国哲学史的独有研究对象,其理论着眼点在于理学中的"本体论""认识论"等西方哲学提出的基本问题,往往着重于理论的发展与构成,而很少涉及理学与现实世界中的社会政治、法律问题,更不研究思想家所生存的现实状况和历史作用。因理学研究的哲学专门化,传统认识几乎无例外地认为理学家仅仅是在哲学研究所限定的范围内思考问题和提出理论,而忽略其在现实政治中的作用和提出的关于政治法律等方面的思想观点。事实上,理学家本身就是当时士大夫的一部分,他们主动承担社会政治主体的责任,积极参与现实的政治活动并提出相应主张,用他们的思想和行动影响、改变或成就着国家的功业。他们所提出的理学思想体系虽重在倡导士大夫(甚至包括皇帝)"内圣",但目的是为了实现"外王",即成就现实中"泽民"的功业,"内圣"是"外王"的前提,"外王"是"内圣"的目的结果。而且,理学在元代定为科考的标准,通过举子的学习和在乡里的示范行为,为平民百姓所接受,日渐成为后世的普通的社会文化。理学不仅是中国古代哲学的重要内容,也是中国古代政治法律等思想史的重要组成部分。

理学,亦称道学,形成于宋代,兴盛于宋明,史称"宋明理学",统称理学。就内容而言,又分为以"性即理"为基本立场的"理学"和以"心即理"为核心观点的"心学"。而就存在时代而言,每个朝代又都存在宗"理学"和宗"心学"的两派思想家。本书从思想史研究的角度,宋代理学家部分着重以"理学派"为对象(明代心学家部分也着重以"心学派"为对象),以突显时代特点和思想史发展脉络,未涉及宋代"心学"的思想家(明代也未涉及该时代的"理学派"的思想家),并不是认为未论述者不在理学家的范围内。为防读者误解,特说明于此。

孔孟之学遭法家否定,虽有汉儒之倡扬、汉武之定为独尊,但本来面目已非原态;后经汉儒章句传注之风,又使其偏离方向,远离其努力确立主体道德的进路;东汉佛教自印度传入,其追求彼岸世界的出世思想征服了中土大批士人,到唐代,坐禅悟空成为风气,入世向善之谈为人所不屑;与佛教并肩而风行者是,道教创立发展、士人谈玄,贵生纵欲相尚,心性道德少为人谈。终唐一代,释道思想笼罩了社会各个阶层,士大夫、官吏乃至帝王或学禅尚空或信道贵生,儒家伦常道德受到极大败坏。"去君臣之礼,绝父子之戚,灭夫妇之义。"(《黄宗羲全集·宋元学案卷二》)至唐末五代之士人已毫无社会责任感,据黄宗羲《行朝录·序》云:"黄巢逼潼关,士子应举者,方流连曲中以待试。其为诗云:'与君同访洞中仙,新月如眉拂户前。领取嫦娥攀取桂,任从陵谷一时迁。'"(《黄宗羲全集》第二册)社稷危亡,毫不关心。士人社会责任意识的丧失,导致统治者也不再重视儒学。

宋初,不仅社会大乱之后人心思治,希望能建立理想的社会秩序,而且承担这一历史重任的"士"发生了根本变化。他们具有了以"先天下之忧而忧,后天下之乐而乐"(《岳阳楼记》)的"以天下为己任"的社会责任意识。勇于担当社会政治主体责任的意识,成为宋代的士的共识。由此生发出提出建立"三代"理想秩序的要求。为了实现这一要求,他们发展原典儒学以使之焕发生机,努力扭转儒学在近千年历史上的颓势。

在思想史上,北宋的士大夫几近普遍参禅,而相当比例的宰相本身就是佛教徒,他们不仅引领社会风气,而且主持当时的科举,在数量激增的士子中更助长了参禅的风气和禅学思想的普及。与此相伴,佛门大德高僧为弘扬"心性"之学,开始公开承认儒学是治国之学,认为儒学为其"心性修行"创造了社会秩序,儒学的"家国"之学与其"心性之学"相为表里。普遍存在的士大夫禅化和沙门儒家化的"谈辩境域"为儒学的新形态——理学(或道学)的建立提供了丰富的思辨材料。宋代儒家必须反佛兴儒以建立更适应社会需要的理论体系,但其反佛已截然不同于韩愈等先儒之灭佛,而是用更有说服力的理论反击士大夫中存在的禅的思想,用新的儒学(理学)说服、吸引士大夫,使他们在成建立完善的内心世界。理学的思想内容吸收了佛教的"心性"之学的内容,但根本立场却抛弃了佛学的"空"的本质,在传统儒家"内圣外王"的基本框架下形成了更加缜密的新思想体系。佛道的宇宙论、本体论、先验论、认识论及道德修养方法都被他们吸收来作为构造理学的基本成分。朱熹生活在思想家辈出的南宋。他集先辈理学研究之大成,尤其继承了北宋"理学五子"创立的理论框架和哲学范畴,通过与时哲的反复讨论、驳难,形成了结构细密、完整的思想体系。

一、纳君权于"理"的约束之内

因"以天下为己任"的整体社会意识的形成和强化,宋代士大夫的政治主体责任意识要求皇权也不能是至高无上的,皇权的行使也必须有利于社会秩序的维护。与汉儒"君为臣纲"的君权至上思想不同,理学提出了一个高于一切(包括皇权)的"理"。认为"理"是宇宙间万物的本原。周敦颐认为:"太极生阴阳,理生气也。阴阳既生,太极在其中,理复在其内也。"(《元公周先生濂溪集》上卷二)朱熹认为,"天地之间,有理有气。理也者,形而上之道也,生物之本也;气也者,形而下之器,生物之具也。"(《朱子文集》卷五十八)太极、理是形上之道,通过阴阳这形下之"气"而化生万物。"理"是先验的存在,落到"气"中生出万物。理与气本无先后,是内容和形式的关系,但朱熹为说明理的本质性,明确理是气产生万物的根据,他说:"未有天地之先,毕竟是先有此理。"(《朱子语类》卷一)"或问:必有是理然后有是气,如何?曰:此本无先后之可言,然必欲推其所以来,则须说先有是理。"(《朱子语类》卷一)先后之说,非时间顺序,而是在地位上说,理决定气,理是本原、本体,是第一性的;气是衍生,是第二性的。在相生逻辑上说,理在先,气在后。"要之也先有理。只不可说是今日有是理,明日却有是气。也须有先后。且如万一山河大地都陷了,毕竟理却只在这里。"(《朱子语类》卷一)

理与气虽地位不同,但是,他们是相伴而存在的。"天以阴阳五行,化生万物,气以成形,而理亦赋焉,犹命令也。"(《四书集注·中庸注》卷一)理与气是实质与形式的关系,二者相互依存,不能分离。"理非别有一物,即存乎是气之中。无是气则是理亦无挂搭处。"(《朱子语类》卷一)

理是本原,但这一本原如何体现在它所化生的万物中?理学借鉴了佛教"月印万川"的思维形式,提出了"理一分殊"的思想。认为在天地间普遍流行的是总的天理,万物得来天理方成为性,性是个体人物禀受天理而成。"性"是特殊方式存在的天理,是理的一部分。气禀受理而成人物之性,理赋予气形而存在于气之中。理是超验的规则,赋之万物,则表现为经验的规律。但万物之"理"与先验本原的"理"又同是一个理,而不是万物之理合而为天理。朱熹在注解周子的《太极图》时说:"盖合而言之,万物统体一太极也;分而言之,一物各具一太极也。"(《太极图说解》)"二气五行,天之所以赋禀万物而生之者也。自其末以缘本,则五行之异本二气之实,二气之实又本一理之极,是合万物而言之,为一太极而一也。自其本而之末,则一理之实而万物分之以为体,故万物之中各有一太极。而小大之物,莫不各有一定之分也。"(《通书解》)理是万物之理的根源,宇宙间万物都是这一个理的体现,这个超验的先天的理体现在万物之中。每一个事物中存在的理又都是同一个完整的理,而不是万理合成一个理。朱熹说:"本只是一太极,而万物各有禀受,又自各全具一太极尔。如月在天,只一而已,及散在江湖,则随处而见,不可谓月已分也。"(《朱子语类》卷九十四)"不是割成片去,只如月映万川相似。"(《朱子语类》卷九十四)

理是万物之本原,一切社会秩序也是理的现实体现,作为"气"的形态的君王自然也是理所产生的万物之一,也同样禀受了"理",其行为也应受理的约束,遵守理的要求。程颐、朱熹等理学家,从来反对君主有超越法律的权力行一己之私,而应该与天下大同。"人君当与天下大同,而独私一人,非君道也。"(《周易程氏传》卷一)君只有"无私"和"与天下大同"才是守"君道"。"居上位而失其下,下之离,由己之失德也。"(《周易程氏传》卷三)朱熹所处孝宗、光宗两朝曾围绕"皇权"进行过激烈的争论,朱熹一反传统的以"大中"解释《洪范》中"皇权",第一次提出新的解释:"某谓不是'大中'。皇者,王也;极,如屋之极;言王者之身可以为下民之标准也。""皇权,如以为民极。标准立于此,四方皆面内而取法。"(《朱子语类》券七十九)他说:"既居天下之至中,则必有天下之纯德,而后可以立至极之标准。"(《朱子文集》卷七十二)这个标准是"理"的体现,也是"理"的要求,也是对君主的权力行使的限制。如何才能做到下民的标准呢?上面所说的"天下之纯德"就是"大公之心",有了"大公之心"就能做到天下人之"标准"。君主要做到"大公无私"则必须以修身为本。"人君正心修身,立大中至正之标准,以观天下,而天下化之。"(《朱子文集》卷四十四)君主不能"修身"就是违背天理,就是"人欲",就会失政,则导致民之背离。"下之离,由己之失德也。"(《周易程氏传》卷一)失政、用人非贤则需及时改正。"问:'或言今日之告君者,皆能言修德二字。不知教人君从何处修起?必有其要。'曰:'安得如此说!只看合下心不是私,即转为天下之大公。将一切私底意尽屏去,所用之人非贤,即搜求正人用之。'"(《朱子语类》卷一〇八)

朱熹的"理"具有了宇宙本原、先验的道德法则乃至自然法则的形而上的外衣,因而也就具有了亘古不变、无所不辖的普遍强制力,从法律角度上说,它既有法的指导精神的意义,又对国家权力和一切法律有了约束力,在一定意义上有着近现代的"宪法"性质,自然也就超越了皇权。朱熹等理学家力图在专制君主之上建立一种"理"的约束,不能不说是一种具有进步意义的政治法律理想。在君主专制社会和"君为臣纲"长远历史文化的大背景下,这种设想是破天荒的。历史上,宋代理学家们也为限制君权做出了极大努力。当然,这种理想设计和努力也只能在士的政治主体地位得到君主部分认可的宋代才能产生和存在。

二、"虚君任相"的政权与治权分离的设想

有宋之初,门阀制度的消亡导致了"士"阶层的崛起,大批平民子弟通过科举的道路跨入受人尊敬的"士"的行列。与士队伍的壮大和士大夫地位的提高相伴随的是他们社会政治主体地位意识的觉醒和勇于担当的社会责任感的上升,他们不再像唐代的士人举子那样以淫词艳赋、饮酒狎妓相尚,而是以怀仁济民相尚。北宋的君主基于对士大夫政治主体地位和"同治天下"作用

的认同,对吸收士大夫参与国家治理表现了空前的积极性,因而对士大夫的治国主张表现了极大的兴趣,甚至对他们的"傲君"的言行都能容忍。宋神宗"锐意求治,与王安石议政意合,即倚以为辅,一切屈己听之……安石性刚,论事之前,有所争辩时,辞色皆厉。上辄改容,为之欣纳"。(宋·陆佃《陶山集》卷十一)王安石向君主奏事的场景如在面前,这在整个君主专制时期的其他朝代是不可想象的。然而臣下敢于这样在君主面前坚持自己的主张,除了当时士大夫普遍的历史责任感的作用之外,帝王对士大夫社会政治地位的认同也是重要原因。王安石因推行新法受阻而请求辞职,宋神宗极力挽留:"卿所以为朕用者,非为爵禄,但以怀道术可以泽民,不当自埋没,使人不被其泽而已。朕所以用卿,亦岂有他?天生聪明所以乂民,相与尽其道以乂民而已,非以为功名也……卿,朕师臣也,断不许卿外出。"(《续通鉴长篇》卷二三三)"相与尽其道以乂民"是当时君臣的共同志向,是他们相互认可的基础,由此他们进行了一场轰轰烈烈的政治改革运动,树立了"君臣同治天下"的历史范例,王安石"得君行道"也成为宋代儒家孜孜以求的美好愿景。宋代君相共同决定具有国家基本政策性质的"国是"的传统也反映了宰相地位的空前高度。

在士大夫地位和作用得到空前重视的历史大背景下,宋代理学家提出了"虚君"的思想,强调宰相分享治权的必要性。稍晚于王安石的程颐就提出:"天下重任,唯宰相与经筵,天下治乱系宰相,君德成就责经筵。"(《程氏文集》卷六《论经筵第三劄子》第三"贴黄")经筵是为皇帝讲课的,负责帝德的培养教育,保证帝王"正心诚意"行天理,而现实政治中的责任就是选择好人为宰相。治理天下的事则交给宰相去做。"帝王之道也,以择任贤俊为本,得人而后与之同治天下。"(《河南程氏经说》卷二)帝王选定宰相之后则把治国之权交于宰相,自己不要有作为。帝王无为,宰相有为,则能达到"垂拱而天下治"的结果。"为人君者,苟能至诚伍贤以成其功,何异乎出于己也?"(《周易程氏传》卷一)任贤者君也,成其功者贤也。君主任贤之后就不必亲自去治理国家了,而委之于宰相,国家治理好坏是宰相的责任。宰相与君的关系不再是绝对服从的关系,而是"同治"的分权关系,这是一定程度上的对绝对君权的抑制,是一种由"责任内阁"行使治权的理想。在有宋一代,宰相确实发挥了重要作用,钳制了君权的膨胀。

朱熹所处的南宋时期,理学理论已经形成,他不仅明确提出君主"只消择一个好人作相","有一好台谏"就能做到任贤能远小人,而且从理学理论上阐述了君主应当"无为"。"至于圣人,则顺理而已,复何为哉!"(《朱子语类》卷一)而"理却是无情意、无计度、无造作"(《朱子语类》卷一),顺理即是无为,君主无为而由宰相"推排好人",台谏"知他不好的人",从理学上肯定虚君宰相责任制。他甚至借赞赏古人酋长议事决策的形式,婉转提出君臣平等商议国家大事的理想:"因说房人初起时,其酋长与部落都无分别,同坐同饮,相为戏舞,所以做得事。"(《朱子语类》卷八九)虽是部族的原始议事方式,但朱熹强调他们是"亲爱一体",所以"事事做得成",体现了他"仁者万物为一体"的仁爱思想和对"自渡江后,君臣之势方一向悬绝"现状的否定。

基于"君臣分权"的政治立场,朱熹主张"君臣分权职"要制度化。他在《经筵留身面陈四事劄子》中奏曰:"至于朝廷纲纪,尤所当严,上自人主以下,至于百执事,各有职业,不可相侵。盖君虽以制命为职,然必谋之大臣,参之给舍,使之熟议,以求公议之所在,然后扬于王庭,明出命令,而公行之。"(《朱子文集》卷十四)皇帝的职权是"出令",但此"令"需由大臣(宰相)商议,并征求给事中、中书舍人等监察官员的意见,宰执台谏的参议为的是"求公议之所在",然后才能"明出命令,而公行之"。"各有职业,不可相侵。""今者陛下即位,未能旬月,而进退宰执,移易台谏,甚者方骤进而忽退之,皆出于陛下之独断。而大臣不与谋,给舍不及议。正使实出于陛下之独断,而其事悉当于理,亦非为治之体,以启将来之弊。"(《朱子文集》卷十四)"治之体"即是分职,即使"令"合于理,因不合"治之体"也会开启日后的弊病。参之稍后度宗时代监察御史刘黻论度宗"内批":"命令,帝王之枢机,必经中书参试,门下封驳,然后付尚书省施行,凡不由三省施行者,名曰'斜封墨敕',不足效也。"(《宋史·刘黻传》)可知,在宋代士大夫的认识中,皇帝的权力和职责,已有了一定的限制,国家制度也有了规定,违反制度即是皇帝权力的滥用,士人尤其理学家将会舍命抵制。

三、"穷天理,灭人欲"是维护社会秩序的道德基础和保障

宋代理学,直承孟子的"人性善"立场,主张人性本来存在着仁义礼智信的善的道德,但比孟子进了一步,理学在孟子的"良知""善端"之上又提出了"理"这一至高的道德法则,"理"是人性中善的来源。理学通过"理一分殊"的思辨形式,建立了形而上的理与世间万物相互联系的理论结构,为人的"善性"安置了根基,又为现实社会中的恶行提出了纠治的方法。

理学认为,人性也是天之一理的分殊,人禀受天理而有了性。"伊川言天所赋为命,物所受为性。理一也。自天之所赋予万物言之,故谓之天命,以人物之所禀受于天言之,故谓之性。"(《朱子语类》卷九十五)人之性也是"天之命"的性。"性即理也。"(《近思录集注》卷一)朱熹认为人在万物之中禀得天理最全最正,人性即是天理。朱熹弟子记朱子语录曰:"乾之元亨利贞,天道也。人得之则为仁义礼智之性。"(《朱子语类》卷二十八)朱熹把"仁义礼智"等人伦道德法则视为天理禀赋给人的人性的内容,人之本性即是人禀受到的天理。"人之性皆出于天。"(《朱子文集》卷五十六)"宇宙之间,一理而已……而凡生于天地之间

者,又各得之以为性,其张之为三纲,其纪之为五常,盖此理之流行,无所适而不在。"(《朱子语类》卷三十)三纲五常即理之流行,即人性禀受天理的内容。这既为社会人伦道德规范寻找到超验的永恒的哲学根据,增强了人性的先验神圣色彩,又把人伦道德法则说成是人性的内容,使人遵守社会秩序具有了道德自主、自觉的心理依据和动力。

既说"性即理",但同是禀天理的人性何以有善恶之别,朱熹不仅继承了孟子的性善论,而且发展了先前理学家关于气质的思想,从气禀的角度找出了人之为恶的根源。朱熹认为,阴阳五行之气在不停运行中不断积聚成各种形质,由于气有精英之气和渣滓之气,所积聚的形质就有人、物之别,即使人之间也有善恶程度的差别。"人物并生于天地之间,本同一理而禀气有异焉。禀其清明纯粹则为人,禀其昏浊偏驳则为物。"(《孟子或问》卷一)而人、物禀受什么气,完全是阴阳五行运行中的偶然决定,而非"真有为之赋予者"(《朱子语类》卷四)。人相对于物,所禀之气是清明的;但在人之间,所禀之气又有清浊好坏之分。"日月清明、气候和正之时,人生而禀此气,则为清明纯厚之气,须做个好人。若是日月昏暗,寒暑反常,皆是天地之戾气,人若禀此气,则为不好底人何疑?"(《朱子语类》卷四)

与理气关系一样,天命与气质也是不相离的。天命即天命之性,即理;气质即受天命之性禀以成之万物。万物的产生不仅禀受了天地之理,同时也禀受了形气。一个具体的现实事物的存在,就是理与气的"合一"。"所谓天命之与气质,亦相衮同,才有天命便有气质,不能相离。若阙一便生物不得,既有天命,须是有气方能承担此理。若无此气,则此理如何顿放!"(《朱子语类》卷四)二者并存,清明之气与天命之性相一致,保证了人的善;昏浊之气则隔蔽了天命之性的显现,决定了人的恶的品质。浑浊的气禀是造成人的恶品质的根源。朱熹说:"人之所以有善

有不善,只缘气质之禀各有清浊。"(《朱子语类》卷四)

　　现实中的人,在受天命禀赋之时,不仅禀受了天命,同时也禀受了形气。天命在禀赋具体的人之前只能叫理,只有禀赋予人身之后才能叫性,此即天命之性。对一个人来说,所禀受的天命之性是完整的全部,但固有气质的同时禀受,而气质有清有浊,由于浊的气质的隔蔽,天命之性在具体的人身上,表示的就有偏有全,从而决定了具体人的道德品质就有善有恶。

　　人生之前,因普遍流行的天地之理尚未有形气顿放,故只可说是"理",不可说"性"。"人生而静以上,未有形气,理未有所受,安得谓之性。"(《朱子语卷》卷九十五)只有人生之后,理安顿在形气之中才可谓"性","程先生说性,有本然之性,有气质之性。人具此形体,便是气质之性。"(《朱子语类》卷九十五)在现实的人中,由于理与形气同时存在于其中,此时称为性者,已不是本然之性,而是兼具理气的气质之性。"人物未生时只可谓之理,说性未得,此所谓'在天曰命'也。才说性时便已不是性者,言才谓之性,便是人生以后,此理已堕在形气之中,不全是性之本体矣。故曰'便已不是性'也。此所谓'在人曰性'也。大抵人有此形气,则是此理始具于形气之中而谓之性,才是说性,便已涉乎有生而兼乎气质,不得为性之本体也。""人具此形体,便是气质之性也。"(《朱子语卷》卷九十五)

　　天命之性是指理,是人的本然之性。气质之性是受到气质熏染的理与气杂的性,是天地之性的转化形态。既包含了纯然天理的本然之性,又杂有气度的内容。天命之性与气度之性既不是相对对立的两个范畴,也不是体用关系,而是气质之性包含天命之性,以天命之性为其本质本体,两者之间是大圆套小圆的关系,任何气质之性中都含有完全的天命之性。

　　气质之性(即现实的人性)有天理,又有气质之杂,气质的清浊影响了气质之性中的天命之性、纯然天理的显现,导致了人的道德品质的好坏。"既是气禀恶,便也牵引得那性不好,盖性只是搭附在气禀上。既是气禀不好,便和那性坏了。"(《朱子语类》卷九十五)很显然,朱子所谓"性不好"、"性坏"之"性"是指"气质之性",即现实的人性。人性中禀受的"天命之性"是完全的,人与人也是一致的,但禀受形气则是千差万别的。由于形气有清浊偏正的不同,现实中各个具体的人性中的性、性之本体在显现时受到形气不同程度的阻蔽,因而表现了道德的善恶差别。"只为气质不同,故发见有偏。"(《朱子语类》卷六十四)朱熹以灯笼为例说明其中的道理:"且如此灯,乃本性也,未有不光明者。气质不同,便有灯笼用厚纸糊,灯便不甚明;用薄纸糊,灯便明似纸厚者;用纱糊,其灯又明矣;撤去笼则灯之全体著见。其理正如此也。"(《朱子语类》卷六十四)

理学不仅从伦理学本体论上找到了非道德产生的根源,而且从心理活动的不同阶段论证了超出性之要求的情是恶的道德意识的表现。《中庸》说:"喜怒哀乐未发谓之中,发而皆中节谓之和。中也者,天下之大本也。和也者,天下之达道也。"情是喜怒哀乐的情感,发指发作、发动,亦即产生。朱熹在《已发未发说》中说:"皆以思虑未萌、事物未至之时为喜怒哀乐之未发,当此之时即是心体流行寂然不动之处,而天命之性体段具焉。以其无过不及,不偏不倚,故谓之中。然已是就心体流行处见,故直谓之性则不可。"(《朱子文集》卷九十七)这里的"心体"是指心之全体、总体,"心体流行"指心的已发未发整个过程。在这个过程中,思虑未萌即心体尚未发动而寂然安静阶段;思虑已萌是心已经发动,对外物有所感应而产生了喜怒哀乐的阶段。思虑未萌之时,人之七情未发动,心呈现寂然不动的本体面貌,天命之性自然存在,也就是说,性是心之体,无有过或不及,亦不存在偏倚。心之未感应时,浑然天理,曰天命之性。心感外事"而通天下","则喜怒哀乐之性发焉,而心之用可见,以其无不中节,无所乖戾,故谓之和。此人心之正而性情之德然也。"(《朱子文集》卷六十四)心感应外物的引诱而发动,遂产生与之相应的喜怒哀乐,如此情感完全发自天命之性,合乎理之要求,无不符合反映理之原则要求的道德规范,无偏颇乖戾,则是《中庸》所谓的"和",是"心之正",亦即性之正确发用,是情之当然。

性是心之体,情是心之用。"未发"为性,"已发"为情。性情既是体用关系,又是心理过程中的两个阶段。心之未发是寂然不动的静,浑然天理,即本体的性。心之感物而通,是心之动,产生了情。情如果"皆中节",即是"和"。

在朱熹的伦理学中,情既指人之自然感情,也指道德情感,而且其理论目的就在于强化主体善的伦理道德情感,固化"中""和"的心理结构。他解释孟子"四端"之说以"四心"为性,"四端"为情。他说:"恻隐、羞恶、辞让、是非,情也。仁、义、礼、智,性也……端,者也。因其情之发,而性之本然可得而见,犹有物在中而绪见于外也。"(《孟子集注》)在心理过程中主体之道德原则是通过道德情感走向道德实践的,情是主观道德原则、理念与道德实践的桥梁。

性无不善,情则有善与不善。心为什么以无不善之性为本质而产生了有善有不善之情?朱熹以为是由于心的知觉有"真妄邪正","真""正"的知觉,即理的知觉,称为"道心",欲的知觉(含真妄邪正),称为"人心"。"此心之灵,其觉于理者,道心也;其觉于欲者,人心也"(《朱子文集》卷五十六)。"知觉从耳目之欲上去,便是人心;知觉从义理上去,便是道心"(《朱子文集》卷十八)。道心人心之分,源于气禀的差别。"心之虚灵知觉,一而已矣。而以为有人心道心之异者,则以其或生于形气之私,或原于性命之正,而所以为知觉者不同"(《中庸章句序》)。生于性命之正的是"道心",原于形气之私的是人心。天生之人都是形气性理的合一,故莫不有道心人心共存;上智下愚无一例外,均有此二心。而道心人心又都是一个心。

道心是道德意识。"道心常为一身主,而人心每听命焉,则危者安微者著,而动静云为自无过不及之差矣。"(《中庸章句序》)人心是感性虑念。其中有些是人之生存所必需,属于合理需求欲望。"口之于味,目之于色,耳之于声底,未是不好,只是危。"(《朱子语类》卷七十八)各种个人需求欲望,若是限定在理所准许的范围内,则为"道心"所认可,虽称为"私欲"但是不属于恶。人之情欲超出理、道心认可的范围,则为恶了。"有知觉嗜欲,然无所主宰,即流而忘返,不可据以为安,故曰危。道心是义理之心,可以为人心之主宰,而人心据以为准者也。且以饮食言之,凡饥渴而欲得饮食以充其饱且足者,皆人心也。然必有义理存焉。有可以食,有不可食。"(《朱子语类》卷六十二)

人之情欲即"人心",若不能以"道心"为准,则有放侈的可能,形气昏蔽道心,"心自为心,理自为理,不相赘属"(《朱子文集续集》卷十),心与理不能为一,必然形成非道德的意识乃至犯界的行为。然而并不是说,凡是"人心"就是恶的,只有不受"道心"约束的人心才是恶的。"人心亦不是全不好底,故不言凶咎,只言危。"(《朱子语类》卷七十八)"口之于味,目之于色,耳之于声底,未是不好,只是危。若便说作人欲,则属恶了,何用说危。"(《朱子语类》卷七十八)

"人心"虽具有产生恶的可能,但其本身并不等于恶,只要将其置于"道心"的统领约束之下,合于道心,则此时表现为人欲的人心即是道心。因此如何保证"人心"不脱离"道心",情感欲望不超出"道心"的要求,就成为理学伦理学要解决的核心问题。

"道心"是对"心中已具有之理"的知觉。天理是心中潜存的,然而由于物欲的引诱而不能自觉地完全知觉到这些内心具有的道德法则,因而现实中的人的思想虑念就存在着道德与非道德两种成分。儒家以实现道德实践的完善为理论目的,主张努力去除人之气质带来的不利影响,消除种种物欲的引诱,促使主体对天理的体悟,保证人心中已具有的天理的最大显现,这就是"存天理,灭人欲"。心完全体现天理才能尽灭违反天理的人欲,人人做到心中尽是天理,社会秩序自然会得到完全的遵守和维护。

四、"持敬致知"的修养功夫是实现道德完善从根本上防止违法犯界的积极方法

如何才能存得天理去掉人欲?朱熹认为,"全在学者著力。"(《朱子语类》卷九十五)(此学为道德之学,所说"学者"亦即道德主体)学者著力就是道德主体致力于认知、实践自己的天命之性。通过涵养增加对天命的认识和实践心中道德的自觉性,即使在道德实践中,也须随时格物穷理,体悟我有之理。"为学之要,惟事事审求其是,决去其非,积集久之,心与理一,自然所发皆无私曲。"(《考订朱子世家》)通过心审是去非,长期积累,自然达到"心与理一",即人心与道心一致的境界,故已发之情,皆无私曲而完全合"理"。此处更见朱熹以修养为"为学之要"。

朱熹特别推崇程颐说的"涵养须是敬,进学则在致知"(《朱子文集》卷六十四),主张"涵养主敬"和"进学致知"是主体修养的基本方法。他说:"学者工夫唯在居敬穷理二事。"(《朱子语类》卷九)。"涵养穷索二者不可废一,如车两轮,如鸟两翼。"(《朱子语类》卷九)

"涵养须是敬",说的是主体的涵养,基本态度就是主敬。如何是"敬"?朱熹说:"敬是畏的意思。"(《朱子语类》卷九十六)在心未发之时,主体要"常惺惺"(《朱子文集》卷十五),经常保持戒慎恐惧的心态。"敬"就是尊敬心中已有的天理,将其视为来自天命的神圣信条;"畏"就是害怕自己违反了这些规范;敬畏的涵养就是时刻提醒自己保持敬畏的心理。如此心未发之时必定无杂念私意,心底清澈透明,已存在于内心的道心自然得到显现,"则尚何应物之累哉"(《定性书》)。由于日常具有了"敬""畏"的涵养,自然"心定理明"(《朱子文集》卷五十九),于是,则能做到"收敛此心","不至放肆怠堕"(《朱子文集》卷五十九),在应物而发时,也就不会被物欲所蒙,自会合于天理,做到"心与理一"。"遏人欲于将萌,而不使其潜滋暗长于隐微之中,以至离道不远也。"(《中庸章句》)这里"人欲于将萌",显属心之未发,在未发之时,只有居敬,以戒慎恐惧之心常提撕,保持人心离道不远,才能不使人欲潜滋暗长于隐微之中,遏制不合理的人欲不萌发,使惟微的"道心"显现,惟危的"人心"避危为安。

"居敬"在心之已发时,则表现为"主一",即专一。朱熹说"主一之谓,只是心专一,不以他念乱之,每遇事与敬诚专一做去,即是主一之义。"(《朱子语类》卷九十六)"理会一事时只理会一事,了此一件又作一件,此主一之义。"(《朱子语类》卷九十六)面对一事物,集中精力思考,应接此事,心无旁骛。

敬是主体涵养的主要内容,在未发已发的整个心理过程,主体都须持一种敬的态度,"盖圣贤之学,彻头彻尾只是一个敬字,致知者以敬而致知,力行者,以敬而行之也。"(《朱子文集》卷五十)"但看圣贤说行笃敬,执事敬,则敬字本不为默然无为时设,须向难处力加持守庶几动静如一耳。"(《朱子文集》卷五十)

朱熹认为致知与涵养一样,是主体自身修养的两个重要方法之一,"进学则在致知"。又说:"涵养穷索二者不可废一。"(《朱子语类》卷九)"格物"之"格",朱熹训为"至"。"物"朱熹既指物又指事,在他的伦理学意义上更多指"事"。"圣人只说格物二字,便是要人就事物上理会。且自一念之微,以至事事物物,若静若动,凡居处饮食言语,无不是事。"(《朱子语类》卷十五)朱熹十分强调格物,主张即一切事物穷索事物之理。即物的目的在于"穷理",然而《大学》中只说"格物",而不言穷理,只因物物有理,言至物则自然说到物上所安顿之理;相反,没有物时却有理在流行,如只说"穷理"似乎不必即物而能穷理,这将流于佛释之空想顿悟。他说:"大学所以说格物,却不说穷理。盖说穷理似是悬空无捉摸处,只说格物,则只就那形而下之器上便寻那形而上之道,便见得这个元不相离。"(《朱子语类》卷六十二)说到"格物",就是说"格物穷理","格物"是"穷理"的具体方法,"穷理"是"格物"的目的。"穷理"就是"穷索"一切事物之理。

"格物"不仅指观察、接触事物,研究其中之理,而且包括读物、研究历史、接人处事各种学习、研究实践活动。程氏曾说:"穷理亦多端,或读书讲明义理,或论古今人物别其是非,或应接事物而处其当,皆穷理也。"(《河南程氏遗书》卷十八)朱熹说:"格物须是到处求,博学之,审问之,谨思之,明辨之,皆格物之谓也。"(《朱子语类》卷十八)朱熹主张,"格"万物"穷"万理,而后能贯通一理,反对格一物而通万物。他认为,因万物都是天理之"一理分殊",万物中各有自己的殊别之理,只有"今日格一件,明日格一件,积日既多,然后脱然自有贯通处"(《河南程氏遗书》卷十八)。他说:"是以大学始教,必使学者即凡天下之物,莫不因其已知之理而益穷之,以求至乎其极。至于用力之久,而一旦豁然贯通焉,则众物之表里精粗无不到,而吾心之全体大用无不明矣,此谓知之至也。"(《大学章句》)

通过穷索大量殊别之理,日久积累得多了,认识就会产生质的飞跃,而豁然归纳众理为一理。虽最终贯通为一理,但穷索万物之理却是不可少的:"圣人未尝言理一,多只言分殊。盖能于分殊中事事物物,头头项项,理会得其当然,然后方知理本一贯。"(《朱子语类》卷二十七)

格物在致知。在朱熹哲学中,所致之知虽也有各种经验知识，而且有一部分科学，但理学家哲学是以伦理学为其中心内容的，"天理"是其理论结构的出发点，把天理说成一切道德法则的根源，要求主体体认天理，实现道德实践的完善，建立反映宗法制度的道德规范秩序。因此，朱熹所穷之理更大程度上是他所谓之天理，是要求主体在穷得大量事物之理后豁然理解众理归根只是一个天理。

朱熹之致知，重在致我心中之知："盖人心至灵，有什么事不知，有什么事不晓，有什么道理不具在这里。何缘有不明？为是气禀之偏，又为物欲所乱。如目之于色，耳之于声，口之于味，鼻之于臭，四肢之于安佚，所以不明。然而其德本是至明物事，终是遮不得，必有时发见。"（《朱子语类》卷十四）性、道心由于受气禀物欲的遮蔽，在心之应万物时不能充分显现，需主体借助对万物殊别之理的掌握来复明心中之理。格物致知所致之理，既是致"应物当然"之理，又是致"心中之理"，即通过对事事物物之理的穷索而见我"心中之理"。

"致知乃本心之知"（《朱子语类》卷十五），"致知便只是穷得物理尽后我之知识亦无不尽处"（《朱子文集》卷五十一）。"一旦豁然贯通焉，则众物之表里精粗无不到，而吾心之全体大用无不明矣。"（《大学章句》）心之豁然贯通，明的理即是心中之理，扩充了自己的本心。朱熹有心镜之喻，以镜之昏翳喻形气物欲，以磨去昏翳喻格物致知之功，"物格而致知"了则被形气物欲遮蔽的本心即"其明无所不照"了。

涵养与致知两种修养方法不是相互独立的，而是相辅相成的。"主敬以立其本，穷理以进其知，使本立而知益明，知精而本益固。"（《河南程氏遗书后序》）"主敬者存心之要，而致知者进学之功。二者交相发，则知益明，守日益固。"（《朱子文集》卷三十八）"能穷理则居敬工夫日益进，能居敬则穷理工夫日益密。"（《朱子语类》卷九）理明得越多，在未发时越能存戒惕之心，以整齐端庄严肃之态守持本心;在格物之时,越是持敬则越能专心于深究万物之理。

儒家的伦理学的理论目的是培养主体高度道德自觉的理想人格,涵养与致知则是塑造这种人格的修养办法,而主体实践中的道德完善则是所要达到的社会效果。朱熹不仅着眼于伦理学的理论完善,而且强调主体的道德实践。"为学之实固在践履,苟徒知而不行,诚与不学无异。"(《朱子文集》卷五十九)他在知与行的先后问题上,明确主张"知先行后"。他说:"就一事之中以观之,则知之为先,行之为后,无可疑者。"(《朱子文集》卷四十二)但朱子绝不赞同要达到"知至"了才去践行,而是主张"略知得处着实验",在边知边行中知行互发,逐渐达到"至知"。"若曰必俟知至而后可行,则事亲从兄、承上接下,乃人生之所不能一日废者,岂可谓吾知未至而暂辍,以俟其至而后行哉!"(《朱子文集》卷四十二)修养功夫,用敬畏的心态,用专一的精神关注研究外物中所存之殊别之理,逐渐实现对心中之理的豁然体认。实际上是通过用外物之理印证心中之理的方法使道德主体认同宗法社会道德规范,从而建立高度道德自觉的理想人格。尽管思想是反科学的,其理论方法也是牵强的,但把道德法则说成主体所自有,无疑对主体实现道德自觉,建立高尚道德信念追求是有积极作用的。尤其是"敬畏"要求的提出,从源头上解决了道德规范的约束力问题。道德的保证力量主要是社会舆论,而社会舆论发挥力量的前提是主体行为为社会所见知,故儒家经典针对道德保证力量缺少法律保证力的刚性的先天不足,提倡"慎独",要求人们达到对善"如好好色",对恶"如恶恶臭"的道德境界,这是从心理引导方面,用追求道德理想的内心主动力弥补其保证力刚性的缺乏。朱熹提出"敬畏"的要求,从心理预防的角度增加道德的内心保证力。现实中,法律强制力的使用仅根据行为的违法性,道德规范实施的保证是社会舆论的谴责,条件都是行为外现而被他人察知。在行为人缺少敬畏心理的情况下，行为人往往以不为人知为行为底线，阳奉阴违，表面做得光鲜，暗中却挖空心思满足私欲。只要做到不为人知，行为善恶全不顾虑，甚至以残害人命、危害社会安全为代价换取私利的满足。朱熹主张人们以天理为心中已存之道德法则，并对之存有敬畏之心，真正自觉做到"慎独"，不能不说是在根本上为道德义务的践履提出了内在保证，对于只畏惧外在惩罚的守法行为更增添了内心保障。

第二节　王阳明心学的法律意义

儒家思想经过宋明先贤的复兴，无疑比原典儒学思想更丰富、更深入，更具理论完整性，同时经过与释老思想的抗争也大量吸收了二者的合理成分，成为了中国君主专制社会后期（也即宋明以后）的正统思想。

自元代将朱熹理学作为科举考试的评判标准之后，中国的士大夫（含从事举业的士子）都把理学思想奉为道德的圭臬，学习的经典。宋明理学均以《大学》为主要经典依据，集中阐发"三纲八目"，把儒学的核心思想更具伦理学理论形式地阐释出来。但在道德修养之八目上，王氏（阳明）心学又革了程朱理学向外格物穷理思想的命，倡导"心即理"，主张人心自有天理，一切修养功夫都是"致良知"，每个人只要去私欲即可存天理而成圣贤。此之谓"致良知"说。

"致良知"说不仅通过阳明先生多彩的政治生涯验证了其合理性，也通过其门人在民间的传播，在社会上发挥了教育民众自觉向善的作用。"致良知"说在明朝中期以后风靡全国，上自士大夫下至平民百姓，皆讲"良心"。"良心""天理"之说充斥人言，"凭良心"成为世间行事的指导，"有没有良心"几成为评骘人道德的普遍标准,"致良知"引导了全社会的道德修养。当社会民众确立了行善的自觉之后,其对社会法律秩序的遵守自觉自是其主要内容之一。

一、王阳明的心学思想体系

王阳明生活的明代,政治生态已远不如宋,君主集权空前强化,士大夫的政治地位大大降低。不仅他们再没有了那种"君臣共治天下"的政治环境,甚至动辄受到"廷杖"的人格摧折,官吏随时都有获罪被杀的可能,致士子以科举出仕为畏途。王阳明与当时众多青年人一样,初学朱子之学。但他苦格竹子而无获,反倒累病了。后转而游荡于释老,均未得入,又学兵法。至中年思想尚无定向。34岁时一个特殊的遭遇使他得到了人生的重大收获。正德元年(1506年)他抗疏搭救遭权宦刘瑾陷害的御史等言官,触怒刘瑾,被廷杖四十,谪贵州龙场驿丞。被折辱的经历及谪所的艰苦环境,极大地伤害了他的自尊心,也彻底使他丧失了对荒淫惰政的武宗皇帝能行道治国的希望。切身的痛苦经历,启发了他对天理的感悟,苦苦思索了几十年之后,在龙场豁然顿悟,此即"龙场悟道"。《王阳明年谱》记曰:"时瑾憾未已,自计得失荣辱皆能超脱,惟生死一念尚觉未化,乃为石墩自誓曰:'吾惟俟命而已!'日夜端居澄默,以求静一;久之,胸中洒洒。而从者皆病,自析薪取水作糜饲之;又恐其怀抑郁,则与歌诗;又不悦,复调越曲,杂以诙笑,始能忘其为疾病夷狄患难也。因念:'圣人处此,更有何道?'忽中夜大悟格物致知之旨,寤寐中若有人语之者,不觉呼跃,从者皆惊。始知圣人之道,吾性自足,向之求理於事物者误也。"[1]

从上引可知,王阳明悟道是基于三个环境条件:一是"瑾憾

---

[1] 王守仁:《王阳明全集》卷三十三,上海古籍出版社2001年版,第46页。本节以下引此书只注《全集》卷次。

未已"，二是龙场自然条件及"从者皆病"，三是从"圣人角度"思考对待。很显然，只有这种经历，这种现实，才能使他悟出此情此心之理：不能左右君主的思想和行为，不能改善龙场之外界环境，即使圣人处此，也只能依据自己的内心价值法则来行动。由此恍然大悟：指导意识活动的根本原则就在自己心中，以往求知于外事外物的做法是错误的。"悟道"之后，又经历了平藩之后遭到诬陷，终于"从千死百难"中体认到"致良知"的思想，至此心学形成完整思想体系。《年谱》正德十六年条记曰："是年先生始揭致良知之教……自经宸濠、忠、泰之变，益信良知真足以忘患难，出生死……遗书……曰：'近来信得"致良知"三字，真圣门正法眼藏。往年尚疑未尽，今自多事以来，只此良知无不具足。譬如操舟得舵，平澜浅濑，无不如意，虽遇颠风逆浪，舵柄在手，可免没溺之患。'"（《全集》卷三十四《年谱》）

　　阳明先生的心学最基本的思想是认为"心即理"，这与朱子理学的根本区别在于：朱子理学虽同样以"天理"作为社会伦理的超验的根本原则，但却以为此天理是通过天命的形式禀赋予人，而人禀受于天形成"人之性"，人要体认自己的"天命之性"需要通过认识现实世界万事万物中的理来实现，此体认过程需经过逐个"格"万事万物，虽曰"豁然贯通"体认自己的"天命之性"，但实质上不免有"认识外物之理而内化建立道德法则"的意味；王氏心学的核心就是"吾心即理""圣人之道，吾性自足"，道德法则就存在于"心"中。

　　王氏之"心"，主要是道德主体、道德法则的意义，此心既是自己为自己立法而又自觉履行。心是"至善"的天理。（弟子徐）爱问："至善只求诸心，恐于天下事理有不能尽。"先生曰："心即理也。天下又有心外之事、心外之理乎？"爱曰："如事父之孝，事君之忠，交友之信，治民之仁，其间有许多理在，恐亦不可不察。"先生叹曰："此说之蔽久矣，岂一语所能悟？今姑就所问者言之：

且如事父,不成去父上求个孝的理;事君,不成去君上求个忠的理?交友治民,不成去友上、民上求个信与仁的理?都只在此心。心即理也。此心无私欲之蔽,即是天理,不须外面添一分。"(《全集》卷一《传习录》上)心即道德法则,行此法则全在此心,忠孝仁信等均是针对不同对象所奉行的道德法则,此法则只能出于道德主体而非由行为对象来决定。

心是人的主宰,人之一切作为是否道德,取决于心。而心是体现天理的"至善"。"心者,身之主宰……主宰一正,则发窍于目,自无非礼之视;发窍于耳,自无非礼之听;发窍于口与四肢,自无非礼之言动……至善者心之本体也,心之本体,哪有不善?"(《全集》卷三《传习录》下)此至善之心正是体现了天理。"这心之本体原只是个天理,原无非礼,这个便是汝之真己,这个真己是躯壳的主宰。"(《全集》卷三《传习录》下)至善的真己是纯然天理,为自我提供道德准则,主宰自我的行为。阳明先生以心为"天理""至善",即道德法则的根源在于心,在于道德主体,而非另有道德法则的制造者。王氏心学彻底否定了流行三百年的朱子理学,否定了格物穷理的道德修养进路,转向了反求诸己的内向修养功夫。

"心即天理"的思想到王阳明晚年发展为"致良知"说,即把孟子提出的"四端"与"良知""良能"说结合起来,认为人心中固有之"善端"是"不虑而知"的"良知"。阳明的心之道德主体义和道德法则义与"良知"都是指心之本体,他说:"心自然会知:见父母自然知孝,见兄自然知弟,见孺子入井自然知恻隐,此便是良知,不假外求。"(《全集》卷一《传习录》上)由此,"良知"与"天理"结合了起来,认为良知就是天理,即是指导人行为的道德法则。"良知即是天理。体认者,实有诸己之谓耳。"(《全集》卷六《与马子莘》)"良知"在本体意义上等于"心"。

阳明虽认同"四端"即良知,确立"良知"的本体意义,但他不同于孟子,也不同于朱熹。在"四端"中,他特别突出是非之心的地位,认为"是非之心"是良知的核心。他说:"孟子云:'是非之心,知也。''是非之心,人皆有之',即所谓良知也。"(《全集》卷五《与陆原静》)"良知只是个是非之心,是非只是个好恶,只好恶就尽了是非,只是非就尽了万变。"(《全集》卷三《传习录》下)良知不仅是决定人之行为的道德本体,又是监督、评判意念的价值标准。他对门人陈九川说:"尔那一点良知,是尔自家的准则,尔意念着处,他是便知是,非便知非,更瞒他一些不得。"(《全集》卷三《传习录》下)

心、良知是纯然天理,由于私欲将天理遮蔽了,发为意念时就有了善恶两种情况,回答了历来人们关心的恶由何产生的问题。良知虽不能保证意念都是善的,但她能及时地评判意念的善恶,并有能力克去恶念而使之归为善念。良知不仅是道德主体,自觉为自己订立道德法则,而且能评价意念的善恶,并监督去恶归善。他说:"尔只不要欺他,实实落落依着他去做,善便存,恶便去,他这里何等稳当快乐!"(《全集》卷三《传习录》下)

要做到"实实落落依着他良知去做",就须克尽人欲,恢复良知的纯然天理,这就是"致良知"。如何能"致良知"?王阳明提出了不同于朱子的工夫理论。王阳明的修养工夫理论仍以《大学》"八目"中修身以下的五条目为经典依据,只是对它们作出了不同解释,这些创新的解释即构成了"致良知"学说的基本架构。完整准确地表述这一基本理论架构的是他晚年的《大学问》。

王阳明先生以"良知"为心的本体,同时又强调"良知"具有价值评判标准意义,并能及时地评判意念的善恶、是非,且能动地指导意念是是而非,使"不正而归于正"。他认为,现实中人的良知往往为私欲遮蔽,需要不断地做"去人欲"的工夫,使固有良知显现,此即是"致良知"而存天理。他说:"人孰无是良知乎?独有不能致之耳。"(《全集》卷八《书朱守乾卷》)

"致良知"包含两层意思：一是"致极良知"。他说："至之者，致也。'致知'云者，非若后儒所谓充广其知识之谓也，致吾心之良知焉耳。"(《大学问》)经过"致"达到"至"，至者极也。《大学问》解释"致至"说："吾良知之所知者无有亏缺障蔽，而得以极其至矣。"(《大学问》)"吾心自有良知，只是这个灵能不为私欲遮隔，充拓得尽，便完全是他本体。"(《全集》卷一《传习录》上)充拓得尽便是致极良知，使其朗然呈现，完完全全地是他的本体状态。

二是达到"致极良知"要有一个工夫过程。致极良知，要常怀戒慎恐惧之心，不断去除人欲，心中自然穷得天理。经过不断去除人欲的过程，达到心中完全是良知。这个过程就是修养功夫"五目"。"至知"是致的过程，"知至"是知的程度，亦即良知的完满显现的状态。

阳明先生尤重"致良知"之实践意义。充拓心中的良知，最终目的是使意念归于"诚"，使行为归于"正"，实实落落地为善去恶。他说："致其知为善之知而必为之，则知至矣。"(《全集》卷八《书朱守谐卷》)致其为善之知而必为之才是致知。"致是良知而行，则所谓天下之达道也。"(《全集》卷八《书朱守乾卷》)"知得善却不依这个良知便做去，知得不善却不依这个良知便不做去，则这个良知便遮蔽了，是不能致知也。"(《全集》卷三《传习录》下)

阳明先生基于实践意义的思想解释诚意。他认为，意主要是指意念，意念是由心之本体生的，所谓"心之所发谓之意"，心由于私欲的遮障，所发之意有善有恶，而良知有价值判断的能力，当意念一产生，良知即知其善恶，而且能发挥是其是，非其非的能动作用。"凡意念之发，吾心之良知无有不自知者。"(《大学问》)既知善恶，则要完完全全地、真心实意地好善而恶恶，此之谓"诚"。"今于良知所知之善恶者，无不诚好而诚恶之，则不自欺其良知而意可诚而也已。"(《大学问》)像好好色，恶恶臭那样去好善恶恶，不欺瞒自己的良知就是诚意，诚好良知肯定的善，恶良知所否定的恶。与"致知"理论强调实践意义一样，诚意也强调实践意义。"尔那一点良知是尔自家的准则，尔意念着处，他是便知是，非便知非，更瞒他一些不得。尔只不要欺他，实实落落依着他做去。"(《全集》卷三《传习录》下)依良知"实实落落"地去做，也是阳明"诚意"的基本内容。"知得善却不依这个良知便做去，知得不善，却不依这个良知便不做去，则这个良知便遮蔽了，是不能致知也。吾心之良知既不得扩充到底，则善虽知好，不能着实好了。恶虽知恶不能着实恶了，如何得意诚！"(《全集》卷三《传习录》下)致尽良知才能做到意诚，意诚之"着实好善恶恶"来自良知充拓得尽。

与朱熹理学解"格物"，即外物求理不同。阳明解"物"为事，解"格"为正，格物即正不正之行为为正，即把"格物"解释为实践良知的道德行为，完全抛弃了朱熹把格物解释为认识外物的内容。他在《大学问》中说："物者，事也。凡意之所发必有其事，意所在之事谓之物。格者，正也，正其不正以归于正之谓也。正其不正者，去恶之谓也。归於正者，为善之谓也。"(《大学问》)致知、诚意之好善恶恶落在道德实践中即"正其不正以归于正"，"为善去恶"。格物才是致知、诚意的实践体现。

王阳明认为，格物、致知、诚意、正心、修身的修德之目，虽各有其名，但是一个紧密相连、相扣的过程，各德目是以不同角度来实现理想道德秩序，其实质都是致人之良知，通过着实好善去恶，达到人人按为善去恶的道德原则去实践，着实诚意才能正心、修身。致知、诚意、正心、修身是道德原则、意念层面的要求，落到道德实践中就是正其不正之作为以归于正，即去恶为善的道德行为。由于良知的至极，好善恶恶之意方能诚，不欺良知，情感上才能自慊，才能做到"慎独"。

"致良知"学说的提出，使儒家修德的传统思想有了最可靠的动力,达到理论上自圆完满。自孔子开始的追求道德主体自觉自愿地遵守道德规范的理想和探索,经过孟子、宋儒至王氏心学终于形成了圆满的思想体系。这一思想体系的终极旨归就是建立合理想的社会秩序,这个秩序是合政治、法律、经济等方面的整个社会秩序。阳明先生是一个旧社会的士大夫,他对身份自觉尚无今日之专业划分,他的思考没有当今之学科的限域,他的思考是面对当时社会现实的理论思考。王阳明的思想与儒家所有思想家一样,所考虑的是具有社会综合意义的人如何在建立理想社会秩序中能"行当其位",所提出的"善"从理论层次讲是自内至外的彻底的善。但在历史上他们只追求人们能自觉地实现理想的社会秩序,而不会区分道德行为与法律行为(即不关心人们是出自善的还是行为合法的动机),甚至更注重行为的合法性。现代人们从学科划分的角度习惯于把研究伦理道德的学问划归哲学,但由于中国先人是文史哲不分家的,如果我们把他们的思想从活的综合性的社会历史中作分科的限定研究,那就不仅使历史人物的思想脱离了历史现实,而且,因把其思想肢解而妨碍了对思想的全面理解及对思想价值的认识。中国古代社会是以宗法制度为基本特点的,一切社会制度、思想都以此为基础,法律也包含了大量的伦理关系内容,这就是中国古代社会区别于西方国家的特色,离开这一点就不能真正认识中国的传统文化。中国古代社会政治、法律文化均以宗法化为最重要特点,宗法伦理思想是认识古代政治、法律文化的钥匙。古代思想家不管是研究政治问题还是法律问题,都从伦理道德问题入手。由此我认为,王氏心学虽今人都以之为哲学思想,称王阳明为哲学家,但从其作用上来看,心学具有极强的法律意义。

二、对社会底层大众建立人格理想的鼓励

先秦思想家主张实行"德治",其理论的对象主要是统治者,

说服国君行德治、仁政,君子之德影响士以上贵族之德,所谓"君子之德风,小人之德草,草上之风必偃"(《论语·颜渊》)。即使汉代的董仲舒也是向诸侯、官吏豪强宣传要守"度制",不要与民争利。到宋儒时,理学家们强调天理的至高无上性、先验性,以天理作为世间秩序的本源。其最直接的目的也是以他们理想的规范来约束因专制强化而产生的君主专横非为,企图把当时专制君主纳入理想的规范约束下,为君主也戴上一个紧箍咒。他们理学的思想仅仅是在士大夫以上宣传,通过科举或吸收弟子建立学派,来开展心性道德之学的研讨。其实践主体也仅仅限于士大夫阶层以上,农工商等平民从不是他们格物致知理论的教育对象。清人焦循曾评论说:"予谓紫阳之学所以教天下之君子,阳明之学所以教天下之小人……至若行其所当然,复穷其所以然,诵习乎经史之文,讲求乎性命之本;此唯一二读书之士能之,未可执颛愚顽梗者而强之也。良知者,良心之谓也,虽愚不肖,不能读书之人,有以感发之,无不动者……牧民者苟发其良心,不为盗贼,不相争讼,农安于耕,商安于贩。而后一二读书之士尽其穷理格物之功。"(《雕菰集》卷八《良知说》)焦氏的分析应该说是符合宋明理学的实际的。王氏心学"良知说"不再像朱子理学那样仅为士以上有文化的社会阶层适用,而是对于社会底层的农工商同样适用,而且更注重对这些人"良知"的启发。王阳明说:"诚得豪杰同志之士,扶持匡翼,共明良知之学于天下,使天下之人皆知自致其良知,以相安相养,去其自私自利之蔽,一洗谗妒胜忿之习,以济于大同,则仆之狂病固将脱然以愈,而终免于丧心之患矣。"(《全集》卷二《传习录》中《答聂文蔚》)阳明先生虽对君主之行道失去了信心,但并未放弃"平治天下"的儒家立场。他欲用"致良知"的新儒学理论,唤起社会大众"良知"的觉醒,希望通过社会大众对良知的坚守来维护善的社会秩序。他说:"大知觉于小知,小知觉于无知;大觉觉于小觉,小觉觉于

无觉。夫已大知大觉矣,而后以觉于天下,不亦善乎?"(《全集》卷二十一《答储柴墟》)

王阳明之所以认为"致良知"说可以适用于平民,在于他认为"良知"为人所固有,所有人都有良知在心中,不是圣人所独有。这个固有的良知就是人成圣成贤的内在的根据,因而人人都可以成圣人。他说:"人胸中各有个圣人,只自信不及,都自埋倒了。……良知在人,随你如何不能泯灭,虽盗贼亦自知不当为盗,唤他为贼,他还忸怩。"(《全集》卷三《传习录》下)良知不被私欲所遮蔽就是圣人。他甚至认可弟子"满街都是圣人"的说法,明确指出,不论身份如何,地位高低,本身之良知尽是天理。他说:"心之良知是谓圣。圣人之学,惟是致此良知而已。自然而致之者,圣人也;勉然而致之者,贤人也;自蔽自昧而不肯致之者,愚不肖者也。愚不肖者,虽其蔽昧之极,良知又未尝不存也。苟能致之,即与圣人无异矣。"(《全集》卷八《书魏师孟卷》)愚不肖者虽有私欲遮蔽而良知不能全现,但不能说他们良知不存。只要能不断去其私欲,不断做致良知的工夫,则能恢复圣人面貌。成圣成贤是恢复良知之本然。"调停得心体无累,虽终日做买卖,不害其为圣为贤。"[1]王氏这一突破性的认识虽本于《孟子》"人皆可以为尧舜",但较孟说更能鼓励平民百姓建立理想人格,实现道德修养目标。使平民百姓确信成圣成贤不再是高不可攀的,只要丢去了私欲就是圣贤,而丢去这些私欲是不用费大力气的日常小事。他说:"圣人之所以为圣,只是其心纯乎天理而无人欲之杂。"(《全集》卷一《传习录》上)人之是否成圣、为圣,与其知识多少、才力高下无关,只要心中纯乎天理,即是圣。他以金子纯杂为喻:"犹一两之金比之万镒,分两虽悬绝,而其到足色处可以无愧,故曰人皆可以为尧舜。""圣人之才力亦有大小不

---

[1] 陈荣捷:《王阳明〈传习录〉详注集评》,台北学生书局1988年版,第398页。

同,皆可谓之圣人。犹分两虽不同,其足色则同,皆可谓之精金。"(《全集》卷一《传习录》上)把成圣为圣从士以上有知识者之专利解放为不同地位、不同知识水平的所有人都可以做到,人之为善成圣与知识脱离了关系,这对以为无知识就与为善成圣无缘的广大农工商是一个空前的鼓舞。为破除读书才能成圣的程朱理学传统,王阳明明确提出,读书等求知识的做法,不仅对成圣无益,反而有害。他说:"后世不知作圣之本是纯乎天理,却专去知识才能上求圣人……知识愈广而人欲愈滋,才力愈多而天理愈蔽。正如见人有万镒精金,不务煅炼成色,求无愧于彼之精纯。而乃妄希分两,务同彼之万镒。锡、铅、铜、铁杂然而投,分两愈增而成色愈下。既其梢末,无复有金矣。"(《全集》卷一《传习录》上)

当然,王阳明也承认人之气质有差别。不同气质的人心中良知被私欲遮蔽的程度不同,在致天理的过程中需要做的工夫也就有差别。"人之气质清浊粹驳,有中人以上、中人以下,其于道有生知安行,学知利行,其下者必须人镒己百、人十己千,及其成功则一。"(《全集》卷一《传习录》上)气质差的人则需多做去人欲存天理的工夫,才能达到纯乎天理的效果。但这个差别与知识多寡、地位高低无涉。

王阳明这一思想首次把建立圣贤人格的理想作为全社会的道德修养目标,并指出其可行性,对于鼓励全部社会成员为人格理想而自觉加强道德修养具有引发内心能动性的作用,其对社会底层成员树立达成理想人格信心的鼓励也无疑会推动他们转化为积极的道德实践活动,最终结果必然对社会法律秩序的建立和维护发挥积极的保证作用。

三、"破心中贼"的提高全民法律意识的意义

阳明先生不仅胜利地平定了宁王朱宸濠的叛乱,而且顺利

地平息了江西各地方武装的造反,用自己的实际行动维护了明王朝的社会政治法律秩序,用实践体现了心学的政治法律意义。同时他一如传统儒家那样,把道德教育、敦笃社会风气作为维护现实政治法律秩序的首要手段。早在他任庐陵知县时就"为政不事威刑,惟以开导人心为本。莅任初,首询里役,察各乡贫富奸良之实而低昂之。狱牒盈庭,不即断射。稽国初旧制,慎选里正三老,坐申明亭,使之委曲劝谕。民胥悔胜气嚣讼,至有涕泣而归者。由是囹圄日清。"(《全集》卷三十三《年谱》一)通过乡里之有威望者对乡民劝喻,启发乡民心中已存之伦理情感,从而敦笃社会风气,实以教导收治民之效。

王阳明的良知说认为破坏社会秩序的原动力是心中之私欲,他称之为"心中贼",认为外在的现实中的盗贼是容易剿灭的,而且用自己的实际行动做到了这一点。但"心中"之贼是不容易消灭的。他说:"破山中贼易,破心中贼难"(《全集》卷三十三《年谱》一)在整个"致良知"思想体系中,"诚意"是最重要的道德修养方法,是达到"致知""知至"的最有效手段和保证。只有按良知所知善恶是非实实落落地去做才是意诚,而此时之意又只是自己独知而不为他人所知,能做到完完全全地按良知所知之善、是去做,按良知所知之恶、非去不做,才是"不自欺",从情感上达到"自慊",这时才是去了私欲,破了"心中贼",尽现了良知。"破山中贼"只需现实的军事、法律手段即可做到,而"破心中贼"则需要自己不停地做"去私欲"工夫,而私欲是每个人心中时时所具有,与"私欲"斗争又是他人所不知。不间断地取得这种"不自欺"的内心斗争的胜利是何等困难呀!王阳明认为,要使每一个社会成员包括农、工、商甚至盗贼能"破心中贼",就要帮助他们自觉地"致良知",办法就是通过教育,"先觉觉后觉",使一切人都相信自己心中自有良知,知道通过"致良知"即能成为圣贤,从而自觉不间断地"去私欲","破心中贼",现实社会政治法律秩序的建立和维护就有了坚实的思想保障。他在平定山中贼后制定了"十家牌法","其法编十家为一牌,分列各户籍贯、姓名、年貌、行业,日轮一家,沿门按牌审察,遇面生可疑人,即报官究理。或有隐匿,十家连坐。仍告谕父老子弟:'务要父慈子孝,兄爱弟敬,夫和妇随,长惠幼顺;小心以奉官法,勤谨以办国课,恭俭以守家业,谦和以处乡里;心要平恕,毋得轻易忿事;事要含忍,毋得辄兴词讼;见善互相劝勉,有恶互相惩戒;务兴礼让之风,以成敦厚之俗。'"(《全集》卷三十三《年谱》一)上述连坐的内容,显是继承商鞅而来的,而告谕父老子弟之五条内容均是儒家之传统思想,这些价值观的宣传教育自会收到良风善俗之效,有些善俗对促成"父老子弟"破除心中贼自会发挥有力的作用。

王阳明认为,人能否做到"去人欲,存天理",最根本的问题在于"立志"。"夫学,莫先乎立志。"这个志是欲为圣人之志。人立志成为圣人,就会思考圣人之所以为圣人是因为圣人心中纯乎天理而无人欲之私,立志成圣人像圣人那样心中纯乎天理而无人欲之私。要实现成圣人的志向,就必须"去人欲而存天理"。这个志犹如植物之根,不立志,各种修养工夫都是徒劳的。"志之不立,犹不种其根而徒事培壅灌溉,劳苦无成矣。世之所以因循苟且,随俗习非,而卒归于污下者,凡以志之弗立也。"(《全集》卷七《示弟立志说》)他认为,立志就是确立人生方向,人生中一切行动均以此为主帅、统领,视听言动则自会合乎天理而摒弃人欲。"君子之学,无时无处而不以立志为事。正目而视之,无他见也;倾耳而听之,无他闻也……凡一毫私欲之萌,只责此志不立,即私欲便退;听一毫客气之动,只责此志不立,即客气便消除。或怠心生,责此志,即不怠……贪心生,责此志,即不贪;傲心生,责此志,即不傲;吝心生,责此志,即不吝。盖无一息而非立志责志之时,无一事而非立志责志之地。故责志之功,其于去人欲,有如烈火之燎毛,太阳一出,而魍魉潜消也。"(《全集》卷七

《示弟立志说》)用志来衡量约束心理行动和道德实践,则一切与志向相悖者都会消退,此又见立志之实践性,而非空言。

立志后的道德实践中,又有道德修养的方法,即所以"去人欲而存天理"之方。王阳明明确指出:"去人欲而存天理之方,则必正诸先觉,考诸古训。"成圣是最终目标,人生的理想,实现这一理想,达到这一目标则需要通过"正诸先觉""考诸古训"的方法。"正诸先觉者,既以其人为先觉而师之矣,则当专心致知,惟先觉之为听。言有不合,不得弃置,必从而思之;思之不得,又从而辨之,务求了释,不敢辄生疑惑。"(《全集》卷七《示弟立志说》)以先觉为师,对师言务求理解。如师言有与自己的理解不一致的地方,则需认真思考分辨,不能轻易地怀疑。要树立对先觉的信仰,在心中尊重师严,才能尊重师所倡之道。"考诸古训者",即认真求教于经典。对古训经典的学习真正理解其去人欲存天理的价值,而绝不能只为添口舌之资而徒事记诵。需要指出,此成圣之方,只是强调立志之后要以圣贤之训为模范,其根本精神仍在立志"去人欲而存天理",尤其是"致良知"说提出之后,阳明先生更注重人之良知判断是非的性质。"正诸先觉"和"不以圣贤之是非代替良知认定是非"相较,前者是引导弟子"去人欲存天理"的方法,后者则是其"致良知"思想的合逻辑结论。他曾说:"《六经》者,吾心之记籍也,而《六经》之实,则具于吾心,犹之产业库藏之实积,种种色色,具存于其家。其记籍者,特名状数目而已。而世之学者不知求《六经》之实于吾心,而徒考索于影响之间,牵制于文义之末,硁硁然以为是六经矣。"(《全集》卷七《稽山书院尊经阁记》)在王阳明看来,六经只是记录我心中宝藏的数目账,而非宝藏本身。宝藏虽在我心中,只是不一定全部都体认到,借助于六经的记载而明我心中之天理。道德法则的根源在心中之良知,正诸先觉,考诸垂训,只是求我心中良知之方。故王阳明"致良知"的逻辑发展是评价一切是非、善恶的标准是

"良知",既非众人言,亦非圣人言。他指出:"学贵得之于心,求之于心而非也,虽其言之出于孔子,不敢以为是也,而况其未及孔子者乎?求之于心而是也,虽其言之出于庸常,不敢以为非也,而况其出于孔子乎?"(《全集》卷二《答罗整庵少宰书》)由此可知,王阳明虽曾指示弟子要通过"正诸先觉,考诸古训"的方法"去人欲而存天理",但其"致良知"之基本立场是主张"良知"才是根本的价值评判标准,古训乃是先觉者成圣经验的体会或记录,只是为学的参考,是"去人欲存天理"的借鉴。"圣贤垂训,莫非教人去人欲存天理之方。若五经四书是已,吾惟欲去吾之人欲,存吾之天理,而不得其方,是以求之于此。"(《全集》卷二《答罗整庵少宰书》)

把道德修养的方法由读儒家经典、圣人之言改为"去人之私欲,明自己心中之天理"是王氏心学对此前通行的程朱理学的反动。正因其把寻找道德法则的根源及价值评判标准从向外求索转向每个人向内体认自有的良知,则王氏心学给予了包括平民百姓在内的所有人成圣的希望,追求道德完满不再是士以上知识阶层的专利,那些目不识丁,为生计而劳苦奔忙的砍柴人、生计人不再因不能读圣贤书而与道德修养无缘,他们只要能去人欲即能发明心中已存之天理,就是圣人。阳明先生说:"调停的心体无累,虽然终日做买卖,不害其为圣为贤。"[1]心学为引导社会最底层的普通平民建立美好道德铺平了理论道路,为建立社会良好的道德基础找到了方向。如果每个人都"去人欲存天理"而成为了圣人,或现实一点说,每个人都有了这种志向,也即有了这种人格的理想,那他们是否就会努力克去人欲呢?当人们克去人欲时,他们还会破坏建立在天理基础上的人间秩序吗?自觉"存天理"的"诚意"自会实实落落地为善去恶,其为善不就

---

〔1〕 陈荣捷:《王阳明〈传习录〉译注集评》,台北学生书局1988年版,第398页。

是比守法更高尚的意识吗？其去恶不就是比不犯法更高的追求吗？此时，道德修养与我们说的法律意识在维护现实社会秩序不就是发挥了同样作用吗？

阳明先生不仅主张唤醒一般平民"致良知"，以提高社会道德水准，还从儿童教育入手，注重用合乎儿童成长特点的方法引导儿童全面发展。在平息南赣盗贼后，"兴立礼学，延师教子，歌诗习礼"。他曾有《训蒙大意示教读颂等》："今教童子者，当以孝悌忠信、礼义廉耻为专务，其培植涵养之方，则宜诱之诗歌，以发其志意；导之习礼，以肃其威仪；讽之读书，以开其直觉。"（《全集》卷三十三《年谱》一）教儿童，根本在教其懂得孝悌忠信，礼义廉耻。具体方法是采用涵养的方法来培植儿童的志趣，根据孩子们喜欢嬉戏而怕拘束的特点，要多引导。"诱之歌诗者，非但发其志意而已，亦所以泄其跳号呼啸于咏歌，宣其幽抑结滞于音节也。导之习礼者，非但肃其威仪而已，亦所以周旋揖让而动荡其血脉，拜起屈伸，而固束其筋骸也。讽之读书者，非但开其知觉而已，亦所以沉潜反复而存其心，抑扬讽诵以宣其志也。"（同上）既注意到了"养之以善"，又注意到了儿童身体的发展、志趣的培养。

第三节　中国古代司法实践中的法律思想

中国自战国成文法始，经过法家思想的指导下的长期实践，至秦政权统一达到了"诸产运行，皆有法式"，建立了地主阶级君主专制的法律制度的基本范式。秦政权虽短命而亡，但其法律制度作为上升阶段的君主专制法律制度并未随之被历史淘汰，汉承秦前，统治者"捃摭秦法，取其宜于时者"确立了汉律的主要规范，其《九章律》（包括《盗律》《贼律》《囚律》《捕律》《杂律》《具律》《户律》《兴律》《厩律》九章）也奠定了整个地主阶级君主专制社会法律的基本架构。此后,儒家思想成为地主阶级统治者的独尊正统思想,经过东汉经学家的"引经入律",魏晋南北朝律学家的修律,至隋唐时期统治者继承北齐律而制定了比较完备的法律制度。唐永徽年间正式制定了君主专制国家的完善法典,把儒家(已吸收了法家法治思想)的以宗法伦理为骨干的法律思想较彻底地落实于法律制度、法律规范之中。

中国古代的法律制度的产生以军刑为开端,即以武力镇压的兵刑为法律初期的表现形式(大刑用甲兵,其次用钻笮)。到清朝法律改革以前的整个古代社会的法律,都是以刑法为主要内容。由于中国地主经济社会始终以家庭经济为基本形式,统治者都把维护宗法伦理关系作为巩固国家秩序的最有效方法,所以把有些在现代由婚姻家庭法、民事法调整的家庭及宗族成员的权利义务关系上升为政治关系,用刑法来保护。"以刑为主,以刑罚代替其他法律强制手段"是中国古代法律制度的重要特点,这一特点贯穿于中国君主制社会始终。

中国古代社会的立法、司法体现了鲜明的特点:"礼"始终未脱离法律的意义。我在前面已专门论述过封建制社会的礼兼具道德规范和法律规范的性质,至战国铸刑鼎中国才有了独立的成文法,部分礼的内容才从母体中独立出来而成为法律内容。这部分内容随着法家队伍的成长及法家思想的成熟而逐渐扩大,最终形成完善的法律制度。但是,中国礼的法律属性始终未能脱离净尽而成为纯粹的道德规范。如《开元礼》在一定程度上就是当时的行政法,它规定了国家部门的运转程序、相互间的权力配合和制约。从分封制继承而来的君位嫡长子继承制度,首先是"礼",其性质却是国家的根本政治制度,具有鲜明的宪法性质。但这部分内容又始终未在古代律典中明确规定,往往被说成是帝王的家事,而事实上当时的君臣又都以国家的根本大事来对待,称之为"国本"。明世宗时"争国本"不仅酿成了震动朝野的大事件,而且有官员为此自愿地献出了生命。反映血缘关系亲疏的"五服制度"规定了亲属间的权利义务,是决定相互承担义务,相互侵犯承担刑事责任的依据。但在日常生活中这一制度又表现为礼节仪式,而且其执行又主要依靠社会舆论的道德谴责手段,在执行的宽严程度上也有着相当的灵活性,充分体现道德规范的特点。

中国法律制度、法律规范具有先天的"不法定性",汉以后没有专业法律思想家和专业执法者又为司法实践中执法灵活性提供了极大的助力。

春秋战国时,作为知识分子代称的"士"阶层取得了独立的社会地位,他们不仅产生了种种思想理论,而且争相向各诸侯国君主兜售,以期把自己的理论变为社会实践。法家在售卖竞争中取得短暂胜利,获得了政治实验的机会。秦统治者的"肆欲恣志"葬送了政权的事实,不仅使继起的统治者和思想家清楚地认识到秦政权败于政策失误,而且体会到专任刑罚对于巩固政权的不可靠性。于是,在继承秦之法律制度的基础上,接受了主张道德教化的儒家思想,确立了道德教化为前提的伦理法思想。这一过程中再没有出现过先秦诸子那样的法学思想纷争,而是逐渐完成了伦理思想入律和法典的完善化。

到西汉末年,随着军功官吏的离世,真正有文化知识的"士"逐渐占据了历史舞台。科举制度产生之后,有文化知识的平民通过科举不仅进入大夫行列,宋明之后杰出的登科士人甚至进入政权核心,与帝王"同治"天下。士人在地主阶级社会发挥了极其重要的作用,甚至主导了社会的走向(此题目远非本书所能胜任)。在法律实践中,"士"人发挥了根本的作用。除了前述立法过程中的表现外,在司法实践中,他们也是基于自身的道德认识针对具体个案而对既有法律制度作了积极的发展和变通,使我国古代在近两千年的历史中既保持了制度的稳定又体现了法律的活力。

一、中国士人的人格信念和道德意识是变通执法时正确体现地主阶级整体意志的保证

中国士人在执法中之所以能既灵活变通法律或填补法律之阙如又正确地执行了地主阶级的整体意志,完全决定于他们的人格信念和道德意识。

1. 中国士人的人格信念和社会责任感

"士"至春秋时已逐渐具有了哲学觉醒的独立知识分子阶层的意义。由于先哲们的倡扬,这一社会阶层又逐渐建立了群体的价值和信念,他们自觉地树立了自己的人生追求目标,并自觉地以这一目标引导规范自己的道德实践。儒家祖师孔子说:"士志于道,而耻恶衣恶食者,未足与议也。"(《论语·里仁》)为士人指明了人生的根本方向。曾子则更具体地指出了"志于道"的具体内容:"士不可以不弘毅,任重而道远。仁以为己任,不亦重乎?死而后已,不亦远乎?"(《论语·泰伯》)士人应立志行道,以践行"仁"为自己的道德方向,不惧任重道远,直至死而后已。这一人格目标的确定,对后世士人虽无宗教信条之名,但在实践中不啻宗教教义,多少人生死以之,用辛苦甚至用生命实践了这一人格信念。他们自觉以实践"仁"为己任,以使天下归仁为己任。汉末李膺"高自标持,欲以天下风教是非为己任",北宋的范仲淹的"先天下之忧而忧,后天下之乐而乐",代表了士人乐于担当和敢于担当的社会责任感。北宋以王安石为代表的一代士人"以天下为己任"更是体现了"士"人登上政治舞台积极担当国家治理责任的时代精神。宋代士大夫以身济世的精神和实践是中国士人"志于道"最辉煌的典范,他们"得君行道"的历史激励无数士人精英为国家治理而奉献了自己的才智。

君主专制国家的权源是君主,士作为国家治理的参与者,其思想付诸政治实践的程度无疑要取决于君主的认可程度,而对士大夫相对理性、合理的思想主张的认可度，根本上决定于君主的道德观念和认识水平。先秦各诸侯国对诸子百家政治主张的迎拒，就是根据他们各自对当时形势的认识和对国家与民众相互关系的思想作出的选择。儒家主张志于道，即士人以道为行为准则。在为君主效劳的政治现实中，要坚持道的基本原则。孟子曰："天下有道，以道殉身；天下无道，以身殉道。未闻以道殉乎人者也。"（《孟子·尽心上》）天下有道、无道是指君主之政是否符合道。政治合道，士则获得地位而以道行政；君主无道，士则为了守道（或维护道）而牺牲自己。在权势和守道二者必择一的情势下，士当"从道不从君"（《荀子·臣道》）。《孟子·尽心上》："乐其道而忘人之势。"强调了士的政治独立性、原则性。士面对不同的政治环境有不同的行道、弘道方式，但基本立场都不离道。"士穷不失义，达不离道。穷不失义，故士得己焉；达不离道，故民不失望矣。古之人，得志，泽加于民；不得志，修身现于世。穷则独善其身，达则兼善天下。"（《孟子·尽心上》）

士在事业通达时，依道行政才能为民带来恩泽，慰民之望；如没有取得治民之位，则坚持自修其身而保证不失义。虽所处环境迥异，但所持信念不变，只是"行道"的方式不同而已。

士在一开始就面对着"仕"的问题。儒家主张"士"的"出仕"是为了行道，而非只为利禄。是否出仕，取决于是否有利于行道。如果有悖于道则宁肯"隐"而不仕。孟子说："吾大者不能行其道，又不能从其言也，使饥饿于我土地，吾耻之。"（《孟子·告子下》）士"以道进退"这一思想在士大夫的地位得到高度政治认可的宋代已成为士阶层普遍的出处抉择依据。

"神宗初即位，犹未见君臣，王乐道、韩持国维等以宫僚先入慰于殿西廊。既退，独留维，问：'王安石今在甚处？'维对在金陵。上曰：'朕召之肯来乎？'维言：'安石盖有志经世，非甘老于山林者，若陛下以礼致之，安得不来？'上曰：'卿可先作书与安石,道朕此意。行,即召矣!'维曰:'若是,则安石必不来。'问何故,曰:'安石平日每欲以道进退,若陛下始欲用之,而先使人以私书道意,安肯遽就?然安石子雱见在京师,数来臣家,臣当自以陛下意语之,彼必能达。'上曰:'善!'于是,荆公始知上待遇眷属之意。"此段资料说明士大夫是否接受君主的任命取决于自己对君主政治措施的接受,若认为其是违道的黑暗政治或其措施是非义的恶政,则有权拒绝征召。从神宗对王安石态度的顾及的情形我们可以认定士大夫不服从君主任命在当时已非个别现象,而接受与拒绝任命的选择依据是"以道进退"。司马光不就神宗之命的例子也同样反映了这一历史现象:"帝必欲用公……特公以新法不罢,义不可起。"(《邵氏闻见录》卷十一)同因变法,王氏认为是"三代之政"而接受宰相任命,司马温公则以新法不义而拒之,可见,因被任命者对一事合道与非道之认识的不同而有不同之态度,但"志于道"的政治立场和独立原则性确是"士"的一贯风骨。

南宋的朱熹多次"不就"朝廷任命,也是这一风气的反映。明太祖朱元璋时期,因帝王对士人的摧残政策,登科之举子往往不愿出任。"太祖开国之初……贵溪儒士夏伯启叔侄断指不仕,苏州人才姚润、王谟被征不至,皆诛而籍其家,寰中士夫不为君用之科,所由设也"(《明史·刑法志二》)宁可自残也不为君王所用,对"道"的坚持毋宁说有了一定宗教信仰的意义。清初不仕之明遗臣,他们所坚守的"夷狄"之分的民族气节,若论文化渊源,则是维系我们统一多民族国家的爱国精神。

2. 中国士人注重内修追求完善的道德修养,是变通执法正确性的基础

中国古代大量诉讼是府、县地方官吏审理判决的,审理诉讼是地方行政长官的重要职责。这些行政长官并非是专学法律的,尤其在科举制度建立之后,连中央"三法司"的官吏也和其他官员一样,都是通过科举登第进入仕途的,他们学习的都是儒家

经典,即便是科考的时策,也仅是策向考生对政治问题的见解,而与刑事案件、诉讼纠纷无关。官吏解决这些法律问题,主要是凭借对儒家经义的理解而作出情理的判断。明清以降虽有了相对专业化的师爷帮助行政长官审理刑民案件,但就我见到的《明公书判清明集》和《清朝名吏判牍菁华》看,这些官吏的判决很少引用法律条文,而多是依据伦理道德,判决重在有利笃化社会风气。在这一总目标下,很多案件案情相似,判决却有较大差别。认真分析这些不同的判决,又都是合乎伦理道德之情,有利于良好社会风俗的维护,从根本上维护了地主阶级所需要的社会秩序。

不依据法律的灵活变通执法,之所以能够不离地主阶级利益之本,关键是由于这些执法者有着良好的道德修养和身体力行的道德实践精神。

孔子针对社会成员因丧失了对统治者的宗法血缘情感而导致的"礼崩乐坏",首先提出启发人们宗法情感而从根本上挽救礼制的"仁",一开始就把制度的恢复和维护建立在了内心情感基础上,把"仁"作为维护秩序的根本。"孝悌也者,其为人者本与?"(《论语·学而》)"君之务本,本立而道生。"(《论语·学而》)认为"其为人也孝悌,而好犯上者,鲜矣;不好犯上,而好作乱者,未之有也。"(《论语·学而》)发自内心的道德实践与社会秩序紧密地联系在了一起。道德信念在社会治理中源头地位的确立,引出了"德政""德治""德化"等一系列孔子的主张,也确立了儒家思想的核心,引导了中国古代文化的整体方向。

孟子继承这一思想方向,更理性地确立"内圣外王"的思想体系。他更自觉地认识到统治者要做到对人民实行"仁政","老吾老,以及人之老;幼吾幼,以及人之幼"(《孟子·梁惠王上》),则必须先实现自我修养达到内圣。为了说明实现内圣的必然性与可能性,孟子首次提出了"性善论",他把良好道德的根源安置在人之性上。他说:"恻隐之心,人皆有之;羞恶之心,人皆有之;恭敬之心,人皆有之;是非之心,人皆有之。"(《孟子·告子上》)这些道德"非由外铄我也"。人们实现内圣而做的道德修养功夫就是要发明本心,扩充本心。本心是道德法则的渊薮,要有完善的道德意识则要"存心"。"存心"的方法就是"集义",通过道德实践,养成自己浩然之气,就达到了心中"四端"扩充朗现,实现了"内圣"。孟子"性善""内圣"之说,为中国古代士人坚持道德修养的人格建立提供了依据,使道德追求真正达到了自觉。"集义""养气"的修养方向也为以后的道德实践提供了方向。

经过秦及汉武帝等的政治实践,思想家们更深刻地认识了"圣王之业"与"圣王之心"的关系,尤其是汉代思想家在认识到道德的意义之后,明确提出了修身对治国的意义。成书于战国或汉代的《大学》提出了"格物致知,诚意正心,修身齐家,治国平天下",不仅把治国的根本与修身联系了起来,而且具体提出了"修身"(即道德修养)的方法,史称"治国八条目"。此八条目成为古代士人修身的总纲领,指明了士人修身的道路。此后思想家发明道德修养之旨,均以《大学》为蓝本。

《大学》在明确"修身"必先"诚意""正心"的基础上,还对"诚意"的状态进行形象的描述:"所谓诚其意者,毋自欺也。如恶恶臭,好好色,此之谓自谦,故君子必慎其独也。"对好的道德规范及行为要像审美那样出自内心地自发喜好,对恶德恶行要像生理反应那样自发地厌恶,这才是诚意。对道德之诚意就是不自欺,自我满足。内心向往和道德实践均由自我内心决定和评价,毫不依赖外在强制,这就是中国士人修身的境界。由此,为防止杂念的引诱,儒家提倡"慎独"。《中庸》也有"慎独"之意:"君子戒慎乎其所不睹,恐惧乎其所不闻。"慎独即是"在独处无人监督的情况下,自己也要一丝不苟地践行美好的道德"。因"独自而能践行美德"是人之最难,故世人多书写"慎独"二字张挂于书房作为"座右铭"。作为道德修养之最高境界而以之时时自勉。

宋代程朱等理学家把道德法则说成是"天理"的体现,赋予了道德规范以神圣性,强化了道德的权威性。人与万物一样自天命禀受了这个具有普遍法则意义的天理,但这个"天理"存在于人之禀受的现实的"气质之性"中,"气质之性"中存有与天理相悖离的"物欲",人往往由于物欲遮蔽了天命之性而不能体认自己所禀受的天理,故而人要不断体认自存之天理以完善道德。这个过程就是道德修养,修的方法就是所谓"工夫"。程朱因认为道德法则的根源外在于"天理",故主张要通过对外物中存在的"天理"的认识而逐渐贯通,即通过"格物"而穷理从而明心中之理,在明理中逐渐克去心中之人欲,而改变气质。于是,他们以《大学》八条目中的"格物致知,诚意正心"为修养工夫,其中又以"格物致知"为先。朱熹说:"意不能以自诚,故推其次弟,则欲诚其意者,必以格物致知为先,盖仁义之心,人皆有之,但人有此身,便不能无物欲之蔽,故不能以自知。"(《朱子文集》卷六十《答汪易直》)通过格外物而明理从而认知自我仁义之心是程朱理学修养工夫的特质所在。因而,程朱主张为学(实即道德修养)需"博学、审问、慎思、明辨",广泛读书、深刻思考,明辨是非是笃行道德规范的前提。朱熹说:"博学审问谨思明辨而乃行之,何哉?盖理虽在我,而或蔽于气禀物欲之私,则不能以自见。学虽在外,然皆所以讲乎此理之实。"(《朱子文集》卷八十《鄂州州学稽古阁记》)通过"博学审问慎思明辨"来见我心中之理是掌握道德的方法过程,是道德实践的基础。程朱道德修养工夫的思想指引后世士人形成了尊重知识、崇尚读书、践履道德为美的社会风气,对中华民族崇尚文化、洁身自好特点的形成发挥了极重要的作用。

王阳明的心学与程朱的理学是一个历史思潮中的不同派别,它产生于理学的思想氛围中和理论的基础上,在批判理学理论斗争中形成的。它与程朱理学有两点根本的不同:一是它认为理的根源在于道德主体之内心,因而道德主体之道德修养只需反求诸己而非外求,故而把《大学》之"格物"解为"正事之不正",颠覆了程朱"至物""即物"的"定论";二是道德修养与践履的关系,它也否定了程朱的"知先行后"而提出了"知行合一"的观点。基于"知即指良知","良知是人之自有的"基本立场,王阳明的"知行合一"说重在行,即强调人的道德践履。首先,他提出知而必行的"知行本体"说,认为"知行合一"的本来意义在于知而必行,他说:"未有知而不行者,知而不行只是未知。"(《王阳明全集》卷一《传习录上》)知和行不相脱离,知而必行方为真知。其次,知是行之主意,行是知之工夫;知之真笃即是行,行之明察即是知。自宗旨和实施言,知是行的宗旨、目的,行是知的落实实施。从程度体现说,行是知之真笃的体现和结果,知是行的理性指导。王阳明之所以把知和行紧密相连,目的是保证主体知而必行。他说:"今人学问只因知行分作两件,故在一念发动虽是不善,然却未曾行,便不去禁止。我今说个知行合一,正要人晓得一念发动处,便即是行了。发动处有不善就将这不善的念克倒了,须要彻底彻根,不使那一念不善潜伏胸中,此是我立言宗旨。"(《王阳明全集》卷三《传习录下》)此处"一念产生"显系在付诸行动之前的意念,是一种心理活动。王阳明将其作为行,一是让人莫忽视此一念的作用,如是不善又不能及时克去,必会潜伏胸中,终会表现为恶行。二是如"一念"是善,如不及时付诸善行,一味求善知的工夫,则永不会践履善知,此又常人最易犯的毛病。知行合一的根本宗旨是道德修养以践履善知为目的、目标。

知先行后、知行合一虽在后世引发了激烈争论,但在历史上确实引导了广大士人道德修养和实践的努力。虽然有些士人沦为假道学先生,但士人的主流还是以道德高尚的君子自范,成为社会精神的榜样,引导了一方社会的风气。基于其道德修养,在调处一方之社会矛盾,建立一地之条规(乡约),周济一域之百姓,维护一区之治安等方面,他们都发挥了重要作用。

3. 追求美名既是士人的向往,更是士人的自我约束

通常认为中国古代没有宗教信仰和敬畏,故而传统文化缺少心灵的约束。今人往往把物欲膨胀、破坏法制的根源归结到这一文化上。但是认真分析我国古代的情况可以发现,人们无所敬畏的心态不是自古就有的。我们的祖先没有建立起向往彼岸世界的宗教,但儒家自始就强调道德塑造的作用,形成了完整细密的道德修养理论,指引了中华民族无数知识分子和广大劳动人民的道德修养和实践。且不说道德修养在西方本来就是宗教的内容,就是前面讲的中国士人"志于道"和"完善的道德"都有着强烈的信仰性质,志士仁人的道德实践更证明他们的信仰达到了宗教信仰的程度。在古人的道德生活中还有一个发挥着宗教信仰作用的价值,这个价值鼓励着士人们行善杜恶,为民造福,甚至为所欲为的帝王因顾及到这个价值的存在也能自我约束,这个价值就是"名",更重要的是身后之名。

伦理道德是中国古代社会国家治理的最主要手段,作为道德评价的重要手段的"名"即有着非常重要的意义。在古代,一个人得到的社会评价,不仅他本人受到社会尊重和人们的敬仰或得到好的社会地位,而且后代宗族子孙都享有荣耀,此所谓"流芳百世",人们最大的顾忌是"遗臭万年"。士人对"名誉"的爱惜在很多情况下是他们善行美政的动力,而得恶名则是他的畏忌。

早在春秋时鲁国的叔孙豹就提出"三不朽"的说法:"太上有立德,其次有立功,其次有立言,虽久不废,此之谓三不朽。""三

"不朽"的内容主要是功德业绩造福后人、言论思想传诸后世。除去后人能感受到的福泽和学习、奉行的言论外,"不朽"的主要表现是美名为后人铭记传颂。古人认为,世代家世显赫、香火不断不能叫"不朽",只能叫"世禄"。只有为后人铭记才能叫"不朽",我们的祖先非常爱惜自己的名誉。孔子说:"君子疾没世而名不称焉。"(《论语·卫灵公》)孔子作《春秋》而乱臣贼子惧,就是因为《春秋》对乱臣贼子的毁礼坏制行为明确给以"非礼也"的评价,乱臣贼子对其恶名传世有所恐惧。古人之所以非常重视作史,除了把历史的真实告诉后人的意义,很重要的就是对所记人事给予道德评价以警示后人。司马迁作《史记》的一个目的和原则也是"立名者,行之极也"(《史记·报任安书》)。

名传后世,美名流芳百世,恶名遗臭万年。以此之故,美名的创立激励古人为之牺牲个体的生命和利益,使有限的生命释放出无限的光芒。汉举孝廉的依据就是"乡啬夫""三老"的评价,第一次明确把名誉作为选吏的标准,既是对"名誉"的政治肯定,又是对人追求"孝"之美名的鼓励。汉代官吏以循吏自期自勉就是这一时代士大夫爱惜名誉,以美名为价值追求的体现。汉末党锢领袖范滂被杀,其母伏其尸曰:"汝今得李、杜齐名,死亦何恨?既有令名,复求寿考,可兼得乎?"(《后汉书·党锢传》)生命与美名相较是不足惜的,这种文化在中华民族中是非常普及的,源远流长的。很多志士仁人在民族大义与生死的抉择关头都是勇敢地放弃后者,以保持前者而流芳后世。

在宋明以后,"穷天理灭人欲"成为社会的核心价值,名誉的维护和追求价值观自士大夫向农、工、商蔓延,尚名的思想意识成为人们行为选择时标准,因顾及身前身后名而控制自己私欲。关心名誉是社会的普遍心理,有社会地位的达官贵人死后,子孙为之立碑,请有地位或有社会名望者为之写铭文,帝王或大吏还择谥号,都是对逝者德行功业的肯定,刻之于碑意在其功德名声像石刻那样永不磨灭。

宋明之后随着商业的兴起,离乡而居者日渐增多,仕宦者或商人远离了乡党的监督,往往花钱请人为逝去的尊长撰写谀墓之词,碑铭的真实性打了折扣,其颂扬的作用也受到了损害。更有的人巧饰伪装,口是心非,此谓"沽名钓誉"。虽是骗来的名誉,但此种现象也从反面证明了"名誉"在道德领域中的地位。今日之"口碑"的说法,是自古之碑而来,指社会对一个人的评价就像碑刻一样传扬久远。如果今人,尤其是领导干部也顾及人们的"口碑"而爱护身前身后名,是否会像追求宗教信仰那样,以牺牲暂时的利益和有限的生命去维护自己的名誉呢?是否会为了身后不得恶名而抵制自己的恶德恶行呢?对于那些实施"名誉工程"者加强透明度,让社会舆论更能及时准确监督,使其名誉回到真实,名誉是否会真正起到引导向善扼制行恶的重要作用呢?

二、中国士人在执法实践中发挥了纠君王之不正、补法制之阙失、体法律之理情的作用

法典的公布是国家机关经过一定程序形成法律文件,在政治实践中能否得到完全实行,往往受到具体执法者和政治情势的影响。在中国,自古就有"其身正不令而行""其人存其政兴"的"人治"思想和传统,依靠好人在执法中的表率作用和准确掌握法律精神的能力,在法典不作大的修改的前提下而保持了自秦开创的法律制度的两千余年的生命力,其根本原因就是前面所述的执法的士人具有高尚的人格追求和完善体现地主阶级意志的道德信念。这有些像英美法系,把执法者具有良好的法律意识作为正确执法的最终凭借。在地主经济社会,将司法权交由科举登第的而并非法律专业人才的官吏来行使,其法律判断的依据就是本人所具有的道德价值。这些道德修养良好的士在下列几个方面发挥了重要作用。

1. 在朝廷督促君王修身执政,规谏皇帝纠正偏失

朝臣针对皇帝不合宜、不正确的做法提出谏诤,是君主专制制度下的重要救济措施,他们通过廷议和上疏来对皇帝的失误提出看法、建议,以期纳帝王之言行于圣王之道。尤其是南宋之后,君主专制更强化,朱熹等为纳专制君主于地主阶级整体利益之下,把伦理道德上升为"天理",以期增加君主的敬畏。朱熹上疏批评宋孝宗的用人政策说:"天下之纲纪不能以自立,必人主之心术公平正大,无偏党反侧之私,然后纲纪有所系而立;君心不能以自正,必亲贤臣,远小人,讲明义理之归,闭塞私邪之路,然后乃可得而正。"(《宋史·道学传·朱熹》)上疏批评时政者常见,像朱熹直接指斥君心不正者并不多见。明代吕坤上疏直陈朝廷采木、采矿、开皇店、童法等时政之弊。

很多士大夫为了阻止或建议皇上做某种事,宁可受到责罚,甚至是献出自己的生命。明代嘉靖朝的"国本案":十几个官吏劝说嘉靖早立太子而被廷杖至死。宋光宗朝的"过宫案",劝说不过宫朝拜父亲太上皇的宋光宗去朝拜,理学家陈傅良时为中书舍人,于百官班中颤候上出。"上已出御屏……却上辇……傅良引上裾,请入,已至御屏后,慈懿叱之曰:'这里甚去处?你秀才们要研了驴头?'傅良遂大恸于殿下。"[1]为使光宗履行"一月四朝"的祖宗之法,士大夫敢于"引裾力谏",体现士人对维护君主制度的责任感,也反映了士大夫在君王遵行法律上的督促作用。

2. 地方长官在辖区内有权颁布教令以落实法律或补律之缺失

郡县制取代分封制之后,郡守、县令在君主专制的大格局下负责一地方的管理,执行统一法律,但郡守县令仍可以制定具有

---

[1] 余英时:《朱熹的历史世界》,生活·读书·新知三联书店2004年版,第210页。

地方法令性质的条教。《汉书》记薛宣"出为临淮太守,政教大行"(《薛宣传》)。"政""教"并称者,典籍中颇多。政即政令,教乃条教。《资治通鉴》卷一六六《梁记·敬帝太平元年》胡三省注:"教,谓教令,州郡下令谓之教。"故"教"即"教令"。《汉书·董仲舒传》:"仲舒所著皆明经术之意,及上疏、条教,凡百二十三篇。"董仲舒任江都、胶西相期间,曾发布教令。《汉书·循吏传·黄霸》:"霸为颖川太守使邮亭乡官皆畜鸡豚,以赡鳏寡贫穷者。然后为条教,置父老师伍长,班行之于民间……初若烦碎,然霸精力能推行之。"条教称为"烦碎",当是一事一条而列之,故称为"条教"。其内容"富民赡鳏寡贫穷""为善防奸"之事,显是儒家"仁政""德教"之事,"多仁恕爱科"(《汉书·薛宣传》)。然而,不仅循吏教化、仁政的条令称"条教",酷吏制定的地方法规、条令也称"条教"。《汉书·郑弘传》:"次卿为太原、涿郡太守,弘为南阳太守,皆著治迹,条教法度为后所述。"《汉书》中有时政教、条教并称,有时教令、科令并列。《汉书·循吏传·仇览》记:"仇览劝人生业,为制科令,至于果菜为限,鸡豕有数。"虽说"科令"与"条教"的内容并无不同,都是富民劝民教民的内容,故可以推断:教、条教、教令、科令都是补充、执行法令的地方性规定。曹操曾为州郡制定《新科》,虽是"明罚敕法",但其目的仍在于教。长广太守何夔批评说:"若一切齐以科禁,恐或有不从教者。有不从教者不得不诛,则非劝民设教随时之意也。"(《三国志·武帝纪》)

唐宋以降,地方长官的权力逐渐受到君权的限制,但其治民的职责未变。他们仍有职责、有权力颁布在一地有效的法规性条例、则例、告示、谕告等。

南宋真德秀以宝漠阁待制出任湖南安抚使知潭州,一到任便发布谕潭州同官《咨目》,以"四事"(律己以廉,抚民以仁,存心以公,莅事以勤)与同僚共勉,约以为民除"十害"(断狱不公,听讼不审,淹延因系,惨酷用刑,泛滥追呼,招引告讦,重叠催税,科罚取财,纵吏下乡,低价买物)。(《名公书判清明集》卷一)这是官吏守则,大有"干部廉政条例"的味道,既有公平执法,又有严格法律程序;既有反对酷刑,又有不准告讦;既反对以权谋私,又反对额外催科。内容广泛,要求严格,是正面官德教育的法律文件。真公还发布《谕州县官僚》的文告,以"廉、仁、公、勤"要求官吏。

明朝海瑞,除抬棺上疏力谏帝王之非外,在县教谕、知县、巡抚、左都御史任上,都有告示、告谕、条例、则例出台。其中《量田则例》《参评》(考评细则)、《考评册式》《钱粮册式》《均徭册式》等细致严格规定了岗位责任、执法细则以及文书样式;《谕道府州县毋听嘱托》《督抚条约》《兴革条例》《禁约》等以行政立法的手段对革除官吏滥用官帑取财纳贿的常例作了规定,堵塞官吏贪占的渠道。其中《督抚条约》达 36 条之多,规定不得向上级府衙官吏进"头冰""炭敬",非公事不得住宿驿站,官吏过境本地府县不得出境迎送,不得差人下乡。《督抚条例》认为江南健讼之风,起于唆讼之人,故规定:"今后须设口告簿,凡不能文者准许口陈,不准具状诉。"从诉讼法的角度限制有人唆讼。

士以地方官的身份在政治法律实践中非常积极地制定了大量条规,用这些适合各地方当时情形的地方性法规完善了国家的法律制度。

3. 士在处理具体的诉讼案件时凭借其良好的道德观念灵活执法,但实质上完美地执行了地主阶级的法意

前面已反复论述,中国古代法的基本特点是维护宗法伦理,一切法律纠纷的处理都以维护宗法伦理、强化伦理道德为价值标准。正因如此,司法官吏(包括承担此项职责的地方官吏)虽非专攻法律"术业",但只要具有良好的伦理道德,即使变更法律、脱离法律也能符合法律精神,能代表国家正确处理各种法

律纠纷。据手头有限的资料,地方民刑事案件判决可见如下情况:

(1) 不援引法律,径以伦常道德为根据

邢林、邢㭎为亲兄弟,邢林无子,邢㭎虽有二子,不愿立为林后,乃于兄死之日,即奉其母吴氏、嫂周氏命,立祖母蔡氏之侄为林嗣,今日邢坚是也。吴周生前对林坚无任何不满意。吴周死后,邢㭎无故欲逐林坚而再立他人。经再三审问,邢㭎供称:"本无怒其侄之意,特不过以坚忘其命立之恩,听信周耀(坚之母舅)、燕喜教唆,经县妄诉。"吴恕斋(南宋人,居官不详,刘克庄曾有《寄吴恕斋侍郎》诗)遂"当厅劝谕邢㭎,尽释宿憾,当抚其侄如子,戒饬邢坚,悉改前非,当敬事其叔如父。家业不可不检校,周耀、燕喜不可不区处,以绝他日之争,以全天伦之义。周耀欲勘下杖八十,责状再不得再干预邢坚家事,燕喜勒令日下议亲嫁遣。所有家业,牒嘉兴府别委清强官,唤集族长,从公检校,作两分置籍印押。其邢坚合得一分,目下听从邢㭎为之掌管,候其出幼,却以付之,仍不许将来破荡典卖,庶几叔侄复还其天,存殁各无所憾,其于风教,实非小补。"(《名公书判清明集》卷七)

判决未引法律条文,但所判合理合情,事实是非清楚,判断权利责任明确。

《清朝名吏判牍菁华》也有很多此类案例。

"张明福娶一寡妇,系唐刘氏娘屋表妹。张明福夤缘入门,呼刘氏为大姐。频至其家烧烟过瘾,无复嫌忌。唐刘氏两个儿子瑞琪、瑞琳弗善。明福挑唆其母子生衅,瑞琳等受杖屡矣。本月某日,张明福纠领数人,帮同唐刘氏,将瑞琳捆绑痛殴,呼暴之声,达于衢巷。边、李两孝廉在其左近教学,闻声趋视,瑞琳气丝仅属,而明福犹挞詈不止。经两孝廉呵斥明福把瑞琳解放。明福遂来案,控称瑞琳忤逆不孝,其大姨唐刘氏托伊训示,瑞琳挟愤,纠人殴伤伊子。县令樊樊山判曰:明福托后妻瓜葛之亲,轻入孤孀之室,涎人财产,廉耻全无。因瑞琪兄弟时有违言,遂尔多方构煽,陷人于不慈不孝之中,以阴遂其欺孀盗财之计。毒同虺蜴,忍甚豺狼!如果瑞琳不孝,不应自今日始,何以两年以前,从无违犯之事?自明福入门以后,从此毛里相残。况母子不和,为外姻者,只宜劝解,何忍刁唆?而明福不但刁唆,并且代为捆绑,代为殴打。本系非亲非故之人,忽然冒认姨夫,将十五岁幼子,横施楚挞。问案至此,目眦几裂。判将张明福痛笞无算,以慰唐家之祖考,以平阆县之人心。断令从今以后,张明福倘敢再往唐宅,准瑞琳弟兄捆绑送案,以凭绳治。唐刘氏守节多年,素称慈善,不过妇人之见,重其母族之亲。在明福诚怀亡息之心,该氏必无寒泉之耻。谕令瑞琳等回家孝养,以慰亲心。边、李两孝廉,侠骨刚肠,深堪敬礼。一时义愤,不愧黄衫侠士之名;他日骞腾,何惭绣衣直指之选。瑞琳等当事师如父,以答其勤。"(《清朝名吏樊樊山判牍菁华》)

(2)在判决书中多以讲理为主要内容,力图通过唤醒当事人的伦理道德而达到维护社会良好风尚的目的

前述吴恕斋的判决书即明确说:"庶几叔侄复还于天,存没各无所憾,其于风教,实非小补。""还其天"即心灵返其"天良",恢复其本来应该有的道德良心。个人恢复或提高道德对于建立、巩固社会风尚"实非小补"。

清代有兄弟争讼于官,越五年而不决。已去其产三分之一而犹不醒悟,健讼如故。适遇陆稼称书案下,乃不言其产之应如何分配及谁曲谁直,但令兄弟互呼,未及五十声已各泪下沾襟,自愿息讼。稼书乃为之判曰:"夫同声同气,莫如兄弟,而乃竟以身外之财产,伤骨肉之至情,其愚真不可及也。……乃在法庭之上,此呼弟弟,彼唤哥哥,而天良不灭,念同父母之手足,竟至泪下。早知今日,何必当初,真不可解者。念尔兄弟,均已悔悟,免于重惩,所有家产,统归长兄管理,弟则助其不及,扶其不足,须

至原有产业时,方许分爨。从此旧怨已消,新基共创,勉之!勉之!"通过令兄弟互呼,唤回人伦的情感,用伦理道德战胜争财之念。足见审判者以维护人伦和谐为目标,以倡扬兄弟之爱为手段,用"兄友弟恭"的伦理价值和道德规范来熄灭兄弟争产的念头。论者评此判曰:"是判能以兄弟手足之情跃然纸上,可见仁人用心无微不至。"(《清朝名吏陆稼书判牍菁华》)

(3) 判决有律文不引,而以情理判之

谢申伯乃谢威如侄,且为其嗣子。谢威如酒醉而欲强奸申伯妻姜氏,姜氏不从,夺门而出。威如羞怒持刀追出,于路上撞见申伯,恐羞之下弃刀而逃。申伯听妻惊呼"强奸",拾刀追赶,用刀杀死逃者后方认出是其叔。五年后陆稼书至该县任县令,申伯投案,陆稼书判文如下:

"据侄申伯供称,因威如醉后强奸其妻,持刀威吓。及门望见申伯,既惭且惧,即弃刀逃窜。申伯未及细视为何人,且万不疑为威如,因拾刀追逐,至林中杀之,倒地方知为叔,悔恨莫及,用敢自首,请为究办。本县查律载杀期功服尊亲者,斩立决;误杀者减一等。又律载自首者,以本罪减一等。又康熙六年山西巡抚奏准,太原府农民贡素功,持刀守夜,有贼掘穴而入,曹素功夺之,及检视乃为伯父。事出无心,情有可原,照旨律减三等,定为绞监候。又康熙十二年,浙江抚督奏准,福建莆田县生员程有功与父程慈生夜半相撞疑为窃贼杀之,罪按本律减二等,定为绞立决。今查本案谢申伯之弑叔谢威如,其情实与康熙六年及十二年奏准两案为等,应遵照前例,以本律减处三等,定为绞监候;再按自首律减一等,应为杖一百,流五千里。但律奸杀门内,又载本夫杀死奸夫者杖五千,徒十年;其刀如奸夫所有者,减一等;强奸者,再减一等。是凡因持刀强奸而被本夫夺刀杀者,按律不过杖二十。本案谢威如持刀强奸侄媳姜氏,被本夫申伯撞见,夺刀将威如杀死,当与律载相合。但威如与申伯既有叔侄之分,又为强奸未成,似不能与普通人奸杀案相比拟,应加重惩治。照自首误杀期功服尊亲律,再减一等,应杖五十徒十年,庶几得其平,不至之失入失出之处。死者无所冤,生者不必怨,而于名分上风化上伦常上均无所恨。"(《清朝名吏陆稼书判牍菁华》)

陆公为执法不"失入失出",引用律例可谓曲尽周详,忠于职守,又矜谢申伯不知奸夫是其叔而误杀之情,隐去叔侄为承嗣的父子的事实,而从轻判处,不按普通人杀死奸夫律判决。而根据申伯与威如是叔侄而且从重惩处,维护了伦常的尊卑秩序。他认为如此判处"于名分上风化上伦常上均无所恨","庶几得其平"。论者评曰:"二百年来,至今犹称道不衰,国体虽更,景仰莫已,有以哉。"(《清朝名吏陆稼书判牍菁华》)

《清朝名吏袁子才判牍菁华》有一条判决,不按律处罚被告,却严厉教育了告诉者:

> 鱼王氏早年丧夫,生有一子,幼时溺爱娇惯及十八岁,为小事竟詈其母。母有个弟弟王万年,久思谋渔民财产而不得。闻子詈母事,认为有机可乘,遂怂恿其姊向县告子忤逆。姊因舐犊情深而不听,且其子已托族中叔伯辈出面向其母赔礼谢罪。王万年见侵财之谋不能得逞,遂自行代姊控告。子詈父母,按律为重罪,并准许亲族代告。袁子才受理此案,非但不按律处罚儿子,反对代告之王万年进行严厉谴责教训:"尔姊鱼王氏早年丧偶,守节抚孤,以有今日母子之间,纵以娇养溺爱之故。偶有违言,尔为之母舅者,正应好言劝解,正色斥责,告母以慈,告子以孝,调停骨肉之争,使之融融泄泄无复芥蒂。况所争者其细已甚,所逆者亦不过一言偶失,并无他故足劳旁人动愤。且其事已由鱼姓族中出为调处,服礼谢罪,母子如初矣。尔乃必欲旧事重提,陷尔甥于法。尔姊含辛茹苦,仅为此一块肉,尔斩绝之不虑伤其心乎?即尔姊一时愤怒来县控告,尔为之舅者,亦应权

厌轻重，善言解劝。如是方合情合理，不愧长者之所为。乃尔姊并无控官之心，尔先为之百般怂恿，不听则以义愤为名自行出面，是何居心？而至若此不过尔姊富有赀财，思挟之以谋篡为己有耳。尔甥若果不善，有忤逆其母行为，应由尔姊自行投县，或由鱼姓族中出面投控，汝不准干预。"

子詈母按律是重罪，但只是偶然过失且已向母赔礼谢罪。而王万年代讼，目的是侵吞鱼王氏之财产。二者孰对社会秩序更有害，昭然清楚，袁子才不治甥之罪而斥舅之非，显对敦笃社会风气有促进作用。

《清朝名吏陆稼书判牍菁华》也记载了一个此类案例：

> 沈杨氏凶悍性成，侮辱尊长，压制其夫。因娇儿跌地见血竟迁怒于姑，手打棒击，若非族人劝阻，几至命入黄泉。陆稼书判牍曰："不知天道好还，今日之媳即他年之姑，今日之施诸人者即他日之受人施……圣朝以孝治天下，若沈杨氏之所为，天诛地灭。本县虽欲减刑以俟后来之报，奈皇皇天谕故不敢稍事违犯耶。沈杨氏宜治极刑以儆凶悍。沈某姑息养奸，纵妻殴姑，理应重惩。姑念是非得已，杖责一千，释放以开自新之路。"不引律文，只据"以孝治天下"的思想，严惩殴打婆母的悍妇，且"重惩"姑息悍妇的丈夫，皆为纯正社会风气。

(4) 当法律规定不适合审理的具体案情时，则以人情审判

江浦县商民龚大大娶妻童氏，结婚不到一年即出门经商，五年杳无消息。童氏屡请县官准许改嫁，历任知县恐本夫归来发生纠葛而驳斥之。袁子才就任江浦县知县，体恤其情："查尔夫出门经商五年无耗，其存其亡家莫闻知，即果尚在人间而五载不返，弃予如遗，亦已无伉俪之情。琵琶别抱，在风化伦纪上虽不无瑕疵，而以人情言则固无间也。王道不外人情，尔能守志则忍死以待可也，如不能者，则改醮亦非所禁。本县因不能准尔改

醮,然亦不禁尔改醮也。"(《清朝名吏袁子才判牍菁华》)

按律不能准许改醮之请,但揆诸人情,龚大大已五年无消息,可能已死亡或已再娶,童氏守房无望,则不禁其再醮。编书者评曰:"理由极充畅,实足箝一般道学家之口。"

实际中尚有因法条不利维护宗法纲常而法官径改法律之规者:宋之吴保随值上幕,不告而归,其罪固不可容恕。原其逃归之故,却系奔母之丧。故石壁曰:"古之孝子,行役则瞻望母,出使则思将母,今吴保因差出在外,母卧病则不得侍其医药,疾革则不得启其手足,闻讣之日,方寸已乱,不言可知,见星而舍,犹以为缓,尚何暇于谒告哉!昔吴起仕于魏,母死不归,而曾子绝之;孟宗为吴县令,因奔母丧,自囚以听刑;陆逊表其素行,乃得免死。然则吴保之罪,提干必能以情宥之矣。备申提举司,乞免行追究,仍告示兵马司,今后如差军兵往二千里外,约往来该四月以上,而其人有父母年老衰病,别无以次可供侍者,并免职差。"(《名公书判清明集》卷十一)

第四节　海瑞"整饬吏风"的行政法思想

海瑞(公元 1514—1587 年),字汝贤,号刚峰,明朝中后期著名清官。历任县教谕、知县、户部主事、巡抚、南京吏部右侍郎、南京右都御史等职。当时,帝制制度已经腐朽,官僚队伍已极端腐败,不仅贪污成风,贿赂公行,而且营私的手段也更为隐蔽、巧妙,致使以惩治犯罪为使命的刑法束手无策。海瑞在司法和政治活动的实践中,对这种腐败的"吏风"耳闻目睹,非常憎恨。他从维护专制统治的目的出发,主张一方面使用严厉的刑罚手段惩治贪官,另一方面要通过行政立法的方法,严格制度,从细微处着手整饬吏风,消灭官吏贪赃舞弊的犯罪于端倪。关于他严刑治吏的思想,历来为人们所称道,几为有口皆碑。但是,关于他通过行政方法整饬吏风的思想,尚未引起人们的足够重视。本书试就这一问题进行粗浅探讨。

一、注重官吏的政治品德,从根本上整饬吏风

"德才兼备"是一切统治阶级选拔官吏的共同标准,只不过是不同的阶级对"德"有不同的看法、不同的要求而已。地主阶级所要求的"德"就是忠于皇帝、恪守礼义、克制私欲、维护本阶级的长远统治。海瑞清楚地知道,各级官吏是否具有符合统治阶级所需要的政治思想,决定着他们能否胜任各自所担任的职务,能否很好地完成国家所赋予他们的使命——统治好各自辖属的劳动人民。官吏只有具备地主阶级所需要的"德",时时事事为本阶级的长远统治着想,才能自觉地克制私欲,不过分地搜刮百姓、徇私枉法,也才能充分发挥自己所任官职的国家职能作用。因此,要整饬吏风,最根本的是保证官吏具有很好的政治品质。

海瑞在君主与庶民利益一致的思想基础上,对任官的目的提出了可贵的见解。他认为,任官的目的是为民。他说:"学者内以修身,外以为民;爵位者,所托以为民之器也。故服所以温体也,而以体温服则愚;爵位所以庇民也,而以民庇爵位则悖。"[1]爵位是用来为民谋利益的,官吏是出于为民的目的来做官。"天下之人,见天下之有饥寒疾苦者必哀之;见天下之有冤抑沉郁不得其平者必忿之。哀之忿之,情不能已,仕之所由来也。"相反,如果盘剥百姓以充私囊,欺压百姓以庇豪强,从而保住自己的乌纱,则是与为官的目的相悖谬的。海瑞本人为官,见"剥民以媚人,多科而厚费使之",则"为民忿,为民慨","不平之气愤然生矣"。当时的官风是,"宁可刻民,不可取怒于上;宁可

---

[1] 海瑞:《海瑞集》,陈义钟校,中华书局1962年版,第328—329页。

薄下，不可不厚于过往"。[1]海瑞认为，这是取诸民以奉人，与取诸民而入私囊一样，都属于贪赃罪。他说："殖私财，以自结于私人，天下相率为利，浑成一团私意，不知小民之困何日而苏也。"[2]有人劝他给上司送礼，说若不送就会有祸患降临。他却说："充军死罪可甘受，不可为此穿逾举动。"海瑞正是出于这种为官目的，在任淳安知县、兴国知县、应天巡抚期间，革除一切流行的巧取豪夺的常例，除自己的俸禄外，绝不过取庶民一分。也正是基于这种对为官目的的认识，他对贪官污吏恨之入骨，予以严厉惩处，从不宽贷，致使一些贪官"望风而解印绶去"。

诚然，海瑞的所谓"为民"，从根本上来说是统治民。大地主何良俊的话道出了海瑞"为民"的真谛："海刚峰之意无非为民。为民，为朝廷也。"[3]海瑞认为，百姓逃亡、不安于生产这些不利于统治的社会现象存在的原因，就是官吏不为民着想、赋役过重、巧取豪夺。但是，如果官吏都具有这种"为民"——"为朝廷"的思想，他们就会坚持为当时生产关系所允许的权利界限，给劳动人民提供最低水准的生活条件，这无疑对保持社会秩序的相对稳定有着一定意义，从而为生产力的发展留有一定的空间。实践上，海瑞"为民"打击了赃官，在一定程度上限制了贪官对劳动人民的侵夺，或多或少地保护了劳动人民的利益，为他们争得了一线生路。无怪乎他到处受到劳动人民的欢迎，成为当时和后世劳动人民所崇仰的清官。他死之后，江南百姓都争相购买他的画像供奉，以致有因画海瑞像而发财者。

海瑞较多的是任基层官吏，没有选拔任命官吏的权力，因而也无从保证现任官吏全部具备"德才兼优"的条件。但他力图通过对未仕的后备官吏的思想教育和对现任官吏的政治品质的考

---

[1] 海瑞：《海瑞集》，陈义钟校，中华书局1962年版，第37页。
[2] 同上注，第94页。
[3] 何良俊：《四友斋丛说》，上海古籍出版社2011年版，第80页。

核来实现自己的良好愿望。

海瑞主张,将来要出仕的生员必须具备礼义廉耻的品质,这是保证官吏为民的前提。生员是后备的官吏,他们有好的品德,才能保证"有德"者入仕。即使在入仕前有了好的思想基础,入仕后尚有很多人沾染官场恶习,变得"耽利禄,慕荣途,患得患失,所不至",何况当时的士多"不以行义视君子之仕,以荣身及亲当之",趋势慕利,"舍礼媚人"。海瑞认为,开始就意向不正,将来为官之时,也"必不能守道以正世",而会置百姓的疾苦于不顾,依附权势,结党营私,为非作歹,百端无所不用,更严重地败坏官风。他说,今之秀才多不论是非,"背公死党","然则入官之后,其徇私,其植党,更有利焉,将无胥朋比坏国事乎?"他气愤地将当时的秀才比作淫妇,说他们"负天地生人之义,孤朝廷作养之恩"。[1] 因此,他认为整饬吏风,必自整饬士风始。士必须以"孝悌忠信、礼义廉耻"为八行来约束自己的行动,"规言矩行,范围于道义之中而不敢过也","节制谨度,收敛于礼法之内而不敢纵也"[2],"于祖宗礼制,当一据守之"。(《申朱提学道教条》)欲使士风达到如此清正笃厚的程度,海瑞认为关键在于礼学的教育。学校要以"父子有亲,君臣有义,夫妇有别,长幼有序,朋友有义"为五教之目。他抄录王阳明的话说:"今教童子惟当以孝弟忠信,礼义廉耻为专务。其栽培涵养之方,则宜诱之歌诗,以发其志意;导之习礼,以肃其威仪;讽之读书,以开其知觉……凡此皆所以顺导其志意,调理其性情,潜消其鄙吝,默化其粗顽,日使之渐于礼义而不苦其难。"[3] 若士能坚守礼义,具有了符合地主阶级需要的政治品德,出仕任官之后才能忠于职守,以安民为念,不以"一得之私欲"而影响本阶级的统治。

---

[1] 海瑞:《海瑞集》,陈义钟校,中华书局1962年版,第152页。
[2] 同上注,第19页。
[3] 同上注,第97页。

对于现任的官吏,海瑞通过考核其政绩来督促他们加强自己的道德修养。海瑞认为,现任官吏,无论是君相,还是守令,职责是相同的,都是安民,只不过是有"父母天下"与"父母一区"之别而已,"称官则一邑之人春温,不称官则一邑之人秋杀"。[1]他说:"士而入官,举止语默动与民关,举止语默动与民累,其事其心,盖不止于未仕之前,失己而已,而于人无与焉者也。柴马俸禄外以一毫充己用,以一毫市己私,不免即此一毫为亲民殃。门皂胥吏外以一人充己役,以一人市己私,不免即此一人为部民害。"[2]他在任淳安知县时期,明确列出了各种吏职的考核标准:知县,必须有克己为民的思想,才能做到恤民饥寒,平民冤屈,不枉一法,不私一钱,"政简而刑清"。如果"埋没真心,不惜廉耻,多方掊克,以充囊橐,朘生民之膏,填谷壑之欲"[3],专会奉迎上司,交结以屈民,则是不称职的知县。县丞,应协助知县理县事,传布皇帝恩惠百姓的德意。"如未入官门,先营家计,爵禄贿赂,夺魄动心;国病民冤,如聋如哑"[4],是不够做县丞的资格的。里长,"若果不好钱,不刻剥,无私向,有天理心",就能理民、安民,即使好县官都比不了他的功绩大,相反,"倘凭势作威,……或混扶甲首,以显售其奸诡之谋;或妄开甲干,以阴行其贿赂之术。有钱者遍为回护,善柔者不行扶持。事兼利己则同甲首作弊以欺府县,事止利己则假府县名色而剥甲首,百计取钱,无心抚恤"[5],就无资格作里长。以这些标准来检查官吏的政务,从而规范他们的行动,改造他们的思想。

---

[1] 海瑞:《海瑞集》,陈义钟校,中华书局1962年版,第353页。
[2] 同上注,第363页。
[3] 同上注,第146页。
[4] 同上注,第147页。
[5] 同上注,第150页。

二、利用行政法,禁止官吏相互馈送

明朝中后期,下级官吏给上级官吏馈送礼物,盛宴款待,几乎成为合法的习惯,甚至有些馈送已有了常例。"新官原各僚属有声报到,即差吏书门皂人役前往旧任原籍迎接,里甲中途供应。至日具花缎,盛设猪羊大席。"[1]府官到任,"差吏带民壮吹手皂隶人夫至其家或中途候迎"。平时,县官要经常拜见府官,由里长"供夫马百用"。外官要三年一次到京师朝觐,至期,要"盛辇金帛以奉京官",京官称该年为"收租之年"。巡抚巡按出巡,县官都要暗中馈送吏书,"多十二两,少五六两,沿习成风,无一无之"。[2]对过往的上级官吏,不仅驿站招待,县官也要迎送,馈送礼物,"答应过往礼费,日增一日"。[3]基层的粮长、里长也时时往县衙送薪送菜。

海瑞清醒地认识到,官吏之间的相互馈送,绝不是一般同僚故旧之间的礼节往来,而是"意实有所希求",[4]即今日送礼的交往,是为他日捞到私利,或为"仕途狭小,加礼私结,正谓后日相遇地也"[5];或为"今少献殷勤,他日禀公事,取私债、多科钱粮。占人便宜,得以肆行无忌";[6]或为日后嘱托,秘密谋得私利。这种行为不仅会使受赠官吏置统治阶级的根本利益于不顾,利用手中的职权,通过"合法"的形式,干一些侵犯统治阶级利益的勾当,导致官吏行贿受贿、贪赃枉法的直接犯罪,而且会使吏风更为腐化。他说:"今之为吏者,每以得利为夸。惟以得利为夸,故百端作弊,无所不至。"[7]

---

[1] 海瑞:《海瑞集》,陈义钟校,中华书局1962年版,第39—40页。
[2] 同上注,第42页。
[3] 同上注,第100页。
[4] 同上注,第181页。
[5] 同上注,第26页。
[6] 同上注,第181页。
[7] 同上注,第152页。

不仅给上级官吏、同级官吏馈送礼物、相互交结，而且有的上级官吏还赠给进士、举人、岁贡生路费银、牌坊银，甚至馈送水手长夫，所谓"上司作兴士"。海瑞认为，此种风气弊病更多，既培植了私人党羽，又诱使那些未仕的生员产生趋利趋势的思想，一旦为官，就依附权贵，结党营私，贪赃枉法。他说："若今则作兴士子者，利焉而已。士子未出门而利心生矣。利心有根，故得一官则侵罔侵牟，无所不为……若今则作兴士子者，势焉而已。士子未出门而势心竞矣，势心有根，故得一官则患得患失无所不至。"[1]对作兴者感恩戴德，遂有依附的意念。以后有权势更大者，给利益更多者，他们将又改而依附之。于是，当他们为官处理政务时，"不论是非可否，辄群起而曰：'护我类焉'。习战国'背公死党'之风，更不知孔门'不比不同'之义"[2]。

海瑞基于对当时腐败吏风的憎恨及其危害性的认识，为了维护明王朝的统治，在自己职权范围内进行了一系列的行政立法活动，力图通过实施这些具体的规定限制官吏相互馈送、交结的做法，整饬已经极度腐败的吏风。他在任淳安知县时制定了《兴革条例》《禁约三十一条》，任应天巡抚时期制定了《督抚条约》，这些都属于行政法范畴。在这些条例、条约中，关于禁止官吏馈送交结的内容大致可归纳为如下几类：（1）新官到任，不得远迎、摆酒席。（2）县官无大事不去参谒府官，去府不准搜刮乡里财物，"一切俱用本等柴薪银炊饭，……随行吏书自备饭食"。（3）知县进京朝觐，革除一切取诸民而向京官进贡的常例。（4）革除馈送巡抚巡按吏书的常例。（5）革去新进生员置办酒席面奉县官学官的常例。（6）革去馈送乡官、进士、举人、岁贡生的常例，禁止"作兴士"。（7）限定驿馆支应过路官员的费用，不得超额花费。（8）"过客至驿，虽去城去关咫尺，道府州县官

---

[1] 海瑞：《海瑞集》，陈义钟校，中华书局1962年版，第95页。
[2] 同上注，第152页。

亦不得出见,各驿递不许遣人传报、送下程送礼"。(9)巡抚巡按所到县州府道,官吏不准出郭迎送,不准铺陈,不许盛宴款待,"物价贵地方费银不过三钱,物价贱地方费银二钱,烛柴具在内"。

除此之外,海瑞还发布了《禁馈送告示》和《谕道府州县毋听嘱托》等具有现代"布告"意义的行政法规。规定"今后凡有送薪送菜入县门者,以财嘱论罪。虽系乡官礼物,把门皂隶先禀明后许放入。其以他物装载,把门人误不搜检者,重责枷号。"

海瑞不仅规定禁止馈送,而且能身体力行,率先垂范。他从不送礼奉迎上司,两次进京朝觐,只用路费银四十八两。宰相严嵩的党羽、都御使鄢懋卿巡查盐政,要路过淳安县,身为淳安知县的海瑞听说鄢到处贪污勒索,就事先给他写信,挡了他的驾。此事使鄢懋卿怀恨终生,处处为海瑞作梗。海瑞也从不收礼,当他死于南京都察院右都御使任上时,仅留下了禄金十余两,绫、紬、葛各一疋,连丧事都办不起,同僚们凑钱,才为他置办了丧具。在"三年清知府,十万雪花银"的封建社会,这实在是难能可贵的。

当然,仅凭海瑞一个县令、巡抚的力量,是不可能从根本上改变封建官吏的腐败风气的,因为这是由封建的专制制度本身所产生的必然现象。但是,海瑞从封建地主阶级的立场出发,不仅仅寄希望于残酷的刑罚惩治贪赃枉法的犯罪行为,而且利用行政手段限制官吏日常的不利于封建统治的行为,把贪赃枉法的犯罪消灭于萌芽之中,甚至消灭于思想之中,这不能不说是一种积极的措施。

三、严格制度,杜绝官吏交结嘱托

海瑞为消灭官吏交结营私的现象,不仅运用行政法予以禁止,而且还主张制定严密的各种制度,堵塞官吏馈送结党、嘱托营私的途径。

1. 制定驿站供应制度

府道州县官多通过驿站盛待过客,馈送交结。结果,驿站所耗费用日增一日,给劳动人民造成了沉重的负担。海瑞主张,驿站要定立长单,规定出"夫马廪粮,本省某等样官用若干,乡士夫某等样官用若干,差遣人员某等样者若干。携家眷者若干,无者若干。"实际供应数量,只可少于规定的数量,不得超过,如果超用,必须予以惩罚。监督、检查驿站的方法是,驿站制有表格,由过客自己填写,注明夫马廪粮各实用多少。如此,既可防止驿站人员妄登虚数,又能清楚掌握驿人是否超额供应、馈送过客。

2. 建立对随二院出巡吏书的搜检制度

府道州县官为交结上司,以使巡抚巡按不查处自己的违法行为或便于日后升迁,每每走随行吏书的"关节",向他们馈送礼物。海瑞认为,出巡御使见吏书受赂,虽未亲自接收,也是"掩耳盗钟",罪责更大。因此,他在任应天巡抚时规定"今后本院巡历,每书吏入,先巡捕官搜检,后教官再搜,甚则倒卷箱一一检之,直穷到底。用赂之官,其刑罪比书吏门皂必重数倍。不能钤束之罪,本院不讳也"。严格搜检,搜出赃物必不宽贷。这就使以收受礼物为习惯的吏书不得不敛手,也相应地堵塞了地方官吏与出巡御使交结的渠道。

3. 变内班一月轮换制为长期轮换制

海瑞认为,抚按二院的内值班衙役一月一轮换的制度,有猾吏为犯人通消息、送礼行贿、交结吏书的可乘之机,不利于案件的审理和判决。而较长时间再轮换,减少值班衙役与外界的往来,就能革除这些弊端。因此,他建议改变这种一月轮换制为长期轮换制。

4. 规定进衙门详细登记制度

海瑞深刻认识到,官吏之间相互交结、相互嘱托严重影响官吏正确执行职务,直接影响统治阶级意志的实现。他们或者通过嘱托,使自己在科举或官吏考察中非常隐蔽地中举、升迁,而他们既无德又无才,不能胜任自己的职务,结果影响整个国家机器的正常运转;或者通过嘱托,使执法官吏枉法,强暴得志,"百姓受屈",如果逼民起来造反了,将更严重地侵犯地主阶级的利益。海瑞一方面发告示,明令禁止嘱托,一方面规定了具体制度,希图以此堵塞嘱托的途径。他在任应天巡抚时,谕告应天十府的道府州县官:各官衙门都立一门簿,所有乡官、举人、生员或投书者入门,都必须由把门人登记。然后把门人执门簿随行,详细记录来人与官的谈话内容或书信内容。管海防管粮的巡捕等官,如出公馆理事,掌印官也置一印簿,交随行役人登记。登记要从公从实,所言者不许容隐,言所未及,不许妄增。"其有不令把门人登记,并登不实,先登记后更改者,记簿人同官吏一并治罪"。

5. 严格官吏考核制度

官吏的考核,是保证其质量的关键措施。如果没有严格的官吏考核制度,对官吏的优劣贤否没有检验,那么,选拔或荐举官吏者就会毫无顾忌,唯亲是举,培植势力,结党营私;被选举者也会因政绩好坏无人考查而不顾国家利益,趋炎附势,徇私枉法。官吏不能发挥自己所任职务的国家管理职能作用,影响甚至破坏国家对社会的正常管理,最终侵犯统治阶级的根本利益,更苦了广大劳动人民。海瑞看到,当时官吏相互庇护,考核制度遭到严重破坏,政绩考语上尽是空话,不能反映实际情况,根据考语已根本不能考核官吏的政绩好坏。他说:"本院藉之以免尸旷府州县官也,稽查据考语。而近日情伪日工,往往习为两可活套之辞,事鲜指实,语无分明。所有申送文册,日夜阅思,贤否莫定。"于是他设计了考语册式,要求官吏如实地诸项详细填写。考核的重点在于官吏的操守,其目的不外是整饬吏风。通过对官吏填写的诸项内容,考核官吏,对那些品行不好、政绩不佳的官吏,给予撤职的行政处罚。他规定:"下徇己私,上违国法,本院定以不职论黜,不轻贷。"

　　从上看出,海瑞所设想的各种制度,都是比较简单的、表面化的,有些甚至是幼稚可笑的。如衙门登记制度,官吏完全可以通过威胁、贿赂、勾结等方法使把门人不如实登记;考核制度,官吏根本不可能把自己的丑恶行为如实填写进考语里去。因此,这些制度不可能得到真正执行,甚至根本不能得到实行,即使表面实行了,对整饬当时的吏风也不会有何功效,我们今天更无须学习他的这些具体内容。但是,海瑞通过严格各种制度来堵塞官吏馈送嘱托、营私舞弊的渠道,使那些不法者无机可乘的做法,在当时却是难能可贵的。

后　记

在大学本科学习第三年时,我逐渐有了学习的偏爱,倾向于考我们系中国法律史的研究生,但因我系中国法律思想史、制度史皆有名师,而并未决定考哪个专业。1981年5月的一天中午,我在去教室的路上碰见时任吉林大学法律系主任的栗劲教授,他叫我到他家去。到了先生的书房,他从书架上顺手抽出了一本竖排无标点的《商君书》递给我,令我读一篇。我第一次到系里最高领导家,心里很紧张,但还是硬撑着选了《算地》篇读起来。我教过高中语文,且平时也偏爱中国古籍,故不算太困难地读了下来,停顿大致也合乎句读。先生听完后未表可否,平静地说:"好好复习吧!"事后听他女儿说她爸很高兴,说选到了一个好学生。年底,我在考研时取得了较好成绩,顺利地投在了先生的门下。

中国法律思想史专业的研究生八二级就我一个,恩师授课有时就我独自听课。师生隔着课桌对坐,先生认真讲解,我可以随时插话。他的知识渊博、理论功底深厚、思想敏锐、观点犀利,令我倾倒。到三年级时我俩的讨论已经是你说上句我接下句了。恩师的师德尤为我叹服:不管我的说法多么与之相左,他都能认真听取,当我的根据不充分时,他能为我找出证据以圆其说。我深为拜了一个如此德高望重、学养深厚的先生而自豪。

1988年年底我调离吉林大学后,恩师还几次做工作劝我回去教学，他期望我成为法律思想史学界的领头人。在1996年驾鹤前一天的晚上他还在医院的病榻上领我研究《儒家思想与汉律》一书的架构。

恩师是我人生的领路人，他的学术思想是我学术生涯的灵魂。三十年来我一直沿着恩师指引的道路探索，间或有成果发表于杂志上。吉林大学法学院的挚友姚建宗教授几次鼓励我把多年悟出的学术思想撰写出版，以为同行提供一个研究讨论的鹄的。幸不辱命，去年中秋节前夕终于结稿，在此书出版之际，向建宗先生致以由衷的谢忱。衷心感谢北京大学出版社编辑孙嘉阳女士为本书所贡献的智慧与辛苦。

值得欣慰的是，我虽没有继承恩师的遗业完成《儒家思想与汉律》的写作，但此书秉承了恩师的价值取向和学术宗旨，在恩师仙逝二十二周年纪念日，谨以此书献给他的在天之灵。

2017年7月于长春